本书是国家社会科学基金"社会转型背景下中国人马基雅弗利主义人格的测量、影响及干预研究"（项目批准号：12CSH066）的研究成果

中国人的马基雅弗利主义

汤舒俊 著

中国社会科学出版社

图书在版编目（CIP）数据

中国人的马基雅弗利主义/汤舒俊著 . —北京：中国社会科学出版社，
2017. 12

ISBN 978 – 7 – 5203 – 1504 – 3

Ⅰ. ①中… Ⅱ. ①汤… Ⅲ. ①人格心理学—研究—中国②马基雅维里
（Machiavelli，Niccol 1469 – 1527）—政治思想—研究 Ⅳ. ①B848②B546

中国版本图书馆 CIP 数据核字（2017）第 280181 号

出 版 人	赵剑英
责任编辑	王 琪
责任校对	胡新芳
责任印制	王 超

出 版	中国社会科学出版社
社 址	北京鼓楼西大街甲 158 号
邮 编	100720
网 址	http://www.csspw.cn
发 行 部	010 – 84083685
门 市 部	010 – 84029450
经 销	新华书店及其他书店

印 刷	北京明恒达印务有限公司
装 订	廊坊市广阳区广增装订厂
版 次	2017 年 12 月第 1 版
印 次	2017 年 12 月第 1 次印刷

开 本	710 × 1000 1/16
印 张	16. 5
插 页	2
字 数	262 千字
定 价	69. 00 元

序　言

今年早春，得知汤舒俊博士主持的国家社会科学基金"社会转型背景下中国人马基雅弗利主义人格的测量、影响及干预研究"（项目批准号：12CSH066）圆满结项，内心默默地为其高兴。汤舒俊是我培养的众多博士生中最早拿到并完成国家社会科学基金的弟子，对他一贯主张"国家基金申请不光要拿得到手，国家基金结题也要拿得出手"的观点我深表认同，他高质量、严要求地主持并完成这样一项国家社会科学基金项目是其学术成长的一个重要里程碑。前不久，汤舒俊博士将自认为"拿得出手"的结项成果电子稿发给我，并请我作序，我欣然应允了。

人是社会中的人，人格研究就是研究社会与文化情境下的人性，通过研究人格、理解人性，我们会进一步了解到人性中的弱点，分析其中的成因，选择合适的途径来优化人格，点燃人性的真、善、美，这是我们做研究的终极目的。"马基雅弗利主义"这样一个冗长且有些拗口的外译词，源于西方，其内涵近似于我们传统文化中的厚黑学，在当今中国社会大转型的背景之下，马基雅弗利主义/厚黑学一度大行其道，现实生活中诸多有失道德底线的事情一再发生，刺痛并麻木着社会公众的良心。作者自2008年博士阶段的学习一开始，就敏锐地捕捉到马基雅弗利主义研究的学术价值与现实意义，作者从浏览当时热播的历史电视连续剧《雍正王朝》《康熙王朝》《乾隆王朝》来增加对帝王之术、御人之道的感性认知开始，查文献、编问卷、做实验，围绕着马基雅弗利主义这一主题进行了近十年的理性探索，取得了系列研究成果，这些成果都让人感受到特有的民族味道和深沉的时代关切。

此专著有如下创新与特色：

第一，立意的人文性。马基雅弗利主义/厚黑学是传统专制文化、隐蔽政治的产物，在当下依法治国、以德治国的建设目标下正在失去存在基础，最终必然会走向消亡。但在当下中国社会历史文化巨大变革的过程中，马基雅弗利主义/厚黑学是一个复杂的存在，人人心中有，个个嘴上无，因为上不得台面，所以人人都避谈讳言，但在现实生活中找熟人、走后门、拉关系等马基雅弗利主义行为却又无处不在，默默地在当下中国社会中发挥着其独特的作用。社会的发展必然促进人类自身的发展，社会的进步也必然促进对真、善、美的追求。正如作者所言，现实需要我们了解、理解、破解马基雅弗利主义/厚黑学，没有破解，了解和理解更像是虚伪的沟通，而有了了解与理解，破解才更有价值、更有可能和更加精确。对待马基雅弗利主义/厚黑学，作者没有以事不关己的旁观者身份漠视它的存在，而是以一种利益攸关者的身份走进它、研究它，因此，作者选择将马基雅弗利主义作为研究的选题，直面人性的弱点，是对当今社会问题的积极回应，是对当下价值追求的现实关切，是对转型时期人的发展的终极关怀。

第二，论证的科学性。作者通过六个子课题来研究马基雅弗利主义，在"描述—解释—预测—控制"这条内在逻辑主线之下自成一体，先研究中国人的马基雅弗利主义人格是"什么"，后研究中国人的马基雅弗利主义人格"怎么测"，再研究中国人的马基雅弗利主义人格"会怎样"，最后研究中国人的马基雅弗利主义人格"怎么办"，各个子课题之间相对独立但又逐次递进，分别探索却又相互呼应。在整个研究过程中综合采用文献分析法、问卷调查法、情景实验法、相关事件电位研究法等科学研究方法，使得整体研究都是基于科学的研究设计和实证数据，整体研究结论真实可信。

第三，研究的本土性。中国人的马基雅弗利主义人格整体研究是放在人格心理学的广阔视角下进行的，但作者清醒地意识到东西方在种族、历史、宗教、社会、文化上的巨大差异，并没有把西方的人格理论、概念和测量工具生搬硬套放在中国人的身上，而是真正地进行了一场由中国人主持、以中国人为被试、在中国文化背景下进行、反映中国人心理与行为的本土化研究，作者在借鉴西方马基雅弗利主义相关研究成果和已有工具的基础上，在中国传统文化的视角下探索进行中国人马基雅弗利主义人格的系列研究，包括质化探索中国历史上社会转型期典型的中国人马基雅弗利主义人格，构建中国人马基雅弗利主义人格的内涵结构并编制问卷，探讨特质与情境因素对中国人马基雅弗利主义行为的影响，剖析两难情境下中国人马基雅弗利主义与道德的冲突，并进一步采用ERP研究来探讨马基雅弗利主义者执行两难任务时的脑机制，最后从中国文化中找出因果报应、道德教化等文化抗体来尝试探讨其对中国人马基雅弗利主义行为的抑制，由此可见这是一个真正的本土化研究，得出了中国本土厚黑人格的独特结构、形成机制及其心理行为后效。

第四，结论的启发性。作者研究发现的很多结论针砭时弊、激浊扬清，对于认知和破解马基雅弗利主义富有建设性和借鉴性。比如"中国人的马基雅弗利主义人格是一个包括性恶推断、手段扭曲、感情冷漠、利益执着的四个维度结构"，"厚黑学/马基雅弗利主义在中国应该限行"，"只有制度之善才能引导人性之善"，"厚德厚道是正道，一味厚黑添烦恼"，"对人性的不同认知是人治与法治的分水岭"，"因果报应观念和道德理想都是马基雅弗利主义的有效抗体，要充分挖掘抑制马基雅弗利主义的宗教民俗基因"，"政治精英在社会转型时期责任重大"等都是一些原创性结果发现，这些结论言简意丰、通俗顺畅、科学规范，对于社会大众更好地认知马基雅弗利主义、对于在社会治理中更好地破解马基雅弗利主义都有很好的建设性参考意见。

总之，在我看来，汤舒俊博士的这本《中国人的马基雅弗利主义》，贯穿着作者对个人健康、社会和谐的人文关怀，立意新颖深刻，学理严谨公允，资料翔实充分，文字流畅通达，是一部严肃而又活泼的学术著作。作为一项能够激发多个学科研究者兴趣并极具现实意义的研究课题，对人性恶的探讨与研究必将继续并繁荣，作者著述的中国人马基雅弗利主义人格研究已成为人性恶在东方文化下的一个很好注解，是很好的研究先导，为其他学者开展相关研究提供了基本认识、基本工具和基本框架，同时也希望作者在国人重读李宗吾、学习厚黑学的热潮中，有更多探讨社会转型下中国人心理与行为变迁的研究，有更好地反映中国人心理与行为的本土化研究成果。

是为序。

郭永玉

2017 年 5 月

目　录

第 一 章

研究背景

一 问题：人性善是虚幻的谎言，人性恶是不争的事实

《礼记·礼运第九》中记载了孔子与言偃的一段对话，"大道之行也，与三代之英，丘未之逮也，而有志焉。大道之行也，天下为公。选贤与能，讲信修睦，故人不独亲其亲，不独子其子，使老有所终，壮有所用，幼有所长，鳏、寡、孤、独、废疾者皆有所养。男有分，女有归。货，恶其弃于地也，不必藏于己；力，恶其不出于身也，不必为己。是故，谋闭而不兴，盗窃乱贼而不作，故外户而不闭，是谓大同"，这是孔子所提出的"天下大同"的美好愿景。近代洪秀全在《原道醒世训》中讲道："天下多男人，尽是兄弟之辈，天下多女子，尽是姊妹之群。"又讲道："强不犯弱、众不暴寡、智不诈愚、勇不苦怯"，这是洪秀全所勾勒出的人间极乐图。这些都是先贤哲达为我们所构设的人性善良、人际和谐、人民幸福的人间天堂，但天堂从来都是不存在的，从孔子到孙中山，从"天下大同"到"天下为公"，但天下至今既未达到"同"，也未实现"公"，尽管人们为之奋斗不止，但终是海市蜃楼，空中楼阁，从未真正得到过实现。相反，时间在它漫长的轨迹上却讽刺性地印记着人性歹毒、人际倾轧、人民苦难，这不仅阻止着天下大同，人间极乐的胜景，更为这个奢侈的美梦抹上浓浓的灰色。

尽管我们是文明礼仪之邦，自汉以来，儒家立国，虽然"仁义礼智信""天地君亲师"规范着社会的行为准则和伦理关系，但道德层面的约

束不可能保证人人都是谦谦君子，人们在社会交往中都恭谦礼让。相反，揭开文明礼仪的画皮，上至王室贵胄，下到平民百姓，借孔孟之道，行曹刘之术，我们看到了诸如见利忘义、尔虞我诈、背信弃义、恩将仇报的人间厚黑剧。① 这是人性恶，是人性中阴暗讳言的一面，是人性的灾难。在西方的意大利，描述上述内容的专有名词叫马基雅弗利主义，而在中国本土，我们称之为厚黑学，是在中国土生土长，与马基雅弗利主义里同表异、是一种与人为恶的价值观。民国初年由李宗吾先生创立，宣扬脸皮要厚如城墙，心要黑如煤炭，这样才能成为史上的"英雄豪杰"。李宗吾戏封自己为厚黑教主，为佐证其厚黑学，他列举了历史上曹操、刘备、孙权、司马懿、项羽、刘邦等历史人物和他们的历史故事，评点各人之厚薄与黑白如何影响他们各自的成败。此后，厚黑学在民间一直辗转相传、酝酿发酵，20 世纪 80 年代，伴随着中国改革开放的加快，利益诱惑日趋增多，价值取向日益多元，彼时中国兴起了阵阵厚黑学热，厚黑学成为纵横名利场的必读圣经，一时洛阳纸贵，蔚然成风，人人研习，都唯恐自己薄白有余，而厚黑不足。在中国文化中影响至深的《三国演义》，现实中的人们也多有误学误用，多数人学的不是谋划形势、应对艰难，学的不是料敌于先，学的不是横云断岭、横桥锁溪，学的不是近山浓抹、远树轻描，总之，学的不是"谋事"，学的是"谋人"，忽而曹操，忽而吕布，一瞬间又变孟达，转眼处又装赵子龙，内心有时自比卧龙、凤雏，另外还得加上刘关张。更令人生畏的是，中国人不仅是本土厚黑学的传承者，也是外来马基雅弗利主义的传播者，在实践中，更是集"中外智慧"于一身的践行者。于是，当今现实社会中我们看到了街边小贩的掺假使杂，江中渔民的挟尸要价，行政官员的敲诈勒索，一线明星的诈捐善款，不良富豪的股市操纵，知名教授的雇凶伤人。从文娱明星到政商要人，从草根市侩到名流精英，现实中的人们终跳不出私和利，也舍不了厚和黑，厚黑学在中国方兴未艾，而人性所遭遇的创伤则是前所未有。

---

① 汤舒俊、郭永玉：《西方厚黑学——基于马基雅弗利主义及其相关的心理学研究》，《南京师大学报》（社会科学版）2010 年第 4 期。

二 归因：传统人治对厚黑进行正向肯定，专制政权对道德进行逆向淘汰

自秦代以来，中国经历了长达两千多年的封建社会，长期实行一种高度集权的专制制度，普天之下，莫非王土，率土之滨，莫非王臣，家天下的各个王朝，都是依靠统治者个人的权威来治理国家。天下唯有力者居之，夺取天下和保全天下，需要的只是兵强马壮，至于仁义道德，不过装点殿廷、遮掩霸气的一种文饰，是包裹尔虞我诈、纵横捭阖的一层糖衣。虽然儒家所倡导的"仁治"主张依靠道德高尚的圣贤通过道德感化来治理国家，特别强调君主以身作则，施德行仁，并尚贤使能，任用得力官吏推行礼治，以达"文武之治，布衣方策，其人存，则其政举"的理想境界，但是中国漫长的封建历史上却鲜有开明贤达的君主，政治上也缺少全知全能的圣人贤达，中国传统社会也鲜有天下大治的盛世景象，甚至"禅让"这个在儒家经典和正史中被美化为正统德政的象征，也被证实为一个美丽的政治传说。历史的真相就是这样残酷，儒家道统从未战胜过政统，执掌政权的领袖都不是道德的完人，都难免道德权威的缺憾，而且君王的人治并未带来"仁治"，相反却是"治人"，王朝统治之下的政治常态更多的是君主昏庸，朝纲废弛，奸佞当道，忠良遭陷，民不聊生。在这样的政治常态之下必然是风不清，气不正，人不顺，混乱黑暗的朝堂之上进不了刚正不阿之士，容不下清正有为之人。恪守崇高道德操守者，如果不以"外圆内方"的滑润姿态顺应官场的亚文化和潜规则，鲜有不被淘汰者。相反，厚黑才是黑暗政治的通行证，玩弄权术才能立威于属下，行贿受贿才能攀附于政治，阿谀奉承才能取悦于君王，结党营私才能自保于朝堂，因此，厚黑者往往得权、得利、得道，而非厚黑者则失势、失意、失望，这是中国传统政治的"格雷欣法则"，劣币驱逐良币，忠良惨遭诬陷，奸佞充斥官场，令人唏嘘不已。当我们翻阅历史，类似情境在每一个王朝都曾上演，在每一部史书中都能得到印证。

人治与权力的一元化相生相伴，这种单向的、自上而下的、等级森严的"线状"控权模式，断绝了产生平等的利益集团或政治权力的可能，

君王的权力（国家的权力）失去了横向的牵制与纵向的约束，"独裁"与"专制"的滋生是自然而然的事情。然而专制政治是一种隐秘的政治，在这种政治结构中围绕权力的斗争永远充满阴谋。觊觎更高权力的人不得不小心翼翼、擅自掩饰，以求一逞；而占据上阶权位的人，则必须处心积虑，力求洞察一切。专制集权的政治体制，导致了权力顶层的无上威严与荣光，炙手可热的最高权力直接导致了最残酷和最激烈的政治斗争。一部二十四史，每逢以暴力改朝换代，便是尸骨成山，特别是统治阶级内部围绕权力分配的斗争更是频繁发生，君臣相斫，父子相残，兄弟相戮，乃至夫妇相夺，可谓不绝于史。历史上九重之内的宫廷阴谋、厚黑者胜，不胜枚举。因为这种传统的政治斗争是零和博弈，政治玩家要么全得，要么全失，赢家通吃，成王败寇，斗争结果的残酷性决定了斗争手段的盲目性，在这种没有底线的生存斗争中，最后结果往往是厚黑者胜出，其例证是，人格高尚的人往往败在人格低下的人手里，心慈手软的人往往败在阴谋算计的人手上，说真话的人往往败在说假话的人手下。当然，我们从中也可以看到权力是对人性、对人类社会生活最强烈的腐蚀剂，而厚黑学/马基雅弗利主义则是权力对人性最强烈的腐蚀之后的产物。

三　行动：法治社会要求制度公平，文明社会呼唤人性回归

厚黑学/马基雅弗利主义说到底是人治社会和专制制度的产物，厚黑学之所以能够在社会中影响日增，或者马基雅弗利主义能够使人获得成功，是以社会体制存有漏洞为前提的。在这里我们很有必要反思一直以来专制的体制，专制体制之下模糊的规则，不良的环境使得个人取得进步和成功很大程度上取决于如何处理好人与人之间的关系，如何揣摩主子心意，如何钻营投机取巧，如何不择手段使自己利益最大化，而罔顾道德文明与法律规范。事实上，不论是传统社会还是现代社会，只要存在着体制上的缺陷，就有滋生马基雅弗利主义行为的可能，体制缺陷越大，马基雅弗利主义就越可能上位，当下国人重读厚黑学，马基雅弗利主义流行，也特别能够说明当下社会转型期各方面的体制还有着太多的

设计缺陷、权力真空与制度漏洞。在传统人治社会的尽头，我们欢迎拥抱法治的到来，我们强调法律法规作为一种社会治理工具在社会生活中的至上地位，并且关切民主、人权、自由等价值目标。法治中国需要我们建立完善社会主义民主政治，需要我们建立健全社会主义市场经济体制，需要社会中的个体都讲制度、讲规则、讲公平、讲民主、讲诚信。因此，随着各项规章制度在数量上的建立，在监督功能上的不断完善，社会也将由不规范的不公平竞争转变为规范的公平竞争，由暗箱操作转变为公开透明，那种只能在阴暗角落中才能滋生的厚黑行为就不可能帮助个体达到目的，而那些所谓的"厚黑谋略""权术手段"也必然会失去市场。随着我国政治经济体制改革的不断深化与加快，公平竞争环境的日趋形成，我们必将迎来一个日益规范和公平的法治社会，"厚黑学"也终将失去历史的舞台。

2009 年 5 月，中央电视台知名主持人白岩松在接受中国新闻网专访时表示："中国人没有意识到我们的变化比其他人大，我们在人性上的退步——这句话说重了，我们在人性上由于欲望而导致的退步和混乱比其他国家更强烈，家庭不稳固比美国更甚。这只是我个人的感受，我觉得中国现在走得太快了，墨西哥一句谚语，'Don't go too fast, you will lose your heart'。中国有点儿像它，但是我们还没有看到中国停下脚步等等灵魂的东西。"这是一个振聋发聩的声音，一时引起众多人士的关注与讨论，中国新闻网同步对在线读者进行了关于"中国人在人性上的退步比其他国更强烈"的实时调查，结果显示超过九成的网民赞成白岩松的观点。这是一个近乎残酷的事实，业已引起了社会大众的普遍关心、操心甚至忧心。在声音的余响后，在事实的背景下，整个社会对美好人性回归发出了殷切的呼唤。也许，正如白岩松所言，我们需要停下来等等灵魂的东西了，我们需要在当代激烈竞争与快速发展的时代下反思人性的发展方向。的确，我们在改革开放和民族复兴的大道上行进，我们一直都欣慰于经济规模的快速赶超，科技发明的重大突破，基础设施的迅速改善和综合国力的有力抬升，可是人们精神道德层面与社会物质层面的提升并不同步，诸多不良社会现象刺痛并麻木着人们的良心，而其中所折射出的人性退步、思想颓废、道德沦丧，让人们失望地发现改革开放以来人们精神道德的行进方向一度与社会物质层面的行进方向相反，物质层面是上行线，而精神道德却是下行线，正所谓"形势大好，人心大坏"。尽管这样的发现让早已习惯于进步，习惯于超越的我们奇怪且尴尬，尽管我们不喜欢这样的退步、不乐意这样的落后，但情绪归情绪，感慨归感慨，问题必须直面、必须分析也必须解决！

第 二 章

文献综述

一 西方人关于人性的思索

人类文明伊始，有关人性的探讨就从来没有停止过。从西方人朴素自发的神话寄托"斯芬克斯之谜"到从德尔菲神庙遗址理性总结的神谕"人啦，认识你自己"，对人性的追问是人类认识自己征途之中绕不过去的一个问题，而且"认识你自己"成为古希腊哲学的哲学原则与发端，实现了当时哲学主题由神到人、由自然到社会的转变，在这一转换过程中，人们更加深刻地观察与反思人类自己，并不断尝试着回答与人类自身相关的人性与善恶等问题。从古希腊时期苏格拉底（Socrates，公元前469—公元前399）的"智慧是唯一的善，无知是唯一的恶"，到柏拉图（Plato，公元前427—公元前347）的"人类必须有法律并且遵守法律，否则他们的生活就像最野蛮的野兽那样坏，人性总是把人拉向贪婪和自私……"，最后到亚里士多德（Aristotle，公元前384—公元前322）所讲的"人更近野兽而远离神灵，多数人生来愚昧，贪婪残忍"，古希腊三杰的有关人类自身天性的回答逐渐明晰地靠近了"人性恶"的性向，也逐渐地为古希腊—罗马文化关于人性的认知与理解定下了基调。

西方文化的另一个源头是希伯来—基督教文化，[1] 基督教的人性理论与"原罪说"紧密关联，在圣经故事《旧约·创世记》中，上帝耶稣在创造了世界之后，用尘土制造了亚当，又从亚当的身上取下一根肋骨制

---

① 陈国恩、杨永明：《挣扎在欲望与救赎之间——论西方人性观的演变》，《徐州师范大学学报》（哲学社会科学版）2008 年第 1 期。

造了夏娃，上帝把他们安置在伊甸园中，并告诫他们不要吃"知善恶树"上的果子，但在蛇的引诱之下，亚当和夏娃偷吃了"知善恶树"上的禁果，懂得了男女羞耻之事，上帝知晓后，将亚当和夏娃一起逐出伊甸园，任凭他们在大地上自由繁衍生长，但该隐杀弟打开了潘多拉的魔盒，揭开了人类互相残杀的序幕，人类打上了原罪的烙印，上帝诅咒了土地，人们不得不付出艰辛的劳动才能果腹，并且因着堕落的本性，人的怨恨与恶念与日俱增。人们无休止地相互厮杀、争斗、掠夺，人世间的暴力和罪恶简直到了无以复加的地步。上帝发现"人在地上罪恶很大，终日所思都是恶"，甚至于"人从小时心里就怀着恶念"，于是上帝后悔造人了，决定发洪水将人类灭掉，只有挪亚一家八口及其方舟上所载各种生物物种得以延存。亚当和夏娃偷吃了"知善恶树"上的禁果而堕落，这就是人类的原罪，其实在圣经故事中，原罪只是一个隐喻，人类作为亚当和夏娃的子孙后代，从出生之时起就有犯罪和作恶的某种倾向。① 基督教原罪的观点经过西方近代宗教改革领袖马丁·路德（Martin Luther，1483—1546）、约翰·加尔文（John Calvin，1509—1564）更是获得了极端的发挥，他们索性明指，任何人生来即是恶人，只有笃信上帝（天主），才可能获得灵魂的拯救。因此，可以说原罪说和解脱说一道构成了基督教教义最核心的内容，如果问希伯来—基督教文化的人性理论是什么，原罪说就是答案。

当然西方社会也有人对人性的看法与上述内容完全相对，主张人性在本来的意义上是善的，性善论的代表人物是法国的让·雅克·卢梭（Jean Jacques Rousseau，1712—1778），他的思想主要解释人性本善。卢梭认为，在自然状态下，人性本善；只有在人被社会腐化了之后，才变成邪恶。人类本性的最佳状态，是在社会机构出现之前，或与社会机构分离；人类天生是仁爱、正直、无私的；是社会，以其造作的法则和习俗，使人变成善妒、虚伪和争竞。卢梭确信一个依照人性建立的社会永远正确，并且对于人性的保存最有助益。当然西方社会对人性的看法不全都是非黑即白的，有人主张，人性不是绝对的善，也不是绝对的恶，

<hr />

① 俞吾金：《关于人性问题的新探索——儒家人性理论与基督教人性理论的比较研究》，《复旦学报》（社会科学版）1999 年第 1 期。

而是有善有恶，持有善有恶论观点的主要是英国的约翰·弥尔顿（John Milton，1712—1778）。弥尔顿曾经说道："在亚当的那个苹果皮上，善与恶的知识就像连在一起的孪生兄弟一样跳进世界里来了，也许正是由于这一劫数，亚当才知道有善恶"，弥尔顿对人性有善有恶的观点还大量地表现在他传世的经典文学作品《失乐园》《复乐园》《斗士参孙》之中，正如弗莱所评述的"弥尔顿诗作中天堂和地狱的区别等都是通过诱惑来表现诱惑所带来的挣扎和善恶间的内在竞技，成为他四部主要诗作的主题"①。

近代西方哲学也把"认识你自己"纳入认识论的层面，提升到主体性的高度，确立了人的理性或精神本质。在人类的生存困境随着工业化的进程越发突出的今天，"认识你自己"的使命和命题在现代社会依然没有终结。对人性的追问的结果经过系统化和理论化的总结就是人性观。西方的人性观建立在神祇、契约、自由人伦的社会土壤条件上，是在神话、宗教、政治、哲学的社会结构中言说。② 认识你自己，认识西方人的人性观，是进入西方社会的一扇门，而马基雅弗利主义正是打开这扇门的一把钥匙。

二　西方厚黑学——马基雅弗利主义

尼科罗·马基雅弗利（Niccolo Machiavelli，1461—1526）是意大利著名的政治家、剧作家和历史学家，曾长期在佛罗伦萨共和国任要职，为意大利的国家统一和民族解放奔波驰走，虽屡挫屡试，但最后仍失意于政治。这位深受文艺复兴思想影响的政治家，萃取他的内政历练、外交捭阖，提炼前朝的功过得失，在囹圄中奋笔疾书，留诸后世的《君主论》（*The Prince*）和《论李维著罗马史前十书》（*Discourses on the First Ten Books of Titus Livius*）是其代表作，然而书稿甫出，哗声四起，书中屡现惊世骇俗之语："统治者应当杀掉敌手，而不要只是没收他们的财产。因

① 吴玲英：《论弥尔顿"诱惑观"的悖论性》，《中南大学学报》（社会科学版）2012 年第 2 期。

② 邵龙宝：《中西人性观：历史的嬗变与比较》，《思想战线》2010 年第 5 期。

为被剥夺财产的人，可以图谋复仇，而那些被从肉体上铲除的人，就不可能这样做了。""如果要加害于人，务必坏事做绝，被杀的人对死亡的品味转瞬即逝，忍受的痛苦反而轻得多。""要施惠于人，务必细水长流，点滴为限，恩惠才会被更深地感受到。所谓慷慨就是对自己的财产吝啬小气，对他人的所有物大方施为。"① 其言语之狠毒、表达之直露，堪称西方前无古人、开启来者的"厚黑教主"。

马基雅弗利主义（Machiavellianism）不是马基雅弗利思想理念和政治主张的集大成者，而是仅仅聚焦于马基雅弗利逢迎当时统治者所提出的帝王之术和驭人之道。不同学科背景的研究者对马基雅弗利主义的定义和认识都带有相当的"厚黑"色彩，如 Christe 和 Geis 将马基雅弗利主义定义为"操纵者得到比不使用操纵策略更多的某种回报，而他人至少在直接背景下所得更少的一个过程"。② Ricks 和 Fraedrich 将马基雅弗利主义定义为"一个可以用来解释操纵的、劝说的行为以达成个人目标的特质"。③ Jakobwitz 和 Egan 认为马基雅弗利主义是"提倡自我利益、欺骗和操纵的人际间战略"。④ 尽管语言表述不同，但不同学者关于马基雅弗利主义的定义都涉及对人性及人际关系的根本看法和总的观点，是一种与人为恶的价值观，这使马基雅弗利主义成为西方的厚黑学，沦为权术和谋略的代名词。⑤ 马基雅弗利主义人格则是马基雅弗利主义在个体身上的一种固化和内化，是一种为达目的、不择手段、操纵他人、谋取私利的典型特质。马基雅弗利主义者具有以下几个典型的特征和行为：（1）使用操纵性策略，在人际互动中使用如劝说、欺骗等可能的手段使他人服务自己的利益；（2）玩世不恭的认知，以消极、玩弄的态度对待

---

① ［意］马基雅弗利：《君主论》，王水译，上海三联书店 2008 年版，第 71—77 页。

② Christe, R., Geis, F. L., *Studies in Machiavellianism*, New York: Academic Press, 1970, p. 35.

③ Ricks, J., Fraedrich, J., "The Paradox of Machiavellianism: Machiavellisnism may Make for Productive Sales but Poor Management Reviews", *Journal of Business Ethics*, Vol. 20, 1999, pp. 197 – 205.

④ Jakobwitz, S., & Egan, V., "The Dark Triad and Normal Personality Traits", *Personality and Individual Difference*, Vol. 40, 2006, pp. 331 – 339.

⑤ 汤舒俊、郭永玉：《西方厚黑学——基于马基雅弗利主义及其相关的心理学研究》，《南京师大学报》（社会科学版）2010 年第 4 期。

他人，将他人视为可能操纵与利用的对象；（3）在思想和行动上对传统道德的漠视。①

通常，我们借用马基雅弗利主义将人群分为高低两类，高马基雅弗利主义者冷酷和独立，认为任何感知可能性和行为情境都是为了获得结果，而低马基雅弗利主义者对他人更加开放，容易情感卷入，在个人目标方面更加关注交流的内容而不是最终的结果。对于高、低马基雅弗利主义者的行为特征上的差异，现归纳总结如表 2-1 所示。

表 2-1　　　　高、低马基雅弗利主义者行为特征对比

高马基雅弗利主义者行为特征	低马基雅弗利主义者行为特征
抵制社会影响	易受他人意见影响
很好地隐藏个人企图	外露内心的企图
有争议随时改变立场	坚持己见
拒绝供承	乐于坦诚地供承
阐述事实时具有较高的说服力	阐述事实时缺乏说服力
怀疑他人的动机	认为他人的动机真如其显示的那样
根据情境具体问题具体分析	对情境总做雷同的判断
不接受互惠主义	接受互惠主义
对他人可能行为的判断持保留态度	相信他人"应该"以确定的方式行动
能够随情境改变策略	陷于自己的行动过程中
说别人喜欢听的话	说实话
对他人的信息很敏感	对他人的情感很敏感
如果他人不能报复则尽可能多地剥削	不愿意去剥削他人
决不明显地去操控他人	操控别人时往往很明显
不容易脆弱到恳求屈从、合作或改变态度	以社会所期望的方式去反应
偏爱变动的环境	寻求稳定的环境

---

① Fehr, B., Samson, D., & Paulhus, D. L., "The Construct of Machiavellianism: Twenty Years Later", In C. D. Spielberger & J. N. Butcher (eds.), *Advances in Personality Assessment*, Vol. 9, 1992, Hillsdale, NJ: Erlbaum, pp. 77-116.

三　马基雅弗利主义的结构与测量

（一）马基雅弗利主义的结构

Christe 和 Geis 在建构马基雅弗利主义测量工具时，是按照三个主题来组织量表的，即人际间策略技巧的项目（tactics items）、人性观的项目（views items）和道德性的项目（morality items）。这在事实上否定了马基雅弗利主义结构的一元说，[①] 支持了其他研究者认同的马基雅弗利主义结构多元说。[②] 由于研究被试、研究方法和研究者主观理解的差异，不同研究者对马基雅弗利主义结构的探索有着各自的表述，如 Williams 等用因素分析的方法，找出马基雅弗利主义四个潜在维度，并分别命名为"交往伦理""操纵性策略和假设""对人性的看法""道德行为"；[③] Lamdan 等用多元回归的方法，探索出马基雅弗利主义由"对他人的不信任""利己""抑制同情或帮助的倾向""指令和影响他人的偏好"四个维度组成。[④] 尽管上述维度的表述各异，但都可内化为近似一致的马基雅弗利主义人格形象，即认知上，主张人性恶，对别人的宽容就是对自己的残忍，坚持利己的价值观，一切服从和服务于自己现实的既得利益和潜在的或得利益；情感上，表情冷酷，很少有情感卷入或移情，不易为忠诚、友谊所动；行为上，动用各种可能的手段控制和影响他人，为达目的，不择手段，甚至不惜打道德的擦边球、走法律的钢丝绳。

---

① Nelson, G., & Gilbertson, D., "Machiavellianism Revisited", *Journal of Business Ethics*, Vol. 10, 1991, pp. 633–639.

② Ahmed, S. M. S., & Stewart, R. A. C., "Factor Analysis of the Machiavellianism Scale", *Social Behavior and Personality*, Vol. 9, 1981, pp. 113–115.

③ Williams, M. L., Hazleton, V. & Renshaw, S., *The Measurement of Machiavellianism: A Factor Analytic and Correlational Study of Mach IV and Mach V Paper Presented at the Annual Meeting of The Intertional Communication Association*, New Orleans, Louisiana, US.

④ Lamdan, S., & Lorr, M., "Untangling the structure of Machiavellianism", *Journal of Clinical Psychology*, Vol. 31, 1975, pp. 301–302.

（二）马基雅弗利主义的测量

为了测定马基雅弗利主义，Christie 和 Geis 延伸阅读了古今政治著作，包括《政治心理学》、《孙子兵法》、《论政治》、《君主论》，甚至《圣经》[1]，并直接从《君王论》和《论李维著罗马史前十书》中摘抄典型的陈述句，略作测量学的修饰，形成71个备选项目池，最后从中筛选出区分效果最好的20个项目，形成测量马基雅弗利主义的 Likert 式七点量表 Mach IV，Geis 报告的平均分半信度为0.79。[2]

由于测量内容与道德规范相违，社会称许性会造成效度的问题，Nelson 和 Gilbertson 发现 Mach IV 与 Marlow-Crowne 社会称许性量表的得分相关是显著的，尤其在对女性被试施测时问题格外突出。[3] 因此，Christie 又开发了迫选式量表 Mach V，它包括20个三联项目组，每个项目组有三个表述，一个是关于马基雅弗利主义的表述（Mach 项，它与 Mach IV 中的项目表述基本一致），一个是与马基雅弗利主义无关但与社会赞许性相匹配的陈述（匹配项），另一个用于控制不同的社会赞许性（缓冲项），被试从三个选项中标识出其最认同和最不认同的表述，按照被试的选择组合并根据既定评分程序来给予评分，但由于计分程序并非均衡赋予权重而受到批判。Shea 和 Beatty 尝试改进计分程序，但仍没有实质性地提高 Mach V 的准确性。[4] 尽管 Bloom 为 Mach V 做出过一些辩解，[5] 但似乎更多的研究者倾向于否定它。Williams 认为 Mach V 和 Mach IV 并不是平行量表，两者相比，Mach IV 要更准确。[6] Shea 和 Beatty 认为采用 Mach V

① Moss, J., "Race Effects on the Employee Assessing Political Leadership: A Review of Christie and Geis' (1970) Mach IV Measure of Machiavellianism", *Journal of Leadership and Organization Studies*, Vol. 11, 2005, pp. 26 – 33.

② Christie, R., Geis, F. L., *Studies in Machiavellianism*, New York: Academic Press, 1970, p. 71.

③ Nelson, G., & Gilbertson, D., "Machiavellianism Revisited", *Journal of Business Ethics*, Vol. 10, 1991, pp. 633 – 639.

④ Shea, M. T., & Beatty, J. R., "Measuring Machiavellianism with Mach V: A Psychometric Investigation", *Journal of Personality Assessment*, Vol. 47, 1983, pp. 509 – 513.

⑤ Bloom, R. W., "Comment on Measuring Machiavellianism with Mach V: A psychometric Investigation", *Journal of Personality Assessment*, Vol. 48, 1984, pp. 26 – 27.

⑥ Williams, M. L., Hazleton, V. & Renshaw, S., *The Measurement of Machiavellianism: A Factor Analytic and Correlational Study of Mach IV and Mach V Paper Presented at the Annual Meeting of the Intertional Communication Association*, New Orleans, Louisiana, US, 1975.

施测所得分半信度，即使采用 Spearman-Brown 公式调整后也只有 0.45，离传统可接受的标准仍相距甚远。[1] King 和 Miles 也认为 Mach V 的信度总的来说是站不住脚的。[2]

近年来，也有研究者尝试编制新的测量工具，如马基雅弗利主义行为问卷（Machiavellian Behavior Scale, Mach-B），其测量不是建立在认知构建的基础上，而开发了行为评定设计的情境来预测马基雅弗利主义的行为表现。[3] Mach-B 由 7 个题项组成，每个题项都是对马基雅弗利主义个体的行为描述，回答者需要对主要特征行为进行评价，其中 5 个题项描述了马基雅弗利主义行为，2 个题项描述的是非马基雅弗利主义行为。近期有系列研究通过因子分析得到 Mach-B 的单维结构，而且内部一致性 Cronbach α 系数在 0.70—0.88 之间，量表的整体信度和效度都较为可靠。[4] 最新编制的测量工具还有马基雅弗利人格量表（Machiavellian Personality Scale, MPS），该量表包括 16 个题项，包括对他人不信任、超道德操控、控制欲和地位欲四个维度，其信度、会聚效度、判别效度和效标关联效度检验都比较良好。[5] 实际研究中，无论是 Mach-B 还是 MPS，其使用和检验都还不够，没有成为普遍使用的测量工具，在实证研究中使用最多、最广泛且最有影响的还是 Mach IV，尽管也有不少学者如 Ray[6]、Dahling[7] 对其提出一些批评和质疑。（见表 2—2）

[1] Shea, M. T., & Beatty, J. R., "Measuring Machiavellianism with Mach V: A Psychometric Investigation", *Journal of Personality Assessment*, Vol. 47, 1983, pp. 509–513.

[2] King, W. C. Jr., & Miles, E. W., "A Quasi-experimental Assessment of the Effect of Computerizing Non-cognitive Paper and Pencil, Measurement: A Test of Measurement Equivalence", *Journal of Applied Psychology*, Vol. 80, 1995, pp. 643–651.

[3] Moss, J., "Race Effects on the Employee Assessing Political Leadership: A Review of Christie and Geis' (1970) Mach IV Measure of Machiavellianism", *Journal of Leadership and Organization Studies*, Vol. 11, 2005, pp. 26–33.

[4] Aziz, A., May, K., & Crotts, J. C., "Relations of Machiavellian Behaviors with Sales Performance of Stockbrokers", *Psychological Reports*, Vol. 90, 2002, pp. 451–460.

[5] Dahling, J. J., Whitaker, B. G. & Levy, P. E., "The Development and Validation of a New Machiavellianism Scale", *Journal of Management*, Vol. 35, 1982, pp. 219–257.

[6] Ray, J. J., "Machiavellianism, Forced Choice Formats and the Validity of the F-scale: A Rejoinder to Bloom", *Journal of Clinical Psychology*, Vol. 38, 1982, pp. 779–782.

[7] Dahling, J. J., Whitaker, B. G. & Levy, P. E., "The Development and Validation of a New Machiavellianism Scale", *Journal of Management*, Vol. 35, 1982, pp. 219–257.

表 2 - 2　　　　　　　　西方已有的马基雅弗利主义人格测量工具

研究者	工具	测量维度	项目数	评价
Christie & Geis	Mach-IV	3 个	20	实证研究使用最多
Christie & Geis	Mach-V	3 个	20	是对 Mach-IV 失败的改良
Aziz 等	Mach-B	1 个	7	使用较少的情境行为问卷
Dahling 等	MPS	4 个	16	最新开发工具

四　马基雅弗利主义的前因变量及其相关研究

马基雅弗利主义作为一个典型的人格特质，其形成是个体与文化、个体与社会、个体与情境交互交融、相互影响的结果，我们通过梳理文献发现，出生次序、年龄特征、职业类型、民族文化是马基雅弗利主义重要的前因变量，现就马基雅弗利主义的重要前因变量及其相关研究分述如下。

（一）出生次序与马基雅弗利主义

中国谚语讲"龙生九子，子子不同"，中国家庭文化背景下有"皇帝爱长子，百姓爱幺儿"的说法，可见子女的出生顺序与既有家庭环境、关爱程度一道都会直接影响其成长发展。西方已有的心理学研究也发现出生次序与一个人的性格成长紧密相关甚至颇具影响，[1] 马基雅弗利主义人格当然也在其中的影响之列。通常第一个出生的子女得到父母最多的关注与情感，往往倾向于维持现状，尊重权威，做事勤勉，认真负责；中间出生的子女往往较为独立，待人诚恳，善于调和人际关系；最后出生的子女在成长过程中也能够得到父母和兄长们的格外关照，乐于与人

---

① Marks, E., & Lindsay, C. A., "Machiavellian Attitudes: Some Measurement and Behavioral Considerations", *Sociometry*, Vol. 29, 1966, pp. 228 - 236.

打交道，勇于标新立异，往往最富冒险精神和创新意识，具有一定操控性。[①] Gupta 通过研究发现第一个出生子女的马基雅弗利主义倾向明显偏低，[②] Tripathi 和 Sinha 的研究证实了这一点。[③] Ricks 和 Fraedrich 也证实了出生次序与马基雅弗利主义人格相关显著，出生次序越靠前，马基雅弗利主义人格越低，即长子马基雅弗利主义人格最低，幼子马基雅弗利主义人格最高。[④]

（二）年龄特征与马基雅弗利主义

马基雅弗利主义在不同年龄的被试群体中有着显著的差异，这在多个研究中已经得到证实。普遍认同的观点是年轻人的马基雅弗利主义倾向高于年长者。[⑤][⑥] Christie 和 Geis 的实证调查表明，1782 名大学生样本的马基雅弗利主义倾向显著高于 1477 名成年人样本，[⑦] 这表明年龄对马基雅弗利主义的显著影响。Hunt 和 Chonko 的研究也证实了年龄和马基雅弗利主义之间存在显著相关关系，年轻营销人员的马基雅弗利主义倾向要显著高于年长的营销人员。[⑧] Pratt 等人在探析其中缘由时强调年轻人价值观的非成熟性和不稳定性，[⑨] 因此年轻人在道德判断上缺乏倾向性和稳

---

① Leman, K., *The Birth Order Book*, New York: Dell Publishing Company, 1985, p. 136.

② Gupta, M. D., "Effects of Age and Family Structure on Machiavellianism", *Indian Journal of Current Psychological Research*, Vol. 1, 1986, pp. 95 – 100.

③ Tripathi, R. C., & Sinha, Y., "Social Influence and Development of Machiavellianism. *Psychological Reports*, Vol. 26, 1981, pp. 58 – 61.

④ Ricks, J., Fraedrich, J., "The paradox of Machiavellianism: Machiavellisnism May Make for Productive Sales but Poor Management Reviews", *Journal of Business Ethics*, Vol. 20, 1999, pp. 197 – 205.

⑤ Ross, W. T., & Robertson, D. C., "A Typology of Situational Factors: Impact on Salesperson Decision-Making about Ethical Issues", *Journal of Business Ethics*, Vol. 46, 2003, pp. 213 – 234.

⑥ Vitell, S. J., Lumpkin, J. R., & Rawwas, M. Y. A., "Consumer Ethics: An Investigation of the Ethical Beliefs of Elderly Consumers", *Journal of Business Ethics*, Vol. 11, 1991, pp. 365 – 375.

⑦ Christie, R., Geis, F. L., *Studies in Machiavellianism*, New York: Academic Press, 1970, p. 103.

⑧ Hunt, S. D., & Chonko, L. B., "Marketing and Machiavellianism", *Journal of Marketing*, Vol. 48, 1984, pp. 30 – 42.

⑨ Pratt, M., Golding, G., & Hunter, W., "Aging as Ripening: Character and Consistency of Moral Judgment in Young, Mature, and Older Adults", *Human Development*, Vol. 26, 1983, pp. 277 – 288.

定性，而年长者倾向与组织保持一致，与多数人保持一致，他们也比年轻人更擅长反省反思。Wilson 等人从毕业发展的视角对马基雅弗利主义倾向做了一个纵向的追踪，他们都倾向认为，青春期是马基雅弗利主义倾向的一个时间拐点，在青春期之前马基雅弗利主义随着年龄增大而上升，在青春期之后马基雅弗利主义随着年龄增大而下降，[①] 这也同时印证了 Pratt 等关于价值观成熟的设想。

（三）职业类型与马基雅弗利主义

人们所从事的职业类型也会影响其马基雅弗利主义倾向，一些技术性的职业，如研究人员、机器维修师、车床操作工等职业人员的马基雅弗利主义人员明显地要低于管理人员、市场营销人员，[②] 一些研究的结果都倾向于认为，成功的营销人员会表现出更高的马基雅弗利主义倾向，甚至一定程度的谋略谋划和操控他人对完成销售任务、达成工作目标是有必要的。[③④⑤] 我们认为不同的职业类型有不同的职业要求和绩效标准，那些以人为工作对象的职业类型对工作中的人际关系更为依赖，可能更加鼓励操控性行为，因而诱导员工的马基雅弗利主义倾向来帮助达成目标或提高绩效，而那些以物为工作对象的职业类型则可能更依赖于专业能力，会较少地依赖人际关系，因而员工的马基雅弗利主义倾向会明显降低。

（四）民族文化与马基雅弗利主义

Christie 和 Geis 认为马基雅弗利主义是一种跨文化存在，还提出低马

---

① Wilson, D. S., Near, D., & Miller, R. R., "Individual Differences in Machiavellians as a Mix of Cooperative and Exploitative Strategies", *Evolution and Human Behavior*, Vol. 19, 1998, pp. 203 – 212.

② Merritt, S., "Marketing Ethics and Education: Some Empirical Findings", *Journal of Business Ethics*, Vol. 10, 1991, pp. 625 – 632.

③ Greenberg, H. & David, M., "A New Approach to the Scientific Selection of Successful Salesmen", *The Journal of Psychology*, Vol. 57, 1964, pp. 113 – 123.

④ Touhey, J. C., "Intelligence, Machiavellianism, and Social Mobility", *British Journal of Social and Clinical Psychology*, Vol. 12, 1973, pp. 34 – 37.

⑤ Likierman, A., "Ethical Dilemmas for Accountants: A United Kingdom Perspective", *Journal of Business Ethics*, Vol. 8, 1989, pp. 617 – 629.

基雅弗利主义更可能在传统文化中存在，而高马基雅弗利主义则更可能在非传统文化或者在转型期的背景下存在。[①] 一些学者所进行的跨文化研究开阔了我们的视野，Oksenberg 通过在中国香港地区施测，发现传统的中国学生比西化的中国学生表现出显著少的马基雅弗利主义。[②] 而 Starr则得到了相反的结果，传统的阿拉伯学生和西化的阿拉伯学生相比，传统的阿拉伯学生比西化的阿拉伯学生更加倾向于马基雅弗利主义，[③] 与Christie 的发现相矛盾，但如果深入探究，会发现阿拉伯的传统社会不同于中国传统社会，儒家体系下的中国传统社会信奉"克己复礼为仁"；而阿拉伯传统社会所推崇的原教旨主义，易激进、走极端。Kuo和 Marsella 对 64 对在性别、年龄、教育水平和社会赞许性上都匹配的中国台湾大学生和美国大学生施测，结果表明中国台湾被试和美国被试在量表的得分上无显著性差异，这意味着两个不同的文化种族群体厚黑程度相仿；但由于文化种族的差异，具体的项目得分分析表明，中国台湾被试在阿谀奉承、使奸耍诈等行为策略上的得分显著得高，属"厚黑在行"，而美国被试则对人性恶更加认同，属"厚黑在心"。Kuo 和 Marsella 还认为中国台湾被试和美国被试对马基雅弗利主义概念的理解和建构有差异，如中国文化中的"利己""损人利己"虽与马基雅弗利主义在意义上相近，这并不一定表明其是马基雅弗利主义的对等概念，他们力主在跨文化人格研究中建构概念上的等值，并建议采用成分分析、语义差异等技术来比较不同文化种族在人格特质上的异同点。[④]

　　还有一些学者对马基雅弗利主义进行了国别表现差异研究，Al-Jafary等人通过调研发现，沙特企业管理人员与美国同等级的企业管理人员相

---

① Christie, R., Geis, F. L., *Studies in Machiavellianism*, New York: Academic Press, 1970, p. 103.

② Oksenberg, L., "Machiavellianism in Traditional and Western Chinese Students", In W. W. Lambert & R. Weisbrod (eds.), *Comparative Perspectives on Social Psychology*, Boston: Little, Brown, 1971, pp. 92 – 99.

③ Starr, P. D., "Machiavellianism among Traditional and Westernized Arab Students", *The Journal of Social Psychology*, Vol. 96, 1975, pp. 179 – 185.

④ Kuo, H. K., & Marsella, A. J., "The Meaning and Measurement of Machiavellianism in Chinese and American College Students", *The Journal of Social Psychology*, Vol. 101, 1977, pp. 165 – 173.

比表现出更低程度的马基雅弗利主义倾向。① Ali 和 Al-Shakis 也认为沙特企业管理人员在操控倾向上比美国企业管理人员更低。② Rawwas 将奥地利人与美国人进行对比，发现奥地利的消费者更容易接受不道德行为，奥地利人的马基雅弗利主义倾向高于美国人。③ Rawwas、Swaidan 和 Oyman 则发现土耳其人比美国人对不道德行为更为敏感，同时土耳其人的马基雅弗利主义倾向较低。④ Harmon 等人发现印度尼西亚大学生的马基雅弗利主义倾向要低于美国大学生。⑤ 上述研究的发现都表明，不同国家在传统文化、宗教信仰和经济环境的差异，都可以反映在对国民的马基雅弗利主义倾向的影响上。

五 马基雅弗利主义的结果变量及其相关研究

马基雅弗利主义作为一个典型的人格特质，作为一种价值观，在个体、群体和社会的多层次互动中，也将在很大程度上影响甚至直接决定个体的行为结果与行为表现，我们通过梳理文献发现，工作绩效、社会经济成功、道德操守与行为、组织公民行为是马基雅弗利主义重要的结果变量，现就马基雅弗利主义的重要结果变量及其相关研究分述如下。

（一）马基雅弗利主义与工作绩效

绩效（performance）是员工对组织的贡献。实践中，一些营利性组

---

① Al-Jafary, A. A., Aziz, A., & Hollingsworth, A. T., "Leadership Styles, Machiavellianism, and Needs of Saudi Arabian Managers", *International Journal of Value-Based Management*, Vol. 2, 1989, pp. 103 – 111.

② Ali, A., & Al-Shakis, M., "Managerial Values Systems for Working in Saudi Arabia: An Empirical Investigation", *Group and Organization Studies*, Vol. 10, 1985, pp. 135 – 151.

③ Rawwas, M. Y. A., "Consumer Ethics: An Empirical Investigation of the Ethical Beliefs of Austrian Consumers", *Journal of Business Ethics*, Vol. 15, 1996, pp. 1009 – 1019.

④ Rawwas, M. Y. A., Swaidan, Z., & Oyman, M., "Consumer Ethics: A Cross-cultural Study of the Ethical Beliefs of Turkish and American Consumers", *Journal of Business Ethics*, Vol. 57, 2005, pp. 183 – 195.

⑤ Harmon, H. A., Webster, R. L., Brown, E. A., & Hammond K. L., "Machiavellianism: How do Today's Indonesian Students Compare with U. S. Students of Today and The 1960s?", In Siegal, L. V. (ed.), *Philosophy and Ethics: New Research*, Nova Science Publishers, 2006, pp. 267 – 274.

织（如企业）都格外钟情和倚重于高绩效的业务员，而高绩效的业务员又高度认同马基雅弗利主义，①② 似乎企业按图索骥，只要找到了高马基雅弗利主义者，就找到了未来的高产出者，事实上果真如此吗？Christie 和 Geis 发现高马基雅弗利主义者仅在以下情境中工作成效显著：（1）当他们与别人面对面直接交往，而不是间接地相互作用；（2）当情境中要求的规则与限制最少，并有即兴发挥时；（3）情绪卷入与获得成功无关时。③ 可见，人际互动是前提，马基雅弗利主义要操控他人，没有人际互动，谈不上操控；自由决策的空间和权力是保证，有决策和行为的自由，才有马基雅弗利主义行为表现的机会；冷血无情是重要条件，马基雅弗利主义行为拒绝情感卷入，无情才能无所不为。

Gable 等以零售业为背景，对马基雅弗利主义与绩效的关系进行了系列实证研究，其特点是非常注重调节变量的作用，尤其是关注个体特质、情境变量、工作态度在马基雅弗利主义与绩效之者可能发挥的某种交互作用。Gable 的三个研究都是在一家中等规模、拥有 78 家分店的专卖店连锁公司进行，在 78 位经理中，排除了女性被试、任职不到一年的被试以及谢绝调查的被试，共 48 位男性经理作为被试参与了系列研究。研究分别表明结构启动（initiating structure）、工作卷入（job involvement）和控制点（locus of control）调节着马基雅弗利主义对绩效的作用，即马基雅弗利主义对绩效的作用，随着引入的第三个变量的变化而变化。④⑤⑥ 因此，高马基雅弗利主义对高绩效的决定性作用并不是绝对的，无条件的。

结构启动是领导者在达成目标的过程中，对自己和部属进行角色确定和工作干预的程度。为探讨其可能的作用，Gable 等对 48 位男性经理

---

① Millord, J. T. , & Perry, R. P. , "Traits and Performance of Automobile Salesmen", *The Journal of Social Psychology*, Vol. 103, 1977, pp. 163 - 164.

② Ricks, J. , Fraedrich, J. , "The Paradox of Machiavellianism: Machiavellisnism May Make for Productive Sales but Poor Management Reviews", *Journal of Business Ethics*, Vol. 20, 1999, pp. 197 - 205.

③ Christie, R. , Geis, F. L. , *Studies in Machiavellianism*, New York: Academic Press, 1970, p. 35.

④ Gable, M. , & Dangelo, F. , "Job Involvement, Machiavellianism and Job Performance", *Journal of Business and Psychology*, Vol. 9, 1994, pp. 159 - 170.

⑤ Gable, M. , & Dangelo, F. , "Locus of Control, Machiavellianism and Managerial Job Performance", *The Journal of Psychology*, Vol. 128, 1994, pp. 599 - 608.

⑥ Gable, M. , Hollon, C. , & Dangelo, F. , "Managerial Structuring of Work as a Moderator of The Machiavellianism and Job Performance Relationship", *The Journal of Psychology*, Vol. 126, 1992, pp. 317 - 325.

进行了问卷施测，用 Mach IV 测量其马基雅弗利主义水平，采用领导行为描述问卷（Leadership Behaviour Description Questionnaire，LBDQ）中所内含的有关结构维度的 15 个项目来测量工作中上司所建构的工作环境，并根据分数将其分为低结构维度组和高结构维度组，绩效通过每平方英尺销售额（sales per square foot）、毛边际收益百分比（gross margin percent）和存货流转（inventory turnover）三个指标来考核，数据由财务部门提供。结果表明在上级建构的宽松环境中，高马基雅弗利主义的经理会与其绩效显著正相关，反之，在一个严格的建构环境中，马基雅弗利主义与绩效无关。结构启动的调节作用显著，Gable 等的结果印证了 Christie 和 Geis 的观点，即高马基雅弗利主义者在情境中要求的规则与限制最少，并有即兴发挥时会有很好的绩效，在上级建构的宽松工作环境里，上司在其管理中有着很大的权力保留，而由此造成的一些权力真空地带就是马基雅弗利主义者施展的绝好舞台，他们或狐假虎威，或越职擅权，由于情境中的要求与限制最少，马基雅弗利主义成就其绩效。反之，宽松不再，羁绊有加，高马基雅弗利主义的经理找不到用武之地，最后的绩效也就不可能优于其他经理。Shultz 在后续也研究了"紧密"和"松散"的结构情境对销售代理人工作业绩的影响，发现在松散组织结构情境下，高马基雅弗利主义倾向的销售代理人的工作绩效优于低马基雅弗利主义倾向的销售代理人，在紧密组织结构情境下，低马基雅弗利主义倾向的销售代理人的工作绩效优于高马基雅弗利主义倾向的销售代理人，与 Gable 等的结论相仿。[①]

工作卷入是员工认同其工作，积极参与并认为其工作绩效对其自我价值很重要的程度。Gable 等通过对 48 位男性经理的综合问卷施测来分析其可能的作用，施测问卷中的 Mach IV 测量马基雅弗利主义水平，而工作卷入量表（Job Involvement Scale，JIS）测量员工对工作的认同程度，并根据工作卷入量表分数将参与调查的经理们分为低工作卷入组和高工作卷入组，绩效仍通过每平方英尺销售额、毛边际收益百分比和存货流转

① Shultz, J. S., "Situational and Dispositional Predictions of Performance: A Test of the Hypothesized Machiavellianism Structure Interaction among Sales Persons", *Journal of Applied Social Psychology*, Vol. 2, No. 3, 1993, pp. 478–498.

三个指标来考核。结果表明对于工作卷入度低的经理,其马基雅弗利主义与绩效不相关,工作卷入度高的经理,其马基雅弗利主义与绩效显著相关。[①] Gable 等对这一结论的解释是,工作卷入是员工内心深处对工作及工作重要性的认同,工作卷入指向最后的结果即工作绩效,高工作卷入者是结果导向的,因此,某位经理如果其工作卷入度很高时,又在马基雅弗利主义人格得高分,那对于绩效来说绝对是锦上添花,这意味着该员工不仅会牢记使命(专注于绩效目标),在过程中也会兢兢业业(并不择手段),其最终的绩效结果会显著好;反之,如果某位经理工作卷入度低,这意味着其心思已游离于本职工作,其目标也抛弃了既定绩效,在决定绩效的核心因素已去的情况下,马基雅弗利主义人格上的得分,已经不再重要,因为这时的绩效注定是较差的。

控制点反映了个体对行为过程和对行为结果责任的认识和定向。Gable 等对控制点采用 Rotter 的内外控制量表(Internal-External Locus of Control Scale)来测量,根据中位数分数将其分为内控组和外控组。马基雅弗利主义水平采用 Mach IV 测量,而绩效采用公司财务所提供的每平方英尺销售额、毛边际收益百分比和存货流转率三个指标来考核。通过相关研究的方法,结果表明对于外控组的经理来说,其马基雅弗利主义与绩效相关显著,而对于内控组的经理来说,则不存在显著相关,高马基雅弗利主义、外控组的经理会有更好的绩效。[②] Gable 等对上述研究结果的进一步解释是商店经理的工作是跨边界的,而且缺少上级物理上近距离的监控,这实际上昭示着马基雅弗利主义的存在空间,而不同的控制点决定了不同的绩效取向,外控组向外界(组织和制度之外)要绩效,倾向于利用可能的机会如私自改变商品陈设、订购新商品、控制人事预算,以增加绩效,高马基雅弗利主义的经理会得到更好的绩效;内控组则向内部(组织和制度之内)要绩效,倾向于埋头内部工作,服从组织,依靠制度,但在各个商店资源禀赋相当的前提下,其绩效差异不会

① Gable, M. , & Dangelo, F. , "Job Involvement, Machiavellianism and Job Performance", *Journal of Business and Psychology*, Vol. 9 , 1994 , pp. 159 – 170.

② Gable, M. , & Dangelo, F. , "Locus of Control, Machiavellianism and Managerial Job Performance", *The Journal of Psychology*, Vol. 128 , 1994 , pp. 599 – 608.

很大。

由上可见，尽管马基雅弗利主义并非高绩效的充分必要条件，但马基雅弗利主义与绩效确有某种关系，我们应注意考察第三方变量的可能作用。近年来有研究者以销售人员，如房地产置业顾问、汽车营销人员为被试，探讨马基雅弗利主义和绩效的关系，发现二者的关系十分密切，无论是置业顾问，还是汽车销售人员，他们的业绩与 Mach-B 的得分均显著相关。[1][2]

（二）马基雅弗利主义与社会经济成功

我们经常想当然，认为马基雅弗利主义者脸厚心黑，使奸耍诈，为达目的不择手段，他们会拿得更多、爬得更快，职场中的马基雅弗利主义者也会得到更多的个人收益和更快的职位晋升。不同的研究者结合不同的行业进行了探索性研究。Wakefield 对美国的注册会计师进行研究，发现注册会计师行业内的马基雅弗利主义得分比其他行业的从业者要显著得低，他采用多因素协方差分析，将地位和收入作为因变量，将马基雅弗利主义分数、性别、年龄、教育水平作为自变量，将马基雅弗利主义分数×性别、马基雅弗利主义分数×年龄作为交互作用项，分析结果显示马基雅弗利主义分数同收入和地位并没有显著的相关，而且无论对于男性，还是女性，成功因子（即地位和收入）和马基雅弗利主义分数并不存在显著相关。Wakefield 的结论是高马基雅弗利主义的会计师并不会比这一特质上得分低的同行获得更高的收入和更有声望的地位，Wakefield 甚至还直白地表达出了严格自律和高度职业操守的会计师行业对马基雅弗利主义的排斥。[3] Corzine 等研究了美国银行业的马基雅弗利主义，在其以银行业从业人员薪水为因变量的多元回归分析中，在回归方程中有四个显著解释变量，性别、年龄、教育程度和服务年限，其中性别与

① Abdul, A., "Machiavellianism Scores and Self-rated Performance of Automobile Salesperson", *Psychological Reports*, Vol. 94, 2004, pp. 446 – 464.

② Abdul, A., "Relationship between Machiavellianism Scores and Performance of Real Estate Salesperson", *Psychological Reports*, Vol. 96, 2005, pp. 235 – 238.

③ Wakefield, R. L., "Accounting and Machiavellianism", *Behavior Research in Accounting*, Vol. 120, 2008, pp. 115 – 129.

因变量负相关，年龄、教育程度和服务年限与因变量正相关，但与马基雅弗利主义的得分无关。[①] Hunt 和 Chonko 则回答了马基雅弗利主义是否与市场营销业的成功有关，在简单相关研究中，马基雅弗利主义和收入呈负相关，但在以营销业成功的指标工作头衔和收入水平为因变量，以年龄、性别、教育水平和马基雅弗利主义为自变量的多元回归分析中，当年龄、性别和教育水平作为回归中的控制变量时，马基雅弗利主义不再是收入的一个显著预测变量，这也证明了之前变量的简单相关中，马基雅弗利主义和收入的负相关是伪相关。[②] 上述研究似乎表明马基雅弗利主义与社会经济成功没有关系，但 Gable 和 Topol 对零售业的研究表明，马基雅弗利主义与社会经济成功有关系，而且不是我们所想当然的正相关，而是负相关。在其报告商场经理的马基雅弗利主义研究中，多元回归结果表明年龄、性别和马基雅弗利主义是工作头衔和收入水平的显著预测因子，但是马基雅弗利主义分数越低的被试，其更可能被提升至更高的管理层级和被给予更好的待遇。[③] 以折扣商店经理为被试的研究也得到类似于商场经理的研究结果。[④] Gemmill 和 Heissler 也发现马基雅弗利导向与向上的流动性（即职务晋升）并无显著关系，[⑤] Touhey 的研究也是类似发现。[⑥] 而 Siu 和 Tam 却发现马基雅弗利主义与工作职位在统计学上显著负相关。马基雅弗利主义与社会经济成功是无关的，甚至负相关，[⑦]这样的结论在令人颇感意外的同时，是否也昭示心黑脸厚、寡廉鲜耻也

---

① Corzine, J. B., Buntzman, C. F., & Busch, E. T., "Machiavellianism in U. S Bankers", *The Intertional Journal of Organizational Analysis*, Vol. 17, 1999, pp. 72 – 83.

② Hunt, S. D., & Chonko, L. B., "Marketing and Machiavellianism", *Journal of Marketing*, Vol. 48, 1984, pp. 30 – 42.

③ Gable, M., & Topol, M. T., "Machiavellianism and the Department Store Executive", *Journal of Retailing*, Vol. 64, 1988, pp. 68 – 84.

④ Topol, M. T., & Gable, M., "Machiavellianism and the Discount Store Executive", *Journal of Retailing*, Vol. 66, 1990, pp. 71 – 85.

⑤ Gemmill, G. R., & Heissler, W. J., "Machiavellianism as a Factor in Managerial Job Strain, Job Satisfaction and Upward Mobility", *Academy of Management of Journal*, Vol. 15, 1972, pp. 51 – 62.

⑥ Touhey, J. C., "Intelligence, Machiavellianism, and Social Mobility", *British Journal of Social and Clinical Psychology*, Vol. 12, 1973, pp. 34 – 37.

⑦ Siu, W. S., & Tam, K. C., "Machiavellianism and Chinese Bank Executives", *International Journal of Bank Marketing*, Vol. 13, 1995, pp. 15 – 23.

要付出高昂代价?《威尼斯商人》中的夏洛克,这个典型的马基雅弗利式的人物,其结局是一种偶然,或是必然? 工商业人士是否也应扪心自问其身体是否还有道德的血液? 因为工商业并非仅是短线交易,更是长期博弈,毕竟厚黑仅能做权宜之计,道德才是长久策略。

(三) 马基雅弗利主义与道德

马基雅弗利主义者作为现实的个体,追求个人正当合法利益本也无可厚非,但如果损人利己、损公肥私,牵扯第三方利益者,那就涉及了道德的问题。尽管道德是有力量的,但道德毕竟是一种软性的约束,并非刚性的诉求。仅仅依靠自觉自制,马基雅弗利主义者会放弃可乘之机,可图之利? 一般而言,马基雅弗利主义者愿意获得不正当收益,他们感兴趣的是有没有利益,而不太关心获得的方式与手段是否正当,[1] 对马基雅弗利主义者来说,利他主义、谦虚、公民道德、善意等行为往往是没有吸引力的,[2][3] McHoskey 的实证研究就发现马基雅弗利主义与社会利益和亲社会行为显著负相关。相反,高马基雅弗利主义者主张、认同并热衷于不道德行为,只要这种行为的手段能保证他们目的的最终实现。[4] Hegarty 和 Sims 通过对商业情境中的不道德决策行为的研究发现,马基雅弗利主义与不道德行为显著正相关。[5] Mudrack 发现 10 种不道德的职场行为与马基雅弗利主义在内部一致性上保持着清晰的联系,而且高马基雅弗利主义者还倾向于认同在道德上存在问题的工作场所行为。[6] Granitz 发现相比于非马基雅弗利主义者,高马基雅弗利主义者对不同形式的偷窃、

---

① Mudrach, P. E., Mason, E. S., & Stepanski, K. M., "Equity Sensitivity and Buisness Ethics", *Journal of Occupational and Organizational Psychology*, Vol. 72, 1999, pp. 539 – 560.

② Organ, D. W., *Organizational Citizenship Behavior*, Lexington, MA: Lexington Books, 1988, p. 73.

③ George, J. M., & Brief, A. P., "Feeling Good-doing Good: A Conceptual Analysis of the Mood at Work Organizational Spontaneity Relationship", *Psychological Bulletin*, Vol. 112, 1992, pp. 310 – 329.

④ McHoskey, J. W., "Machiavellianism, Intrinsic Versus Extrinsic Goals, and Social Interest: A Self Determination Theory Analysis", *Motivation and Emotion*, Vol. 23, 1999, pp. 267 – 283.

⑤ Hegarty, W. H., & Sims, H. P., "Some Determinants of Unethical Decision Behavior: An Experiment", *Journal of Applied Psychology*, Vol. 63, 1978, pp. 451 – 457.

⑥ Mudrack, P. E., "An Investigation into the Acceptability of Workplace Behaviors of a Dubious Ethical Nature", *Journal of Business Ethics*, Vol. 12, 1993, pp. 517 – 524.

欺诈和说谎行为具有更高的容忍度。[①] Winter 等人的研究发现，马基雅弗利主义者在面对 IT 业所列举的 28 项存在问题的信息技术使用行为时，他们对忽视知识产权和侵犯他人隐私表现出更多的认可，[②] Tang 和 Chen 以高校学生为被试发现马基雅弗利主义在贪爱钱财和不道德行为中起着显著的中介作用，高马基雅弗利主义者更有可能使用不道德行为来实现自己的经济要求。[③] 可见，马基雅弗利主义和经济机会主义是正相关的，在信息不对称的情况下，马基雅弗利主义者倾向于利用手中的各种优势，使自己的利益最大化。[④] 因此，当道德遭遇利益，道德很难说服利益，最终的结局多是道德被利益所抛弃，甚至被利益所绑架。当马基雅弗利主义者面临道德与利益的两难抉择时，背离道德而向往利益，这就是马基雅弗利主义者理性选择的结果，这在不同行业、不同身份的马基雅弗利主义者身上表现得都很突出，也都为不同研究者的实证研究所证实。总体来说，高马基雅弗利主义者道德标准较低，[⑤] 总是表现出更少的道德导向，[⑥] 对不道德行为的不安较少，[⑦] 对未来可能的不道德行为意愿更高。[⑧][⑨]

---

① Granitz, N. A., "Individual, Social and Organizational Sources of Sharing and Variation in the Ethical Reasoning of Managers", *Journal of Business Ethics*, Vol. 42, 2003, pp. 101 – 124.

② Winter, S. J., Stylionou, A. C., & Giacalone, R. A., "Individual Difference in the Acceptability of Unethical Information Technology Practices: The Case of Machiavellianism and Ethical Ideology", *Journal of Business Ethics*, Vol. 54, 2004, pp. 279 – 301.

③ Tang, T. L., & Chen, Y., "Intelligence VS. Wisdom: The Love of Money, Machiavellianism, and Unethical Behavior across College Major and Gender", *Journal of Business Ethics*, Vol. 82, 2008, pp. 1 – 26.

④ Maria, S., Clive, R., & Yves, T., "Machiavellianism and Economic Opportunism", *The Journal of Applied Social Psychology*, Vol. 37, 2007, pp. 1181 – 1190.

⑤ Singhapakdi, A., & Vitell, S. J., "Selected Factors Influencing Marketers' Deontological Norms", *Journal of the Academy of Marketing Science*, Vol. 19, 1991, pp. 37 – 42.

⑥ Rayburn, J. M., & Rayburn, L. G., "Relationship between Machiavellianism and Type A Personality and Ethical-orientation", *Journal of Business Ethics*, Vol. 15, 1996, pp. 1209 – 1219.

⑦ Mudrack, P. E., "An Investigation into the Acceptability of Workplace Behaviors of a Dubious Ethical Nature", *Journal of Business Ethics*, Vol. 12, 1993, pp. 517 – 524.

⑧ Bass, K., Barnett, T., & Brown, G., "Individual Difference Variables, Ethical Judgments, and Ethical Behavioral Intentions", *Business Ethics Quarterly*, Vol. 9, 1999, pp. 183 – 205.

⑨ Jones, G. E., & Kavanagh, M. J., "An Experimental Examination of the Effects of Individual and Situational Factors on Unethical Behavioral Intentions in the Workplace", *Journal of Business Ethics*, Vol. 15, 1996, pp. 511 – 523.

　　道德决策制定是一个多维度的构建，包括马基雅弗利主义在内的人格特征、同认知道德发展（cognitive morality development）、责任（accountability）以及人口统计学等变量一起决定着道德行为及其意图。尽管马基雅弗利主义不是唯一的前因变量，但 Beu 等发现马基雅弗利主义是道德行为意图最有力的预测因子。[①] 这一点对消除不道德行为具有启发意义，但 Tang 和 Chen 发现以降低马基雅弗利水平为目的的短期道德干预效果并不理想，而长期的道德教化和整个社会道德舆论环境的提升则有意义。[②]

　　另外，Schepers 提醒马基雅弗利主义者也有着道德判断，他们在道德公正（moral equity）这个维度同非马基雅弗利主义者一样，内心都有着对事件本身"对"和"错"的感觉和判断。[③] 因此不能简单地说马基雅弗利主义者"不道德"，确切地讲是"不顾道德"，在利益面前顾不上讲道德了。

（四）马基雅弗利主义与组织公民行为

　　马基雅弗利主义者对自己的利益是高度关注的，对自利、利己是热心的，但对他人呢？马基雅弗者主义者对诸如利他、谦虚、善行等道德说教的内容等通常是缺乏热情的，他们不信任他人，也更谈不上帮助他人了。[④] 组织公民行为是员工自发而为，并非角色任务要求但有益于组织的行为，它通常包括利他行为、尽职行为、运动家精神、谦恭有礼和公民道德五个部分。[⑤] 尽管组织公民行为得到组织的认同和期许，但却未被

---

① Beu, D. S., Buckley, M. R., & Harvey, M. G., "Ethical Decision Making: A Multidimension Construct", *Business Ethics*, Vol. 12, 2003, pp. 32 – 41.

② Tang, T. L., & Chen, Y., "Intelligence VS. Wisdom: The Love of Money, Machiavellianism, and Unethical Behavior across College Major and Gender", *Journal of Business Ethics*, Vol. 82, 2008, pp. 1 – 26.

③ Schepers, D. H., "Machiavellianism, Profit and the Dimension of Ethical Judgement: A Study of Impact", *Journal of Business Ethics*, Vol. 42, 2003, pp. 339 – 352.

④ George, J. M., & Brief, A. P., "Feeling Good-doing Good: A Conceptual Analysis of the Mood at Work Organizational Spontaneity Relationship", *Psychological Bulletin*, Vol. 112, 1992, pp. 310 – 329.

⑤ Organ, D. W., *Organizational Citizenship Behavior*, Lexington, MA: Lexington Books, 1988, p. 139.

正常薪酬体系所奖励和被规章制度所直接规定，一般情况下是得不到正式的奖励与回报的，①② 因此马基雅弗利主义者面对无利可图、费力不讨好的情境通常不太会积极地实施组织公民行为。Wolfson 的研究证实，当组织内的员工遭遇突发事件或不利情境时，高马基雅弗利主义者不太可能向其同事伸出援手，特别是当他们身处激烈竞争的群体之中，对他人的不信任、费时费力而无利可图、彼此的竞争关系、乐见竞争对手遭遇不幸等都是组织公民行为很少发生的可能原因。③ McHoskey 的调查也发现马基雅弗利主义与亲社会行为显著负相关。④ Hegarty 和 Sims 认为马基雅弗利主义作为一个重要的人格变量，在商科毕业生的道德与价值观中扮演着重要的角色，他们发现高马基雅弗利主义倾向的个体表现出更少的知识分享意愿。⑤ Liu 通过对中国台湾北部四所大学 325 个全职夜班学员的研究发现，马基雅弗利主义倾向与知识分享意愿之间也是显著负相关。⑥ 上述关于马基雅弗利主义与组织公民行为之间的关系的相关探讨，其中的负向关联关系是确定的，马基雅弗利主义与组织公民行为二者之间的影响机制，还有待深入研究。

（五）研究小结

西方关于马基雅弗利主义的研究兴趣点主要是哪些行业的马基雅弗利主义水平比较高？马基雅弗利主义者会有怎样的绩效表现？而是否也会产生预期的社会经济成功？同时，西方学者们做了大量马基雅弗利主

---

① Borman, W. C. , & Motowidlo, S. J. , "Task Performance and Contextual Performance: The Meaning for Personnel Selection Research", *Human Performance*, Vol. 10, 1997, pp. 99 – 109.

② Rotundo, M. , & Sackett, P. R. , "The Relative Importance of Task, Citizenship, and Counter-productive Performance to Global Ratings of Job Performance: A Policy-capturing Approach", *Journal of Applied Psychology*, Vol. 87, 2002, pp. 66 – 80.

③ Wolfson, S. L. , "Effects of Machiavellianism and Communication on Helping Behaviour During an Emergency", *British Journal of Social Psychology*, Vol. 4, 1981, pp. 328 – 332.

④ McHoskey, J. W. , "Machiavellianism, Intrinsic Versus Extrinsic Goals, and Social Interest: A Self Determination Theory Analysis", *Motivation and Emotion*, Vol. 23, 1999, pp. 267 – 283.

⑤ Hegarty, W. H. , & Sims, H. P. , "Some Determinants of Unethical Decision Behavior: An Experiment", *Journal of Applied Psychology*, Vol. 63, 1978, pp. 451 – 457.

⑥ Liu, C. C. , "The Relationship Between Machiavellianism and Knowledge-sharing Willingness", *Journal of Business Psychology*, Vol. 22, 2008, pp. 233 – 240.

义与道德的关系研究以及马基雅弗利主义的跨文化研究。西方关于马基雅弗利主义的研究丰富了我们的认知，纠正了一些长期存在的想当然误区，同时也为我们的研究开展提供了一些思路与启迪，比如关注不同文化背景下马基雅弗利主义表现的差异，又比如关注道德对马基雅弗利主义的抑制作用。

六 厚黑学在中国

马基雅弗利主义尽管始于 15 世纪西方的意大利，当时也并未传入东方的中国，但人性共同弱点的滋生蔓延，无论以马基雅弗利主义的名义，还是以厚黑学的名义，都或明或暗地燃烧释放着。在功利实用的社会现实下，君戾臣叛，父顽子逆，夫妻离心，朋友反目，东方的中国人和西方人一样都利用人性的弱点，推崇炽热的权力，鼓动可能的手段，在利益与诱惑面前，他们同西方人一样都选择了追逐、背叛甚至残忍，也放弃了操守、道德乃至信仰。

厚黑学在中国有着漫长的历史，却只有着短暂的现在。说它漫长，是因为自古以来，嫉妒、谄媚、操纵、中伤、谋私这些人性的弱点便一直如此，绵延不绝。说它短暂，是因为这种人性恶理论化、系统化成为一种学说仅始于民国元年，尚不足百年。厚黑学是在中国本土传承的一种性恶哲学，同马基雅弗利主义一样，它以性恶论为出发点，涉及对人性及人际关系总的看法和根本观点，是一种与人为恶的价值观。但时空的距离与文化的差异使得中国文化下的厚黑学并不完全等同于西方的马基雅弗利主义，中国几千年的儒家文化熏陶和道德塑造，中国文化下逐渐孕育着厚黑学/马基雅弗利主义的抗体，一是传统儒家道德，一是因果报应观念。同时，中国文化下的厚黑学不仅仅产生了消极负面的人性灾难，客观上也为其正面运用创造了条件，比如兵家。

（一）中国人关于人性的思索

人本来是好是坏？一个人为什么是这样而不是那样？这是中国的哲学家、士大夫十分关心的重要问题，也是人生哲学和伦理道德的基础。中国古代乃至近代先进的中国人关于人性提出各自不同的观点和立场，形成了不同的人性论，这些人类自身对自我本质的看法，总的来说对后世有较大影响力的有性善论、性无善恶论、性恶论、性善恶混论。

性善论主张人性本善。明确提出性善论及其系统理论的是孟子，《孟子·公孙丑上》中讲道："无恻隐之心，非人也；无羞恶之心，非人也；无辞让之心，非人也；无是非之心，非人也。恻隐之心，仁之端也；羞恶之心，义之端也；辞让之心，礼之端也；是非之心，智之端也。人之有是四端也，犹其有四体也。"同时《孟子·告子上》中又说："仁义礼智，非外铄我也，我固有之也，弗思耳矣。"孟子认为，人的道德观念是天赋的，先验的，生而具有天赋的"善心"，而仁义礼智都是"善心"所派生的。世上存在着不善之人，存在着恶行，孟子认为这是后天条件造成的，原因在于"人"而不在于"性"，有人行为不善甚至作恶多端，并不是因为他们天性不善，相反是不良环境诱发现实中的人们悖逆了原本善良的天性，走上了相反的道路。孟子的性善论奠定了儒家仁学思想的理论根基，对后世儒学影响至深，宋明理学与孟子的性善论也是一脉相传。

性无善恶论主张性无所谓善也无所谓恶。最早提出这一主张的是告子，《孟子·告子上》中记载着他的言论"告子曰：'性无善无不善也。'或曰：'性可以为善，可以为不善；是故文武兴，则民好善；幽厉兴，则民好暴。'或曰：'有性善，有性不善；是故以尧为君而有象，以瞽瞍为父而有舜；以纣为兄之子且以为君，而有微子启、王子比干。'今曰'性善'，然则彼皆非与？"告子反对孟子的先验道德，反对天赋"善心"。告子认为人的天性就像流水，东边决口就向东边流去，西边决口就向西边流去，水流的去向取决于地势环境，同理，人的天性也是如此，无法分成善和不善，后天的环境、教育与修养才会真正塑造人性。告子的这一观点被清末的龚自珍所赞同，《壬癸之际胎观第七》中写道："善非固有，恶非固有，仁义、廉耻、诈贼、很（狠）忌非固有。"很明显，龚自珍是完全赞成告子关于人性的说法的，认为善恶等道德观念是后天形成的。即他在《阐告子》说的："龚氏之言性也，则宗无善无不善而已矣。善恶皆后起者。"

性恶论主张人性本恶，善则是后天人为的。性恶论的旗手是荀子，荀子主张人性有"性"和"伪"两部分，本性（性）是恶的动物本能，人为（伪）是善的礼乐教化，伪能化性。君子之所以为君子，是因为积伪礼义，小人则不懂得积伪，因为礼义之伪，可以矫正人性之恶而化为善。人自出生之时起，就好逸、恶劳、贪利、好色，放纵这些本性就会带来无序和混乱。只有师法、礼义才能矫正和约束人性，所以古代的圣人"起礼义、制法度"来化导人的情性。荀子否认天赋的道德观念，强调后天环境和教育对人性的塑造与影响。荀子的思想为后来的韩非子所继承，对法家影响甚巨。

性善恶混论主张人性有善也有恶。东汉时期的扬雄是最著名的善恶混论者。《法言·修身卷第三》中写道："人之性也善恶混，修其善则为善人，修其恶则为恶人气也者，所以适善恶之马也与？"这种理论也是对性善论和性恶论的"扬弃"，不同的只是在于性无善恶论认为人性无所谓善恶，而性善恶混论则认为人性既善又恶，是善与恶的混合物。近代康有为、章太炎也都是人性善恶混论者。

中国先哲多视野的人性探讨丰富了中国古代哲学的内容，在性善论、性无善恶论、性恶论和性善恶混论等诸多理论中，由于儒家统治地位的确立直接导致了性善论的最大影响，其贬恶扬善，强调社会环境和教育条件对后天社会属性的改造与决定性作用，甚至主张以善或改造过来的"善"作为人类社会安立的基础，这正是正统学派的意志力和影响力所在。但这并不意味着其他人性论的消弭，作为正统学派的补充或触角不及的旁门左派中，性恶论大行其道，这是厚黑学的理论基础和思想渊薮。

（二）李宗吾对人性恶的揭示与总结

尽管中国人关于人性的激辩、反思和总结形成了各自不同的人性论，但自西汉以来儒家当国的政治现实与影响，投射到社会文化生活层面，直接树立了儒家所倡导的性善论作为当时社会主流思想和正统价值观的权威地位。人们对性善论的推崇与褒颂逐渐导致了中国性善的文化的形成，而在此背景下人们对性恶论的排斥与忌讳也走向了极端，因此，直到新文化运动前夕，李宗吾才捅破了这层历史尘封和文化禁锢的人性恶。

厚黑学是李宗吾对历史上英雄豪杰成功秘诀进行另类解读的理论总结。李宗吾思索史事，将历史上著名的帝王将相搬下高高在上的神龛，摆在人性的视角和世俗的眼光之下，李宗吾却突然发现仁、义、智、勇等品格在所谓英雄豪杰身上都略显黯淡和隐约，相反揭开文明礼仪的画皮，他却发现"厚""黑"别样突出和显著，才是所谓英雄豪杰们最大的本事，如刘备的特长在于脸皮厚，擅长以哭骗取将士百姓的好感，他附曹操、依刘表、靠袁绍，东躲西藏，豪杰的形象丧失殆尽。曹操的特长在于心黑，信奉"宁我负人，毋人负我"的人生哲学，他杀吕伯奢、诛孔融、屠杨修，奸雄的嘴脸暴露无遗。所以李宗吾总结说"古之为英雄豪杰者，不过面厚心黑而已"①，也是英雄豪杰们最终"成就大业"的重要原因。李宗吾进一步按历史上英雄豪杰们的厚黑薄白程度将厚黑分成三个不同的境界，第一境界是厚如城墙，黑如煤炭；第二境界是厚而硬，黑而亮；第三境界是厚而无形，黑而无色，比喻描述形象直观、生动精辟。这些都是颠覆传统史学评价的新认知，也是烛破幽隐的大发现。因此，1912 年李宗吾将其心得体会、感悟反思整理成文，写成《厚黑学》一文，文笔轻松调侃、诙谐幽默，后面李宗吾继续阐扬"厚黑"新论，并对厚黑学理论又有所深化和完善，"黑字专长的人，黑者其常，厚者其暂。厚字专长的人，厚者其常，黑者其暂"②，进一步揭示了"黑"和"厚"之间的关系，后来陆续写成一些文字，包括《求官六字真言》《做官六字真言》《办事二妙法》等诸多内容，上述这些内容都编辑整理成为一部《厚黑丛话》，至此，厚黑学系统化、理论化的工作初步完成。

为了给厚黑学寻找理论的注解与依据，李宗吾寻道于老庄申韩，将厚黑学溯源到荀子的性恶学说，赞同人性本恶，李宗吾把厚黑说成是天性中固有之物，人性的本体（本然），而把仁义说成是外在强加之物（外诱），即他在《厚黑经》中所言："以去夫外诱之仁义，而充其本然之厚黑"③，这明显与当时社会正统的孔孟之道、人性本善相左，因此，李宗吾以人们生活中常见的现象为依据来驳斥孟子性善论，按孟子的观点，人性本善，孩提爱亲，少长敬兄，可是现实中母亲抱着小孩吃饭，他会伸手来拖母亲的碗，这不是爱亲的行为；现实中小孩在母亲怀中吃糕饼，看见哥哥走近却用手推打，这不是敬兄的行为。李宗吾还据此延伸性地批判孟子及其学说误国误民，"现在许多官吏刮取人民的金钱，即是把小孩时夺取口中糕饼那种良知良能，扩而充之。许多志士，对于忠实同志，

---

① 李宗吾：《厚黑学全集》，百花洲文艺出版社 2010 年版，第 22 页。
② 同上书，第 132 页。
③ 同上书，第 25 页。

排挤倾轧，无所不用其极，即是把小孩食乳食糕饼时，推哥哥、打哥哥，那种良知良能扩充出来的……可见中国闹到这么糟，完全是孟子的信徒干的"。① 李宗吾将孟子性善说和荀子的性恶说进行对比，旗帜鲜明地褒荀贬孟，他斥责孟子的性善说是"媚世"，而褒赞荀子性恶说是"箴世"。李宗吾将厚黑作为人性的本然，认为所谓英雄豪杰的本事只是能把厚黑的本性加以充分地扩充而已。李宗吾适逢乱世，列强环伺，日本侵华，李宗吾主张抛开仁义道德，还其厚黑本质，主张以越王勾践为榜样，在抗御外侮的斗争中使用厚黑，快快厚黑起来，以己厚破敌黑，以己黑破敌厚，厚黑救国。

当李宗吾自封"厚黑教主"，用犀利的言语直击人性恶，发前人之所未发，言前人之所未言，并总结集合成《厚黑学》时，李宗吾及其《厚黑学》都迅速走红，李宗吾成为民国奇人，《厚黑学》更被誉为"民国第一奇书"，这门性恶之学经李宗吾之手就完成了系统化、理论化的工作。

最后有必要说明一下的是，李宗吾先生的《厚黑学》，其用意、初心和本质并不是为了教人使诈，教唆"厚黑"，他只不过是为了达到针砭时弊的目的，而不惜引经据典借古喻今，对旧时代的黑暗政治及官场上的腐朽没落进行毫不留情的辛辣讽刺和猛烈抨击而已，这在老先生《厚黑学》的自序中已经有所提及。正如老先生所言："厚黑学可分三个时期：上古时人民浑浑噩噩，无所谓厚，无所谓黑，纯是天真烂漫的。孔子学说，担介道德，梦想唐虞，欲返民风于太古，是为第一时期。后来人民知识渐升，机变百出，黑如曹操，厚如刘备之流，遂应运而生，斯时也，孔孟复生，亦必失败，是为第二时期。今则已入第三时期了，黑如曹操，厚如刘备者，滔滔皆是，其技术之精，虽曹刘见之，亦当惶惶大吓。"从这个角度看，如果有人认为李老先生是在教唆"厚黑"，那显然是违背了李老先生的初衷，如果老先生仍然健在，也是断然不会同意的，说不定老先生那三个层次呈螺旋式上升的"厚黑学"理论也许会随着时代变化而与时俱进，发扬光大呢！

（三）中国人的差序格局与差序交往

著名社会学家费孝通先生采用社会结构分析法和对比分析法来解剖

---

① 李宗吾：《厚黑学全集》，百花洲文艺出版社 2010 年版，第 135 页。

中国社会与人际交往，他认为西方的社会组织像捆柴，"几根稻草束成一把，几把束成一扎，几扎束成一捆，几捆束成一挑，每一根柴在整个挑里都属于一定的捆、扎、把，每一根柴也都可以找到同把、同扎、同捆的柴，分扎得清楚不会乱的"①，这是西方社会的"团体格局"，费孝通先生认为中国社会格局有别于西方，"我们的格局不是一捆一捆扎清楚的柴，而是好像把一块石头丢在水面上所发生的一圈圈推出的波纹，每个人都是他社会影响所推出去的圈子的中心。被圈子的波纹所推及的就发生联系，每个人在某一时间某一地点所动用的圈子是不一定相同的"②，这就是中国社会的"差序格局"，这种差序格局也决定了中国人的差序人际交往，个体"以己为中心，像石子一般投入水中，和别人所联系成的社会关系，不像团体中的分子一般大家立在一个平面上的，而是像水的波纹一般，一圈圈推出去，愈推愈远，也愈推愈薄"③。这种以亲疏远近为特点的社会格局使得中国人人际交往互动带有鲜明的偏爱憎恶特点，中国人的人际互动必然不是不分彼此、平等相待、一视同仁，而是区分间隔、分别考虑、差异对待。中国人的差序格局与差序交际如表 2 - 3 所示。

表 2 - 3　　　　　　　　　中国人的差序格局与差序交际

差序格局	人际法则
个体 家人或拟似家人 熟人 认识之人 陌生人	▪▪▪▪➤ 遵循需求法则，讲责任，不计回报，绝对照顾和无条件信任
	▪▪▪▪➤ 遵循人情交换法则，讲人情，通过频繁的人情交往、互惠互利建立特殊信任和长期承诺
	▪▪▪▪➤ 遵循平等法则，讲利害，计回报，交往遵循一般道德，通过反复社会交往建立社会信任
	▪▪▪▪➤ 遵循陌生人法则，忽略无视，缺乏信任

---

① 费孝通：《乡土中国　生育制度》，北京大学出版社 1998 年版，第 25 页。

② 同上书，第 26 页。

③ 同上书，第 27 页。

个体以自我为中心，其社会网络渐次推开依次是其家人或拟似家人、熟人、认识之人、陌生人，相应地其人际交往也分别遵守着家人法则、人情法则、平等法则和陌生人法则。家人或拟似家人是自我中心最内层的人际网，家人或拟似家人的需求都会得到个体的绝对照顾和无条件信任，家人和拟似家人不仅依赖于人与人之间的感情和身份认同，还有不可避免的责任和牢不可破的关系，因此被认为是中国人最依赖的人际网络。熟人是自我中心次核心层的人际网，包括好朋友或者关系很近的强连带关系，他们遵循"人情交换法则"，其特殊信任和长期承诺是通过频繁的人情交换建立起来的。认识之人是个体自我中心最外层的人际网，个体间的信任建立在公平的一般道德原则以及反复社会交换过程基础之上。陌生人是个体自我中心圈外的人际网，理论上说个体与陌生人几乎没有交集，缺乏人际交往，当然也缺乏应有的信任。

与差序格局和差序交往相匹配，中国文化背景下还存在着诸如人情、关系、面子、圈子等中国人独特的为人处世之道。人情是人与人进行社会交易时，可以用来馈赠对方的一种资源，人情同时也是中国社会中人与人应该如何相处的社会规范，[①] 作为社会交换资源的人情，不仅包含着财货、金钱、服务，而且还包含抽象的情感。当个体遭遇不幸、坎坷或困难，其他人应该尽力帮他，"做人情"给他，个体受了别人的恩惠，欠了别人的人情，也应该想办法进行回报。资源的支配者"做人情"给别人时，他必须立即付出某些代价。他虽然能够预期对方接受其恩惠后，将来可能有所回报，可是他们究竟什么时候进行回报是不可预期之事。因此在中国社会中，与资源支配者有关系的人如果向资源支配者求情，要求他将其掌握的资源做有利于自身的分配，资源分配者此时会陷入"人情困境"之中，当然资源支配者在面临此困境时，会考虑自身必须付出的代价以及各种预期的得失，权衡轻重，以决定是否"做人情"给对方。基于人情，理论上讲，马基雅弗利主义行为的个体是在不考虑"做人情"情境下谋取更大利益的行为选择。

关系在中国人的生活和文化中具有十分重要的作用，现实中的中国人

---

① Hwang, K. K., "Face and Favor: The Chinese Power Game", *American Journal of Sociology*, Vol. 92, 1987, pp. 30 – 42.

"拉关系走后门""找关系办事稳妥放心""跟上头有关系就好"都表明中国人具有"关系取向"。① 关系是中国人的一种心理定式，也是中国人的一种行为模式。在中国的文化环境下，不同关系的起始基础是不同的：家人（或拟似家人）关系高于熟人关系，熟人关系高于认识之人关系，认识之人关系高于陌生人关系。人际交往中要达到一定的关系水平，基于不同的关系基础，交往成本也是不同的：熟人关系大于家人（或拟似家人）关系，认识之人关系大于熟人关系，陌生人关系大于生人关系。② 中国人的"关系"有强关系（强连带）和弱关系（弱连带）之分，拉关系是中国人建立理性人际关系的重要环节。③ 强连带把具有血缘相近的或关系亲近的人联结在一起。强连带是亲密的、感情强烈的，而且高度反复互动的人际关系，强连带可以有效地增加彼此互动的机会，增加强连带个体间分享冗余信息的概率，并且促进彼此友好地对待互动伙伴，同时减少了一个人伤害强连带中其他成员或在危机时期背叛的可能性。④ 据此分析，马基雅弗利主义行为者与其行为实施对象的关系绝对不是强连带，而是一种弱连带，甚至无连带。

　　圈子是从自我中心社会网发展而来的，往往有一个中心人物（或一小组中心人物，如一对夫妇，一双兄弟等），只包括他（或他们）的拟似家人和熟人这样的强连带，圈子非常强烈的个人色彩，可以以某人的名字命名，比如王董的圈子或林总的圈子等。⑤ 圈子是一种微观的社会网络，在中国人的现实生活中也发挥着巨大的作用，"你是不是圈中人?""要进圈子"等都是佐证。圈子根植于权力距离大以及特殊主义的华人社会，其核心是领导者基于人情法则对部属的差别对待，用"亲亲"有等级的方式组织一群"自己人"，以集体争取更多的组织资源。⑥ 正式组织

---

① 佐斌：《中国人的关系取向：概念及其测量》，《华中师范大学学报》（人文社会科学版）2001年第1期。

② 庄贵军：《关系在中国文化的内涵：管理学者的视角》，《当代经济科学》2012年第1期。

③ 周建国：《拉关系：中国人人际关系建构的一种解释》，《社会科学研究》2014年第3期。

④ Krackhardt D., "The Strength of Strong Ties: The Importance of Philos in Organization", In Nohria N. & Ecclern R. G. Butcher (eds.), *Networks and Organization*, Harvard Business School Press, Boston, 1992, pp. 216 - 240.

⑤ 罗家德：《关系与圈子——中国人工作场域中的圈子现象》，《管理学报》2012年第2期。

⑥ 罗家德、周超文、郑孟育：《组织中的圈子分析——组织关系内部结构比较研究》，《现代财经》2013年第10期。

中圈子是正式组织结构存在的必然补充，是组织中个人基本需求满足的需要，是人际关系交往必然会产生的结果，组织可以加强对内部的圈子以引导、教育和规范，让"圈子"的作用更多地体现友谊型、命令型和任务型群体的特征，而较少地体现利益型群体的特点，引导圈子的利益取向和组织目标相一致，增进组织的凝聚力、保持组织的稳定发展。① 圈子中存在一些成员都认可的社会规范，成员相信任何违背规范的成员和纵容违规行为的成员都会受到网络中其他成员的惩罚，这是圈子中的二次信任，② 圈子中这种以二次信任为表现形式的多边信任，可以较好地弥补双边信任的缺陷，圈子中即便因对方放松监督而获得了实施机会主义行为的条件，他也会惮于这一惩罚机制而在一定程度上去抑制实施机会主义行为的欲望。由此可见，马基雅弗利主义在圈子内部还是受到抑制的，但马基雅弗利主义者的行为实施对象很显然是马基雅弗利主义者自我中心圈外的个体，适用于陌生人法则，包括可能的马基雅弗利主义行为，当然也不存在所谓的以二次信任为基础的多边信任。

（四）中国文化下孕育的厚黑学抗体：因果报应观念

提及因果报应，人们很自然就会想起佛教。但佛教正式传入中国并融入中国的民俗与政治生活是在东汉，而在此之前，中国本土就已经有了朴素的报应观念，如表 2 - 4 所示。

表 2 - 4　　　　　　　　东汉以前关于因果报应的典型描述

描　述	出处
"天命有德，五服五章哉！天讨有罪，五刑五用哉"	《尚书》
"天道福善祸淫"	《尚书》
"惟上帝不常，作善降之百祥，作不善降之百殃"	《尚书》
"神福人而祸淫"	《左传》
"天祚明德"	《左传》

---

① 史青：《正式组织中"圈子"的属性及成因》，《天府新论》2010 年第 2 期。
② 寿志钢、苏晨汀、周晨：《商业圈子中的信任与机会主义行为》，《经济管理》2007 年第 11 期。

描　　述	出　处
"圣人有明德者，若不当世，其后必有达人"	《左传》
"善不可失，恶不可长，其陈桓公之谓乎？长恶不悛，从自及也"	《左传》
"积善之家，必有余庆；积不善之家，必有余殃"	《周易》
"天道无亲，常与善人"	《老子》
"始作俑者，其无后乎"	《孟子》
"为善者天报之以福，为不善者天报之以祸"	《荀子》
"明乎鬼神之能赏贤而罚暴也"	《墨子》
"祸福随善恶"	《韩非子》
"君子致其道德而福禄归焉，夫有阴德者必有阳报"	《说苑》

　　东汉以前中国社会关于因果报应思想直接体现在上述诸了百家的经典言论之中，东汉以前先贤们关于报应思想的典型描述中，对报应的承受主体、善恶标准、实现途径等核心问题都有所涉及，字里行间更是渗透着原始的道德愿望和宗教理想，可见这种朴素的报应观念在当时就已经初步形成。而尤其引人注目的是儒家对这种观念的弘扬，无论是经典文献中提及的频次还是论述的深度，其他各家都无出其右。当然除了这些儒学大家对此的理性思考与理论探讨之外，朴素自发的因果报应思想在民众中间也是影响渐开，可以佐证的是散落于民间大量有关惩恶扬善、好人好报、坏人遭殃的故事传说、辞赋歌谣。这种朴素自发的因果报应思想借助于宗教不断地自我完善和自我发展，在适应性改造的同时也继续进行理论化、系统化，因果报应观念在本土的道教中有所体现，但在佛教上完成了飞升。

　　佛教源自印度，因果报应观念是整个佛教的基石。佛教系统地提出了十二因缘说，十二因缘说是全部佛教教义的理论基础，所谓"诸法由因缘而起"。佛教认为一切事物与现象皆由因缘和合而成，都生于因果关系。人的种种痛苦和烦恼都是自己种因，自己受苦。十二因缘说（见图 2－1），认为人生由无明（对佛理的愚昧无知，是万苦的总根源）、行（因无明引起的各种行为）、识（脱胎时的心识）、名色（胎中已具的生命体）、六处（即六根，五官加思维）、触（接触）、受（六根得到的感

受）、爱（男女情爱）、取（对物质的贪求和执取）、有（贪爱和执取引
起的报应）、生（因爱、取、有引起的果报导致再生）、老死（来世之生
又趋于死）十二个环节组成，其中前两个是过去二因，中间前五个是现
在五果，中间后三个是现在三因，最后两个是未来二果。具体来说，无
明与行是前世之因，识、名色、六处、触、受是现世果，爱、取、有是
现世因，生、老死是来世果。人皆由前世因而辗转轮回于天、人、阿修
罗、畜生、地狱、饿鬼的"六道"之中，人现世如果做了好事，来世变
为天人，如果做了坏事，来生就可能变成畜生、饿鬼。十二因缘涉及过
去、现在和将来三世，现在的果必有过去的因，现在的因，又必将产生
将来的果，众生只要仍未解脱，就必然按照这种因果律进行生死轮回，
永无尽期。

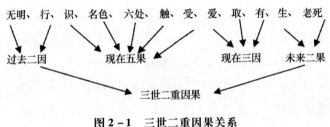

图 2 - 1 三世二重因果关系

自东汉年间正式传入中国以来，为在中国得到更大的发展，佛教也
开始了相应的中国化，其显著标志是承认现世报，肯定人世的福寿利禄，
接纳以孝为核心的伦理规范，在保持固有的戒律性、出世性、精神性和
个体性的基础上，接受了传统报应观的伦理性、现世性和功利性。佛教
果报观与中国传统报应观完全合二为一是在民间信仰，二者之所以融合
无碍，是因为民间报应信仰本质上是浅薄的实用性的信仰，所关注的是
个人和子孙现世的幸福以及来世好报，没有门户的羁绊和学说的顾忌。[①]
中国传统文化中的另外重要一支道家，善恶报应的思想同样体现在
其经典著作中。《太上感应篇》是道家的入门典籍，开篇语就是："太上
曰：'祸福无门，惟人自召；善恶之报，如影随形。'"宣传善有善报、恶

[①] 陈筱芳：《佛教果报观与传统报应观的融合》，《云南社会科学》2004 年第 1 期。

有恶报的理念。接着指出人要长生多福，必须行善积德，并列举了二十六条善行和一百七十条恶行，作为趋善避恶的标准，最后的"诸恶莫作，众善奉行""一日有三善，三年天必降之福；一日有三恶，三年天必降之祸"作为总结性结论。《太平经》"力行善反得恶者，是承负先人之过，流灾前后积来害此人也。其行恶反得善者，是先人深有积善大功，来流及此人也。能行大功万万信之，先人虽有余殃，不能及此人也"，则是结合世俗生活深入地剖析和探讨因果报应。

中国传统文化的内核或基因，落脚于中国文化思想体系中三个相互区别又相互联系的思想体系——儒、道、释上。[①] 而中国传统文化中占据主流地位的儒、释、道三家对于因果报应观，均浓墨重彩并刻画入微。当然儒、释、道三家之中，以佛家对因果报应观念最为推崇，阐释也最为详尽，自成一体。而其中因果报应观念由于佛教的风行，统治者的推崇，士林精英的认同，使得其成为中国传统文化不可或缺的一部分，并深刻地影响着中国人的日常生活，甚至近代著名启蒙思想家梁启超对因果报应律也笃信不疑，1925 年 7 月 10 日在写给梁令娴（思顺）等孩子的一封信，梁启超在其中写道："思成前次给思顺的信中说'感觉着做错多少事，便受多少惩罚，非受完了不会转过来'。这是宇宙间唯一真理，佛教所说的'业'和'报'就是这个真理，（我笃信佛教，就在此点，七千卷《大藏经》也只说明这点道理。）凡自己造过的'业'，无论为善为恶，自己总要受'报'，一斤报一斤，一两报一两，丝毫不能躲闪，而且善与恶是不准抵消的。……并非有个什么上帝作主宰，全是'自业自得'……我的宗教观、人生观的根本在此，这些话都是我切实受用的所在。"[②]

因果报应说强调道德在生命长流中的作用，恶因结恶果，善因结善果，道德是自我塑造未来生命的决定因素，[③] 这必然会促使人们在道德上更加严格地要求自己，从一点一滴小事上，尤其是从心里防非止恶，戒除无始劫来的贪、嗔、痴、慢习气，去除各种不符合道德标准的行为，

① 郝永：《中国文化的基因——儒道佛家思想》，光明日报出版社 2009 年版。
② 《梁启超家书》，中国文联出版社 2000 年版，第 356 页。
③ 方立天：《中国佛教哲学要义》，中国人民大学出版社 2002 年版，第 110 页。

从而对社会的各个层面产生良性的、积极的影响。① 因果报应说旨在劝导人们从善弃恶，而其宣扬的因果报应的必然性具有很大的扬善止恶作用。无疑，因果报应观念会增强人们的道德自律，促进人们的利他行为，也会从某种程度上抑制人们的厚黑行为。

（五）中国文化下孕育的厚黑学抗体：传统儒家道德

中国文化是中国人民在历史发展过程中创造的物质文明和精神文明总和，中国文化博大精深、源远流长。中国文化在对人与自然、人与社会、人类自身这三大主题的探索发现之中，有关人的本性、人的行为、人际交往的内容探讨和理性思维充沛丰富。

关于人的本性，中国文化的基本假设是人性本善，认为人可以通过内省的方式实现人性内在的善；当人实现了人性内在的善，就达到了人自身的内在和谐，而人自身的内在和谐是一切和谐的基础。性本善的假设外在地表现为中庸、谦虚、忍让、自控等价值观，这些是达到人之本善的手段，也是做人的美德。② 在社会行为层面，"吾日三省吾身，为人谋而不忠乎？与朋友交而不信乎？传不习乎？"，"学问之道无他，求其放心而已矣"都是传统文化下典型推崇的行为表现。

在人的行为导向方面，中国文化的基本假设包括：第一，和谐是幸福的源泉，因此也是人生的最终目的和最高追求；第二，和谐分为内在和谐、群体和谐与天人和谐三个层次，当同时达到三个层次的和谐时，人就达到了至善的境界；第三，人经过自己的努力至少可以达到内在和谐。追求和谐的行为导向，外显为"礼为贵，和为用""达则兼济天下，穷则独善其身"的士大夫思想。这些文化的基本假设和价值观，诱导出了下述文化现象：人们一方面积极入世，求取功名，而在功名不成时，则注重个人修养，修身养性；另一方面，往往过分追求长寿，有"好死不如赖活着"的行为表现。

---

① 牛延锋：《佛教因果报应思想对构建和谐社会的积极意义》，《江淮论坛》2007 年第 1 期。

② 庄贵军：《关系在中国文化的内涵：管理学者的视角》，《当代经济科学》2012 年第 1 期。

在人际交往方面，中国文化的基本假设有如下几点：第一，人生而不平等，但要在不平等中追求和谐的人际关系，形成"以人伦为经，以亲疏为纬"的人际网络；第二，集体主义导向下群体目标高于个人目标，"大我之中有小我"；第三，人们要各安其位，依礼行事。人际交往的基本假设外显为"礼为用，和为贵"的价值观。而中国社会中普遍存在的进圈子、讲面子、重关系、看人情都是这些文化的基本假设和价值观所诱发出来的行为现象。中国文化中对人的本性、人的行为和人际交往的认知总结如表2-5所示。

表2-5   中国文化对社会人的认知总结

	基本假设	价值理性	行为表现
人的本性	人性本善，通过内省的方式可以实现人性内在的善，当人实现了人性内在的善，就达到了自身的内在和谐	中庸、忍让、自控	吾日三省吾身 是故诚者，天之道也，思诚者，人之道也 学问之道无他，求其放心而已矣
人的行为	和谐是幸福的源泉，因此也是人生的最终目的和最高追求；和谐分为内在和谐、群体和谐与天人和谐三个层次，当同时达到三个层次的和谐时，人就达到了至善的境界；人经过自己的努力至少可以达到内在和谐	积极入世	格物致知、诚意正心修身齐家治国平天下
人际交往	人生而不平等，但要在不平等中追求和谐的人际关系；一方面群体目标高于个人目标，另一方面人们要各安其位，依礼行事	礼为用，和为贵 不学礼无以立，人无礼则不生，事无礼则不成	进圈子、讲面子、重关系、看人情

在中国的传统文化中，儒家、墨家、道家、法家、佛教、道教各派

精彩纷呈，各派思想家尤其是儒家先哲们在对中华民族长期的道德实践进行总结与探讨的基础上，提出了细致缜密的道德实践活动行为规范，这就是传统儒家道德，而其中主要的德目则包括仁、义、礼、智、信，合称为"五常"。

1. 仁

仁从字源学上讲是从人从二，是一个涉及人与人之间关系的范畴，仁的核心是爱人，孔子最早用爱人来解释仁，《论语·雍也》中记载："夫仁者，己欲立而立人，己欲达而达人。能近取譬，可谓仁之方也已。"孟子继承和发扬了孔子的仁爱思想，提出"亲亲而仁民，仁民而爱物"（《孟子·尽心上》）。而儒家经典《礼记·儒行篇》详致地阐述了仁的各方面内涵，"温良者，仁之本也；敬慎者，仁之地也；宽裕者，仁之作也；孙接者，仁之能也；礼节者，仁之貌也；言谈者，仁之文也；歌乐者，仁之和也；分散者，仁之施也。儒皆兼此而有之，犹且不敢言仁也。其尊让有如此者"。中国古代思想家不仅把仁看为做人的基本准则，他们还力图将仁的精神渗透至政治运作过程中，无论是杜甫的"安得广厦千万间，大庇天下寒士俱欢颜"还是范仲淹的"先天下之忧而忧，后天下之乐而乐"都是传统儒家仁爱精神的升华。

2. 义

义是会意字，从我从羊，义者，宜也，从字面上来看，是善的和美的，引申为"合适的道德"。义是判断人们行为的善恶当否的价值标准，对人们的行为起着导向的作用。儒家十分强调"居仁由义"，把义看作是通向道德完美的必经之路。《孟子·尽心上》中记载："王子垫问曰：'士何事？'孟子曰：'尚志。'曰：'何谓尚志？'曰：'仁义而已矣。杀一无罪，非仁也，非其有而取之，非义也。居恶在？仁是也；路恶在？义是也。居仁由义，大人之事备矣。'"儒家关于义的探讨还在于如何正确认识道德行为与物质利益及个人利益的关系，即义与利的关系问题。孔子提出了"见得思义"（《论语·子张篇第十九》），主张在利益面前考虑是否应该合理，孟子则大大提升了义的价值与作用，凝练出舍生取义的价值取向，《孟子·告子上》中讲道："鱼，我所欲也；熊掌，亦我所欲也。二者不可得兼，舍鱼而取熊掌者也。生，亦我所欲也；义，亦我所欲也。二者不可得兼，舍生而取义者也。"这奠定了儒家传统价值道德中重义轻利的倾向。

3. 礼

礼是仁的外在规范，是义的具体形式，是仁义的贯彻与外显，而仁、义是礼的内在实质。儒家以君臣、父子、夫妇、兄弟、朋友"五伦"对主要的社会道德关系进行了整体的概括，提出了包括君仁臣忠、父慈子孝、夫义妇顺、兄友弟敬、朋友有信在内的五伦之礼，构建了一个完备且细致的礼的体系。在儒家看来，礼是立人之本，是人立身处世的基础。孔子说过："兴于诗，立于礼。"（《论语·泰伯》）"不学礼，无以立。"（《论语·季氏》），甚至《礼记·曲礼上》中说道："人有礼则安，无礼则危。"不可否认的是，礼对于提高个人素质、保持人际关系和谐、维系社会安定发挥了不可低估的作用。

4. 智

在儒家伦理思想中，智主要是指道德认识和道德理性，智的主要功能是明辨是非善恶，树立正确的道德观念。孔子提出"智者不惑"，认为智是仁的重要条件，多次以仁智并举，并将智、仁、勇三者统一起来，作为志士仁人的基本品德，孟子把智看成判断是非的一种能力和观念，提出了"是非之心，智也"的命题。儒家十分强调智与德性、德行相联系，明清交际时的大儒王夫之就曾经说过，智离开仁便显得苛刻，离开礼就显得浅薄，离开义就显得乖巧，离开信便显得诡诈。儒家谈智，总是与其他四德联系在一起，作为道德认知，智必须落实、体现到道德行为上，与道德行为相一致。

5. 信

信本义是语言真实，后来引申为为人可靠、待人诚挚，它要求人们真实无妄，诚善于心，言行一致，它是儒家重要的道德规范。孔子认为信是立人之本，提出"人而无信，不知其可"（《论语·为政》），还进一步认为信是立国之本，《论语·颜渊》中讲道："子贡问政，子曰：'足食，足兵，民信之矣。'子贡曰：'必不得已而去，于斯三者何先？'曰：'去兵。'子贡曰：'必不得已而去，于斯二者何先？'曰：'去食。自古皆有死，民无信不立。'"作为人际交往的行为规范，信的基本要求是真诚相待、诚实不欺、讲究信誉和信守诺言等。如孔子就说过："与朋友交，言而有信。"（《论语·学而》）"信则人信焉。"（《论语·阳货》）但是儒家重视、提倡信，并非机械刻板，他们讲信也往往联系义，言行是否践行往往也以义的标准来衡量。《孟子·离娄下》记载道："大人者，言不必信，行不必果，惟义所在"，北宋时期的理学家张载也说："君子宁言之不顾，不规规于非义之信"（《正蒙·有德》），可见，儒家讲信，更重精神实质。

仁义礼智信"五常"每一个节目都包含着甚为深刻的内容，是儒家之世界观、人生观和价值观的高度凝聚和提炼，表达了儒家对人生价值和生活意义的根本认识和看法，所以和一般性的道德品节是大不一样的。① "五常"也具有稳定的道德结构，仁是处理人际关系的情感准则，义是处理人际关系的价值准则，礼是处理人际关系的行为模式，智是处理人际关系的理性准则，信是处理人际关系的精神纽带。"五常"是中国人两千多年伦理道德的沉淀，它塑造了中华民族的性格，是传统道德的精华和宝贵遗产，对于维系社会人伦、保持社会稳定、促进社会进步具有积极意义。正如王玉德所说："哪个社会能离开五常？抛弃五常，社会必然混乱，人将不人，国将不国。"②

（六）厚黑学在中国的正面践行——以兵家为例

中国文化尤其是封建文化中有某种隐秘乃至阴暗的因素，③ 即许多事情被认为可以做，但不可以说；有些事情你可以说，但不可以做，厚黑学显然存在着双重禁忌，既不要去做，也不要去说。能够大张旗鼓，堂而皇之践行的，首推兵家。因为，兵者，国之大事，生死之地，存亡之道，不可不察也。

提及厚黑学，与之相联系的通常都是阴谋诡计，密室谋划，上不得台面，见不得阳光。历史上的非道德主义往往出现在大动荡时期，兵家是战国纷争的产物，战争就是最高形态的竞争，它必须以功利为圭臬，以创新为旗帜。④ 战争的残酷本质决定了兵家是最讲究实际功效的一家，

---

① 景海峰：《从"三纲五常"看儒家的宗教性》，《孔子研究》2007 年第 1 期。
② 王玉德：《"三纲五常"可以推陈出新》，《探索与争鸣》1996 年第 6 期。
③ 赵倩：《兵家未入"三教九流"根源之探析》，《海南师范大学学报》（社会科学版）2009 年第 4 期。
④ 杨用成、龚留柱：《论先秦兵家的性质及其产生》，《河南大学学报》（社会科学版）2005 年第 4 期。

兵家的目的很明确：战胜对方，如果一方还照搬不合时宜的仁本思想去应付战争，就会犯春秋时期宋襄公那样愚蠢的错误。以战屈人之兵也好，不战屈人之兵也好，火攻也好，用间也好，所有一切手段都为着一个清晰的战争目的：取得胜利。观诸历史，孙膑围魏救赵，增兵减灶；白起佯败诱敌，坑杀降卒；韩信明修栈道，暗度陈仓；刘邦暗撕和约，四面楚歌；周瑜计打黄盖，火烧连船；诸葛亮七擒七纵，空城抚琴；王阳明虚张声势，遣使招安。尽管今天的史家出于盖棺论定的事实，对这些将坛奇才和兵家壮举，对彼人彼事的评价冠以聪明智慧、果敢决断、出其不意，因为他们是胜利的一方，而如果换一个角度，从失败一方的立场来看待这些战争和其指挥者并给出定性的评价的话，则一定是奸诈狡猾、背弃信用、不择手段，而这在本质上是厚黑学的，是马基雅弗利主义的。

　　诡诈一词，民间常常理解为诡计、带有不光彩的色调，但在兵家文化中，作为理论形态的诡诈之术，本身只具有工具属性，是个中性概念，并无任何贬义。① 我们发诸兵史，也发现兵家的著作对诡诈之术等类马基雅弗利主义的概念不仅不忌讳，还提倡、表扬和褒颂，相反对愚昧地恪守"军礼"、呆板守旧则大加鞭笞。比如众所周知的泓水之战，宋国和楚国会于泓水，当楚军开始渡河时，右司马公孙固向宋襄公建议："彼众我寡，可半渡而击"，宋襄公不同意，说仁义之师"不推人于险，不迫人于阨"。楚军渡河后开始列阵时，公孙固又请宋襄公乘楚军立足不稳、列阵混乱之际发起进攻，宋襄公又一次拒绝，说："不鼓不成列。"等到楚军列阵完毕宋襄公才下令进攻。由于楚军实力强大，经激战后，宋军大败，但战争的失败并没有让宋襄公汲取失败的教训，他向臣民辩解说："古之为军，临大事不忘大礼""君子不重伤（不再次伤害受伤的敌人）、不擒二毛（不捉拿头发花白的敌军老兵）、不以阻隘（不阻敌人于险隘中取胜）、不鼓不成列（不主动攻击尚未列好阵的敌人）"。《淮南子》评价说："古之伐国，不杀黄口，不获二毛，于古为义，于今为笑，古之所以为荣者，今之所以为辱也。"毛泽东对宋襄公所谓的辩词也是不屑一顾，认为正是所谓的"仁义道德"导致一误再误战机，致使损兵折将，一败涂地，他在《论持久战》中也讲道："我们不是宋襄公，不要那种蠢猪式

_____

① 贾成祥：《中国传统文化概论》，人民军医出版社2005年版，第149页。

的仁义道德。"①

　　关于诡诈之术的灵活运用在兵书上有相当的记载，《孙子兵法》是中国古代兵书中对诡道讲的最明确的书，此后《孙膑兵法》也有较集中的论述，②《孙子兵法》以其对"诡道"论述之深，篇幅之巨开创了古代的军事谋略学，而其要旨正是在战场上不受道德规范的限制。③ 比如《孙子兵法·计篇第一》中写道："兵者，诡道也。故能而示之不能，用而示之不用，近而示之远，远而示之近。利而诱之，乱而取之，实而备之，强而避之，怒而挠之，卑而骄之，佚而劳之，亲而离之，攻其无备，出其不意。此兵家之胜，不可先传也。"这部伟大的兵书开篇就强调了用兵作战是诡诈的技术。《孙子兵法·势篇第五》中写道："凡战者，以正合，以奇胜"，同篇中还写道："故善动敌者，形之，敌必从之；予之，敌必取之。以利动之，以卒待之。"《孙子兵法·虚实篇第六》中写道："故善战者，致人而不致于人"，强调了在战场上通过分散、集中兵力的战术变化来造成我强敌弱来战胜敌人。《孙子兵法·军争篇第七》中强调了"迂直之计"对于争夺战场主动权的重要性，写道："故兵以诈立，以利动，以分合为变者也。故其疾如风，其徐如林，侵掠如火，不动如山，难知如阴，动如雷霆；掠乡分众，廓地分利，悬权而动。先知迂直之计者胜。此军争之法也。"《孙子兵法》在最后一篇强调了用间，《孙子兵法·用间第十三》中写道："故明君贤将所以动而胜人，成功出于众者，先知也。先知者，不可取于鬼神，不可象于事，不可验于度，必取于人，知敌之情者也。"孙武系统地提出了用间的原则和方法，把用间提高到了"三军之所以恃动"的重要位置，并断言能成功用间者"必成大功"，同时他还强调了用间的手段和纪律，《孙子兵法·用间第十三》中写道："间事未发而先闻者，间与所告者皆死。"从中我们可以看出手段不失残忍，而纪律更是严苛。上述这些军事谋略理论都是在军事斗争实践中总结出来的，并用于继续指导后续漫长的军事斗争实践。

---

① 《毛泽东选集》（第 2 卷），人民出版社 1991 年版，第 492 页。

② 霁虹：《兵家军事思想研究 20 年回顾》，《社会科学战线》2003 年第 1 期。

③ 李兴斌：《论〈孙子兵法〉对中国古代军事谋略学的构建》，《军事历史研究》1999 年第 4 期。

尽管古人知晓诡诈之术的重要意义，但他们对这样类马基雅弗利主义诡诈之术的可能作用没有夸大，没有神化，还有着较客观的认识，如《孙膑兵法·威王问》中所记载的田忌与孙膑的一段话："田忌曰：'权、势、谋、诈，兵之急者耶？'孙子曰：'非也，夫权者，所以聚众也。势者，所以令士必斗也。谋者，所以令敌无备也。诈者，所以困敌也。可以益胜，非其急者也。'"在具体的应用中，也是有所为有所不为的。如明朝开国元勋刘伯温曾说，战争是诈术之一，但作为战争的统帅却不能以诈术来统领军队。

不容否认，厚黑学在中国的历史上多次地造成人性的灾难，甚至是人道的灾难。君昏臣暴，父奸子毒，不仅将人性中最后的一抹暖色拭去，还把"天下大同"的美好愿景一次次地在世人面前粉碎。但治乱更迭，盛衰易势，这既是一个最坏的时代，又是一个最好的时代，尤其是对于厚黑学来说，大规模的社会动荡，外侵内叛，国家危难，民族存亡，往往在客观上为厚黑学的践行提供了最有利的条件和最正当的理由，于是兵家通常在此关键危急时刻挺身而出，而厚黑学顺势而为成为兵家所倚重并能成就化腐朽为神奇的神来之笔。

七　社会转型与中国人的道德建构

社会转型是我们今天政治、经济、文化、生活领域内一个非常热门的高频词汇，当群体性事件发生之时，新闻分析说这是转型时期社会矛盾累积的必然结果；当市场在社会经济生活中进行资源配置之时，媒体解读为经济体制成功转型的一般福利；当大学教授骗人又打人、大学生撞人又杀人、长江渔民只捞死人不救活人时，专家解读说这是社会转型的道德滑坡，似乎社会转型是当下中国的一大国情，很多情况都要从社会转型来寻求原因，很多现象都要从社会转型来寻找答案。的确，自改革开放以来，我们事实上正经历着一场从传统社会向现代社会迈进的社会大转型，那么什么是社会转型？社会转型具有什么特点？当下我们经历着怎样的社会转型？社会转型如何使我们的行为产生偏差？社会转型背景下又应该如何来构建我们的道德？

（一）社会转型的内涵与特点

社会转型（Social Transformation）借用了生理学中"转型"概念，在生理学中，转型（Transformation）是指微生物细胞之间以脱氧核糖核酸形式转移遗传物质的过程，用于描述生物物种间的变异。西方社会学家借用这个概念来描述社会结构具有进化意义的转换和性变，说明一种社会形态向另一种社会形态的转换。[①] 自李培林率先提出社会转型是"另一只看不见的手"[②] 以来，中国社会科学界逐渐接纳这个概念并真正掀起了社会转型研究的热潮，不少学者纷纷提出自己对社会转型的理解，现将国内学者一些富有代表性的概念界定总结如表 2-6 所示。

表 2-6 国内学者关于社会转型的界定

学 者	定义表述
李培林（1992）	社会转型是一种特殊的结构型变动
李培林（1995）	社会转型是指一定社会历史条件下的社会实践主体在社会基本矛盾的推动下，对社会结构模式、运行体制和机制进行全方位的整体变革和改造，进而推动社会变革的历史创造性活动
陆学艺（1995）	社会转型是指中国社会从传统社会向现代社会转化、从农业社会向工业社会转型、从乡村社会向城镇社会转化、从封闭半封闭社会向开放性社会转化
郑杭生、李强（1997）	社会转型是指社会从传统型向现代型的转变，或者说由传统型社会向现代型社会转变的过程
刘祖云（1997）	社会转型是指社会从一种类型向另一种类型转变的过渡过程，它包括三个方面：一是指社会从传统型向现代型转变的过程；二是指传统因素与现代因素此消彼长的进化过程；三是指一种整体性的社会发展过程

---

① Harrison, D., *The Sociology of Modernization and Developement*, New York：Academic Divison of Unwin Hyman Ltd., 1982, p. 56.

② 李培林：《另一只看不见的手——社会结构转型》，《中国社会科学》1992 年第 5 期。

学　　者	定义表述
陈国庆（2001）	广义的社会转型，是指人类社会从一种社会形态向另一种社会形态转变，例如从封建社会转变为资本主义社会，从资本主义社会转变为社会主义社会，这是一种质的变化；狭义的社会转型是指在同一个社会形态下，社会生活的某一个或几个方面发生了较大甚至较为剧烈的变化，但是这种变化不涉及社会形态的变化，只是一种量变
李钢（2001）	"社会转型"，从其字面意义上说，是指人类社会由一种存在类型向另一种存在类型的转变，它意味着社会系统内在结构的变迁，意味着人们的生产方式、生活方式、心理结构、价值观念等各方面全面而深刻的革命性变革
郭德宏（2003）	中国社会从传统社会向现代社会、从农业社会向工业社会和信息社会、从封闭性社会向开放性社会的社会变迁和发展

除上列举之外，其他一些学者也都对社会转型进行过界定。综合前人的观点，我们可以看出社会转型包含如下基本内涵：第一，社会转型在本质上是一种变迁和变化，与静止和固定相对，是一种社会存在形态向另一种社会存在形态的变迁和变化，没有变迁和变化，谈不上转型。第二，社会转型在内容上是综合多维的，与单一具体相对，社会转型包括了社会中生产方式、经济体制、政治生活、生活方式、文化思想、价值观念等多方面内容的综合变迁和变化。第三，社会转型在语义上是分层的，社会转型有广义、狭义和特指之分，广义的社会转型包含社会形态的质变与量变，狭义的社会转型是社会存在形态的量变，社会转型在当下的语境之下有时特指改革开放以来中国社会的转型与变化。

社会转型具有如下一些特点：第一，社会结构的整体性变迁。社会转型是一个整体性的社会发展与变化，社会转型意味着社会的政治、经济、文化、道德、法律等都要相应且配套地进行变化和转变。因此，社会转型不是社会组成体系内部某项部分、某个分支、某个层面的孤立发展变化，而是社会结构的整体性、根本性的变化，这种变化包括器物层面、制度层面、文化层面在内的各个领域的全方位变革。第二，"传统因素"与"现代因素"异质共处。转型社会是一种异质性社会，是"传统因素"与"现代因素"杂然并存、彼此消长、共起作用的社会。在社会结构转型的过程中，虽然各种传统的因素在内外力作用下正呈衰退趋势，但由于传统惯性使然，加之现代性因素的成长成熟和完备绝非一日之功，这就决定了现代因素对传统因素的取代过程不是旋即完成的，而是存在一定的"时滞"。所以，结构转型期的社会在社会发展状态上必然会有一段相当长的时期内包含着传统、现代乃至后现代因素同时俱现的状况，由此也导致了各种具有差异性社会制度、社会规范、社会观念和社会角色的同时存在。① 第三，应然与实然的不一致。社会转型往往要生成新制度、新规范和新机制，同时社会转型之前也一定有旧制度、旧规范和旧机制，社会转型意味着新旧更替，新制度、新规范和新机制取代旧制度、旧规范和旧机制在社会中发挥作用，但旧制度、旧规范和旧机制由于受制度惯性作用的影响，它可能还要在一段时间内继续发挥一定的作用，只是其"实际控制功能却在慢慢地丧失，从而使得这些规章制度在转型过程中更多地表现为一种形式化的东西"②，这使得新制度、新规范和新机制呈现无法贯彻执行的形式性。

（二）近代以来中国的社会转型

上下五千年的中国历史，也可以说是一部中国社会的转型史，从盘古开天地到改革开放，从最初的原始社会到奴隶社会、到封建社会、到半殖民地半封建社会、到新民主主义社会，最后到现在的社会主义社会，可以说今天的中国社会就是通过一次又一次的社会变迁和社会转型而来的。1840年的鸦片战争开启了中国近代化的开端，古老的中国在西方潮流冲击之下被动地开始了与传统农业社会迥异、现代性逐渐增长的历史发展阶段，但困于前现代社会的历史遗产，限于中国政治中枢的政策选择，受制于错综复杂的国际环境，中国社会的转型之路格外崎岖，在这

---

① 王羽帆：《社会转型：结构性特征及其在当代中国的表现》，《广东社会科学》2014年第6期。

② 杜玉华：《社会转型的结构性特征及其在当代中国的表现》，《华东师范大学学报》（哲学社会科学版）2012年第5期。

条艰难的转型之路上，中国既取得过巨大成就，也曾一次次地丧失历史赐予的难得机遇，长期在通往现代的旅途中蹒跚而行。[①]

近代以来，中国社会经历了三次社会转型：第一次是辛亥革命，推翻了两千多年的封建专制制度，建立了资产阶级共和国；第二次是新中国成立到1956年底，实现了新民主主义社会向社会主义社会的转型；第三次是十一届三中全会以后实行的改革开放，也是当下正在进行的社会转型。[②] 这三次社会转型彼此连贯，是因为这三次社会转型都是在中华大地上发生、一代又一代先进英勇的中国人民探求民族独立、国家富强、人民幸福的伟大社会实践，但这三次社会转型又相对独立，是因为这三次社会转型是在不同时代背景、不同社会条件下先后进行的，有着相对独立的转型任务和转型目标。前两次社会转型已经完成，不论成功与否，不仅丰富了人类的经验宝库，还可为当下的社会转型提供借鉴与参考。近代以来中国三次社会转型的对比如表2-7所示。

表 2-7　　　　　　　近代以来中国三次社会转型的对比

	第一次社会转型	第二次社会转型	第三次社会转型
发生时间	辛亥革命前后	新中国成立后到1956年底	十一届三中全会至今
转型目标	资本主义民主社会	社会主义社会	更加现代的社会主义社会
转型结果	未成功转型	成功转型	尚在进行之中
政治变化	清王朝统治终结，中华民国成立，颁布了《临时约法》，开启民主政治新气象	推翻了帝国主义、封建主义和官僚资本主义三座大山，中华人民共和国成立，建立了人民民主专政政权	不断完善人民代表大会制度、多党合作和政治协商制度以及民族区域自治制度，形成具有中国特色的民主政治体系，社会主义民主与法制也得到不断提升

① 高华：《近代中国社会转型的历史教训》，《战略与管理》1995年第4期。
② 刘建华：《解放初期的社会转型及其现实启示》，《学术论坛》2013年第7期。

续表

	第一次社会转型	第二次社会转型	第三次社会转型
经济发展	扶植移民垦荒，兴建铁路，实业救国热潮兴起，民族工业一度得到长足的发展，金融业也得到一定的发展	实施第一个"五年计划"，为社会主义工业化奠定了初步基础，逐步对农业、手工业和资本主义工商业进行社会主义改造，进一步解放和发展了社会主义生产力	建立和完善社会主义市场经济体制，以经济建设为中心，以公有制为主体的多种经济形式迅速发展，不断扩大对外开放，加入世界贸易组织，经济规模跃居全球第二
社会生活	改陋习，树新风，变传统的见面跪拜礼为脱帽、鞠躬礼和握手礼，限期剪辫，禁裹足，禁止刑讯，禁止买卖人口，禁鸦片，禁赌博，西方生活方式开始进入上流社会	扫除封建旧传统，人民实现了自由平等，颁布了《婚姻法》，实现妇女大解放，人民的物质生活水平逐步提高	人们的务实精神、竞争意识、开放心态得到普遍提升，经济发展逐步惠及民生，人民的衣食住行都得到极大的改善，冲刺全面小康
文化思想	民主共和的观念深入人心，共产主义开始在中国传播，《壬子癸丑学制》颁布，教育改革全面推进，兴办新型学校，培育新型人才	毛泽东思想确立了领导地位，全国知识分子思想改造，构建新的文化教育体系，提出并实施"百花齐放、百家争鸣"方针，推动科学和文化事业发展	"中华民族的伟大复兴"成为新时期的"中国梦"，科教文化事业迎来新机遇和大发展

当下，改革开放以来正经历的社会转型是从农业的、乡村的、封闭半封闭的传统型社会向工业的、城镇的、开放的现代型社会转型的过程，是中国的社会生活和组织模式从传统走向现代，迈向更加现代和更新现代的过程。[①] 当下社会转型最大的特点是在经济体制改革的带动之下，社

---

① 郑杭生、杨敏：《社会实践结构性巨变对理论创新的积极作用——一种社会学分析的新视角》，《中国人民大学学报》2006 年第 6 期。

会结构转型和经济体制转轨两者同时并进、相互交叉，相互推动，应该说当下中国社会展现的成就举世瞩目、叹为观止，但也付出了社会代价，某些领域社会代价还非常沉重，当下社会转型同以往社会转型一样，也是社会进步与社会代价共存、社会优化与社会弊病并生、社会协调与社会失衡同在、充满希望与饱含痛苦相伴。中国社会生活各个领域，如城乡面貌、利益格局、社会关系、次级制度、社会控制机制、价值观念、生活方式、文化模式、社会承受能力等领域，都毫无例外地表现了这一次中国社会转型的巨大反差和极端复杂。①

（三）社会转型背景下中国人的道德行为偏差与矫正

当下中国社会转型前所未有，也正深刻地改变我们周围的一切。我们可以看到是整个社会的平衡系统被打乱，新的平衡系统还在协商调试之中，尚未完全形成；我们可以看到社会的不稳定性因素显著增加，政治治理难度加大，政府维护社会秩序的成本显著上升；我们可以看到社会资源的掌握者往往会动用手中的权力去搞寻租活动，政府官员在社会转型期出现了明显的腐败现象；我们可以看到社会成员更加关注切身利益，在既有利益格局下的零和博弈往往容易激发相应的利益矛盾与利益纷争，诱发社会成员采用非常规的手段来实现自身目的。多次的民意测验结果显示，当前人们最不满的是社会风气恶劣，道德危机并不是危言耸听，而是不争的事实。②

有近年来的新闻报道为证：

2009 年 10 月 24 日，湖北荆州长江段的宝塔湾，长江大学文理学院的一群学生在沙滩上集体秋游，不幸有 3 名学生落入江中，学生们向江中的渔民求救，渔民开价每个人 12000 元，钱不到手不捞人，最后 3 名大学生溺亡。（这是长江渔民宁捞死人，不救活人的例子）

2010 年 8 月 29 日下午 5 时，方舟子在北京被人袭击，警方通过跨省追踪取证发现，华中科技大学同济医学院附属协和医院泌尿外科主任肖

---

①　郑杭生：《改革开放三十年——社会发展理论和社会转型理论》，《中国社会科学》2009 年第 2 期。

②　杨秀珍：《社会转型期道德的滑坡思考及选择》，《北方论丛》1998 年第 1 期。

传国 10 万元雇凶伤人，起因是方舟子与方玄昌通过网络举报肖传国学术造假，致使其未能入选中科院院士。（这是大学教授骗人又打人的例子）

　　2010 年 10 月 20 日 22 时 30 分许，药家鑫驾驶汽车从西安外国语大学长安校区返回市区途中，将前方在非机动车道上骑电动车的张妙撞倒，药家鑫恐张妙记住车牌号找其麻烦，即持尖刀在张妙胸、腹、背等处捅刺数刀，将张妙杀死。（这是大学生撞人又杀人的例子）

　　2011 年 10 月 13 日，广东佛山，2 岁的小悦悦在佛山南海黄岐广佛五金城相继被两车碾压，7 分钟内，18 名路人路过但都视而不见，漠然而去，最后一名拾荒阿姨上前施以援手，但终无力回天，10 月 21 日，小悦悦经医院全力抢救无效死亡。（这是路人宁见死人不去救人的例子）

　　……

　　这是马基雅弗利主义行为，也是社会转型期的道德偏差行为。社会转型期出现道德偏差行为、出现道德滑坡甚至道德危机，是有着历史和现实成因的。首先，社会转型将社会个体所在的"熟人社会"变成了"陌生人社会"，造成个体道德责任的相应改变。"熟人社会"中个体基于血缘、地缘、职缘等熟人关系而负有相互的道德责任，[①] 相反在"陌生人社会"中，个体对"陌生人"道德义务缺失，可以事不关己，高高挂起，在"陌生人社会"中由于个体彼此的陌生，个体在社会交往中必然奉行费孝通先生所说的"差序格局"，即个体"以己为中心，像石子一般投入水中，和别人所联系成的社会关系，不像团体中的分子一般大家立在一个平面上的，而是像水的波纹一般，一圈圈推出去，愈推愈远，也愈推愈薄"[②]，在越陌生的交际圈中必然情感卷入就越少、厚黑的成分也就越多。其次，社会转型使得个体道德声誉失去评价载体，"熟人社会"中的个体重视个体的道德名声，会因为个体的道德行为而在"熟人社会"内部给予更多的褒奖、鼓励和信任，同时在"熟人社会"中马基雅弗利主义行为的成本和代价非常之高，但"陌生人社会"由于道德共同体的不存在，使得马基雅弗利主义行为的成本和代价降低。最后，社会转型将市场经济等价交换的原则渗透到社会生活的各个领域，等价交换成为社

---

① 李彬：《走出社会转型时期人际信任的困境》，《齐鲁学刊》2006 年第 2 期。
② 费孝通：《乡土中国　生育制度》，北京大学出版社 1998 年版，第 27 页。

会大众相互交往的处世原则，这使得人们面对道德事件时做善事的原动力不足，不会主动施以援手甚至存在功利的考量。[①]

"没有公民道德，社会就会解体"[②]，在社会转型期，道德重建是破解道德偏离行为、道德滑坡和道德危机的必要途径，那么在社会转型期我们该如何进行道德建构呢？

1. 构建符合社会主义市场经济发展的道德价值体系

随着社会主义市场经济的发展，我国社会已经形成了不同的社会阶层和利益主体，由于不同阶层和利益主体成员思想觉悟、生存状态的不同，道德诉求也不相同。面对思想道德领域的多维形态，必须坚持用社会主义核心价值体系引领社会风尚，构建既能适应社会主义市场经济发展，又能引领社会主义市场经济发展的道德价值体系。要整合梳理与遵守契约相适应的道德准则和规范，如讲诚信、讲责任、讲良心等，有针对性地开展道德建设活动。在包容尊重多元道德诉求的前提下，区分不同层次、不同行业、不同群体的特点，开展形式多样的道德教育实践活动。坚持道德建设的层次性。对社会先进分子，如共产党员和各级领导干部，要坚持道德建设的先进性要求，如全心全意为人民服务、公而忘私、无私奉献等，真正成为实践社会主义核心价值观的表率。对普通群众，则要体现道德建设的普遍性要求，如工作中认真负责、家庭中尊老爱幼、生活中遵纪守法等。要大力宣传植根基层、来自大众、有血有肉、可信可学的模范人物，用身边事教育人，引导人。推动普通群众在遵守基本道德规范的基础上，不断追求更高的道德理想境界。

2. 引导树立正确的义利观，加强社会主义道德建设的现实基础

道德是调节人与人关系的行为规范。要正确处理道德和利益的关系，把社会主义道德建设和服务人民群众有机结合起来。人的需要是多方面的，有多种多样的利益追求。一方面，利益的追求必须在道德领域内实现，必须有底线，亮红线，突破道德底线的利益不能追求；另一方面，

---

① 崔雪茹、黄汉杰：《社会转型期道德冷漠的原因及其制度规范》，《河北大学学报》（哲学社会科学版）2014 年第 4 期。

② ［英］伯特兰·罗素：《伦理学与政治学中的人类社会》，肖巍译，中国社会科学出版社1992 年版，第 66 页。

道德必须能够促进合法利益的实现，良好的道德必须能够为道德实施者带来利益，比如商业银行对按时足额还款的客户增加信用卡的信用额度，税务征收机关对纳税大户给予现金奖励和荣誉称号等，这样社会主义道德规范才能由外在要求转化为内在需要，极大地调动广大人民群众道德建设的积极性。有些人看不到道德与人民群众利益之间的联系，甚至将二者对立起来，认为道德原则和利益原则不能并行，这些认识是错误的。道德的根源在社会经济关系所表现出来的利益中。正如邓小平同志指出的："不重视物质利益，对少数先进分子可以，对广大群众不行，一段时间可以，长期不行。""如果只讲牺牲精神，不讲物质利益，那就是唯心论。"[1] 因此，我们要把道德建设和人民群众的利益有机统一起来，培育我为人人、人人为我的良好风尚，为道德建设培植良好的社会土壤。要给予品德高尚者以利益、荣誉和地位，使全社会形成讲道德光荣、会受到褒奖，而违反道德可耻、会受到贬斥的良好风气。

3. 形成有利于道德建设的舆论氛围

社会舆论是社会公众对某一问题的共同倾向性看法或意见，往往以拥护或反对、赞扬或谴责的方式对某一公共问题做公开的评价。社会舆论在道德建设中发挥着重要作用，首先，社会舆论通过正面引导，能够引领社会的主流价值观和道德观，能够起到引导社会、教育人民、弘扬正气、凝聚人心的重要作用。其次，社会舆论通过对偏离社会规范和公共道德现象的公开揭露和批评谴责，对不符合社会主流的道德观念行为具有纠偏或调整作用。因此充分发挥社会舆论在道德建设中的作用，就必须掌握舆论引导的主动权，唱响社会主义道德的主旋律，对于社会中的好人好事、凡人善举要旗帜鲜明地进行褒颂，相反，对于社会中的一些个人主义、享乐主义、拜金主义等反道德观念和反道德行为要旗帜鲜明地进行批判，在全社会形成积极向上、有利于道德建设的舆论氛围。

4. 建立健全德治与法治相统一的道德建设长效机制

道德建设要靠必要的制度和机制来保证，是加强道德建设的重要任务。在社会转型期，道德和价值观念日益多元，传统的道德、伦理对人们的约束力日益弱化，社会的偏差现象日益增多，为了扭转这种局面，

---

① 《邓小平文选》第 2 卷，人民出版社 1994 年版，第 146 页。

须发挥制度的制约和激励作用，构建道德建设的长效机制，借助于制度的强制性来规范人们的行为。把一些与社会、经济和群众生活密切相关的道德准则和行为规范，以法规的形式确定下来，将道德建设引向法制化、规范化和制度化的轨道。20世纪五六十年代，救死扶伤在中国是人人视之为理所当然的事，人们无法想象面对落水者、救人者要求先交钱再救人，也无法想象人们遇到街道边晕倒的大妈扶还是不扶的纠结，但今天见危不扶、见死不救却在现实生活中频频地撞击着全社会的良心，如果惩治与激励双管齐下，如对见义勇为、乐于助人者要给予物质和精神的奖励；对因见义勇为而造成伤残或死亡的，要确保见义勇为者本人和家属的生活无后顾之忧；在见义勇为、乐于助人的案件中，若查明被救助者故意诬陷见义勇为和乐于助人者，诬陷者应承担相应的民事责任乃至刑事责任都是可行之措。国外的经验值得我们借鉴。例如，在日本，对拾金不昧和拾金而昧的行为赏罚分明，法律加大对拾金而昧行为的打击力度，胆敢以身试法者，轻则身败名裂，重则锒铛入狱，正是法律保证和道德教育双管齐下，使得在日本拾金不昧蔚然成风。这就是在道德建设中建立一种"善恶报偿机制"，以赏罚分明的刚性约束，增强人们践行社会主义核心价值体系、遵守社会主义道德规范的自觉性。

第 三 章

研究设计

一 问题的提出

马基雅弗利主义源于近代意大利，是舶来品，厚黑学则生于中国，是土特产，在语言不通、沟通不畅、交通不便、联系甚少的传统社会，马基雅弗利主义和厚黑学都只是名噪一方，各执其政。进入近代以后，当东西方文化交流日益增多，马基雅弗利主义来到中国并日益本土化，而厚黑学也走出国门并日益国际化时，人们发现中国的厚黑学和西方的马基雅弗利主义形差而实同，表异而里似。二者的关系可以用一个数学式近似表达为：厚黑学≈马基雅弗利主义，二者之所以可以用约等于号来连接，是因为无论是东方的厚黑学，还是西方的马基雅弗利主义，都可以剥离出"为达目的、不择手段、操纵他人、谋取利益"的理论内核来，都在社会生活中有着相同的现实表现，因此厚黑学和马基雅弗利主义只是人性恶在东西方相对割裂的时空中的各自理论表征，都是人性阴暗面的产物，在本质上都是以人为恶的价值观。但厚黑学和马基雅弗利主义二者之间并没有直接画等号，是因为我们必须考虑到学说生成的具体条件、不同历史、不同人种、不同宗教、不同社会，尤其是东西方不同文化的巨大差异。

当马基雅弗利作为"西方政治学之父"率先被政治学和法学引介进入中国时，他的另一个头衔"魔鬼导师"也逐渐为中国人所了解熟悉。在中国20世纪70年代末开启了改革开放的战略后，社会生活日益世俗化、物质化，马基雅弗利主义比起马基雅弗利本人在中国激起了更大的热情和动力，在名利的旗帜下，私欲缠身、偷奸耍滑、蝇营狗苟，甚至于将我们这个社会的良心和道德都逼到了死角。因此，马基雅弗利主义在中国的存在是毋庸置疑的，但马基雅弗利主义这个源于意大利的概念，其在中国发挥作用一定会受到中国文化的影响，会以中国人特有的方式表现出来，以中国内地官场几个领导签字为例：比如领导在呈文上批字签名了，如果字是横着签的，意思是"可以搁着不办"；如果是竖着签的，则要"一办到底"；如果在"同意"后面是一个实心句号，说明这件事必须"全心全意"办成；如果点的是一个空心句号，百分之百办不成，拿领导的话说是"签了字也是空的"。领导的字怎么签，其真实的初衷是什么，原来都是早有约定的。时下社会中所谓的一些流行说辞，比如"假正经"，"很会装"，"打一下，还要摸一把"，"只做不说"，"说一套，做一套"，"满脸仁义、满口道德、满肚子刀枪"都是富有中国特色的马基雅弗利主义行为表现。

当前我们正在致力于构建社会主义和谐社会，但诚如黄希庭所言，构建和谐社会提出了许多亟待解决的人格与社会心理学问题，这就要求我们进行中国化研究。[①] 中国人关于人性恶有思索、有总结、有践行，但是没有研究，现有有关马基雅弗利主义的研究，都是西方人主持的，以西方人为被试，在西方的社会文化背景下进行，反映西方人的内在心理与外显行为的研究，即使偶有跨文化研究中的中国被试，也都是中国台湾人和中国香港人。我们需要的是中国人主持进行的，以中国人为被试，在中国社会文化背景下进行，反映中国人内在心理与外显行为的研究。在国人重读李宗吾，学习厚黑学的热潮中，到目前为止，还没有人系统地回答过中国人的马基雅弗利主义人格是什么？中国人马基雅弗利主义人格的电生理机制是什么？中国人的马基雅弗利主义人格应该如何测量？哪些因素会影响中国人的马基雅弗利主义行为？马基雅弗利主义会对中国人产生怎样的心理冲击？我们又能做什么来抑制人们的厚黑行为？

二　研究的框架

因此，基于上述所提问题，本书试图按照心理学研究"描述、解释、

---

① 黄希庭：《构建和谐社会　呼唤中国化人格与社会心理研究》，《心理科学进展》2005 年第 2 期。

预测和控制"这样一条逻辑主线，通过实证研究来尝试回答中国人的马基雅弗利主义人格是什么、怎么测、会怎样以及怎么办等一系列问题。本书总体研究设计如图 3 - 1 所示：

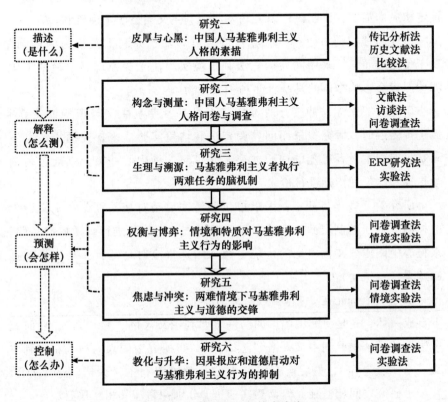

图 3 - 1　研究框架与技术路线

　　研究一"皮厚与心黑：中国人马基雅弗利主义人格的素描"属于描述层面，研究拟借助于传记分析法、历史文献法、比较法对中国社会历史转型期的典型马基雅弗利主义者进行人格画像，在基于史实进行细致考证的同时也粗线条地勾勒出中国人的马基雅弗利主义人格特征。

　　研究二"构念与测量：中国人马基雅弗利主义人格问卷与调查"属于解释层面，研究拟采用文献法、访谈法和问卷调查法研究本土化的中国人马基雅弗利主义人格，在对自编问卷进行信效度检验的基础上，在全国范围内进行大样本数据调查，以分析和了解中国人马基雅弗利主义人格的一般特征。

研究三"生理与溯源:马基雅弗利主义者执行两难任务的脑机制"属于解释层面,研究拟采用相关事件电位(ERP)研究法、实验法来探测高马基雅弗利主义者执行两难任务的电生理指标,并通过偶极子溯源锁定相应的脑区,以明确中国人马基雅弗利主义人格的生理机制。

研究四"权衡与博弈:情境和特质对马基雅弗利主义行为的影响"属于预测层面,拟采用问卷调查法和情境实验法来探究现实生活情境中哪些因素会影响个体的马基雅弗利主义行为。

研究五"焦虑与冲突:两难情境下马基雅弗利主义与道德的交锋"属于预测层面,研究拟采用问卷调查法和情境实验法来探究两难情境下马基雅弗利主义者可能的内心冲突,并且对这种内心冲突分别通过行为学指标和电生理指标进行检验。

研究六"教化与升华:因果报应和道德启动对马基雅弗利主义行为的抑制"属于控制层面,拟采用问卷调查法和实验法进行刺激启动实验,来检验中国传统文化内生的传统道德和因果报应对马基雅弗利主义的抑制效果。

以上六个研究在"描述—解释—预测—控制"这条内在逻辑主线之下自成一体,先是研究中国人的马基雅弗利主义人格"是什么",后研究中国人的马基雅弗利主义人格"怎么测",再研究中国人的马基雅弗利主义人格"会怎样",最后研究中国人的马基雅弗利主义人格"怎么办",各个子研究之间相对独立但又逐次递进,分别探索却又相互呼应。

三 研究的意义

(一)理论意义

本书是在借鉴西方马基雅弗利主义相关研究成果和已有工具的基础上,并在中国传统文化的视角下探索进行中国人马基雅弗利主义人格的系列研究,包括质化探索中国历史上社会转型期典型的中国人马基雅弗利主义人格,构建中国人马基雅弗利主义人格的内涵结构并编制问卷,探讨特质与情境因素对中国人马基雅弗利主义行为的影响,剖析两难情境下中国人马基雅弗利主义与道德的冲突,并进一步采用 ERP 研究来探讨马基雅弗利主义者执行两难任务的脑机制，最后从中国文化中找出抗体尝试探讨其对中国人马基雅弗利主义行为的抑制，由此可见这是一个真正的本土化研究，这是由中国人主持进行的，以中国人为被试，在中国社会文化背景下进行，反映中国人内在心理与外显行为的研究，对理解东方文化下中国人马基雅弗利主义人格具有重要的理论意义与文化价值。

（二）实践意义

2006 年，中共中央十六届六中全会提出要建设和谐社会，总体要求是民主法制、公平正义、诚信友爱、充满活力、安定有序、人与自然和谐相处。必须坚持促进社会和谐。2012 年，中国共产党第十八次全国代表大会进一步提出社会和谐是中国特色社会主义的本质属性。要把保障和改善民生放在更加突出的位置，加强和创新社会管理，正确处理改革、发展与稳定关系，团结一切可以团结的力量，最大限度地增加和谐因素，增强社会创造活力，确保人民安居乐业、社会安定有序、国家长治久安。和谐社会突出了人与人、人与社会、人与自然的关系，但很显然，人与人之间的关系是根本，和谐社会全面目标的实现首先必须以人与人的社会关系为突破口。毫无疑问，厚黑学的价值主张背离了和谐社会的要旨，成为和谐社会建设的绊脚石。而中国自 20 世纪 80 年代所出现的"厚黑学热"，加之市场经济发展中利益诱惑增多，制度建设整体滞后，国人整体道德水平滑坡，现实社会中的厚黑个案显著增多。在这样的背景下，我们很有必要研究厚黑学，在研究剖析的基础上，提出治理解决之道，以更好地促进社会主义精神文明建设，更好地服务于当前和谐社会的建设。

（三）本书的创新点

第一，跨文化地对西方的马基雅弗利主义和东方的厚黑学进行分析比较，从中抽象出社会转型时期人性恶的价值观表达。

第二，探讨本土文化下中国人马基雅弗利主义人格的内涵与结构，并编制中国人马基雅弗利主义人格问卷，为进一步的研究提供本土化的测量工具。

　　第三，同时考虑了影响中国人马基雅弗利主义行为的情境性因素和特质性因素，并将这两类变量都糅合进了模拟情境中，以实验的方式来考察其对中国人马基雅弗利主义行为的重要影响和可能作用。

　　第四，针对典型被试创设典型情境，特别通过调查座谈产生的两难情境，关注马基雅弗利主义与道德的可能冲突，并关注其对中国人心理健康的可能影响。

　　第五，在研究手段上，不仅采用行为学指标，同时也关注电生理指标，对两难情境下马基雅弗利主义进行生理溯源分析。

　　第六，研究关注因果报应观念启动和社会道德启动对于中国人马基雅弗利主义行为的抑制作用，试图发现一些对实践更有启发意义和更具有针对性的结果。

第 四 章

皮厚与心黑：中国人马基雅弗利主义
人格的素描（研究一）

明则一帝，高皇帝是也，明只一相，张居正是也。

——《广阳杂记》

明代有种种特点，政治家只有一张居正。

——梁启超

张居正本身是一个令人感情激动的题目。

——黄仁宇

袁世凯实小人之有才者。

——张佩纶

自民国有史以来，吾尚未见一本、一篇甚或一页对袁有正面评
价之书。

——唐德刚

东方式之怪魔的人物。

——梁启超

马基雅弗利主义在中国的流行有着深厚的社会思潮背景，同时也是
传统封建专制积弊惯性使然，马基雅弗利主义是一道墨色风景线，在传
统专制政治体制下一直兴盛不衰。在漫长的历史中，我们发现这道墨色
风景线越是在社会转型时期，表现越是凸显和扎眼，从这个意义上来说，
社会转型期的典型时代人物或许能更好地诠解中国人的马基雅弗利主义
人格。

改朝换代是中国历史上一个无法改变的规律。每个朝代，长不过三百年，短不过数十年，便都灭亡了。自秦统一中国开始，每一个朝代都有它的建立与灭亡，即"初"与"末"。但是，如果我们进一步去读历史，就会发现，在中国历史上有三个朝代，不仅有"末"，还有一个时段被定义为"晚"，这三个时段即晚唐、晚明和晚清，而这些称为"晚"的王朝时期，通常都带有社会变迁的特点。① 本研究的两位研究对象张居正和袁世凯就分别来自社会转型的明朝中晚期和清末民初。

表 4 - 1　　　　　　　张居正与袁世凯所处社会转型期的对比

	张居正所处的社会转型期	袁世凯所处的社会转型期
所处时代	明朝中晚期	清朝末年，民国初年
政治形势	朝纲不振，边防松弛，明王朝统治危机加深	王朝覆灭，政局动荡，民国建立
经济发展	雇佣劳动和商品经济发展，资本主义萌芽出现	民族工商业得到发展，中国被动卷入世界市场
社会生活	民间奢侈之风日益盛行	剪发辫、易服装、废止缠足，生活习俗除旧布新
文化思想	"知行合一"的心学出现并流行	近代思想启蒙，改良、革命等社会思潮活跃

在中国漫长的历史进程中，我们从中撷取了张居正和袁世凯两位历史人物，其中张居正是明朝中晚期朝廷重臣，彼时农业、手工业、商业、城乡关系的发展演变，社会风俗的变化，政治斗争与统治阶级危机的加深，早期朴素启蒙思想的涌现，文学艺术的革新与市民文学的兴盛，传统科技的总结创新与西方科技文化的传入无不昭示着明代后期开始起步向近代社会转型；② 而袁世凯则是清朝末年民国初期政权更迭、中国向现代社会转型的中心人物，从清末到民初，袁世凯为中国社会的制度转型做了不少事情，从军事改革到教育、行政改革，着力不少，史迹犹在。

---

① 商传：《晚明社会转型的历史思考》，《光明日报》2015 年 11 月 12 日第 12 版。
② 张显清：《明代后期社会转型研究》，中国社会科学出版社 2008 年版，第 3 页。

所以，张居正、袁世凯这两位历史名角一个是中国从传统社会向近代社会转型的主角，一个是中国从近代社会向现代社会转型的主角，这两个主角，都是社会转型期的典型人物，都是中国士大夫精神与世俗实用主义的结合，两者于各自所处历史时期的所思所作所为都极力地彰显了人性的复杂与多变，既有儒、法、道的气场，正与邪的混合，也有阴与阳的起伏，这里我们将对这两位社会转型期政治人物的马基雅弗利主义人格分别进行解析。

一　张居正的马基雅弗利主义人格解析

张居正（1525—1582 年），明朝权相兼帝师，万历新政的总策划、总导演和总设计师。张居正主政之时，朱明王朝已是百病沉疴、内外交患，但他厉行改革，整饬吏治，革新税赋，巩固边防，以己力拯救帝国将倾之大厦，以孤焰照亮王朝复苏之通途，在成就君王中兴帝业的同时，张居正也成就了自己的不世奇功，终青史留名。"改革者和政治家"甚至"伟大的改革者和政治家"是我们今天绝大多数人对他的认识和评价，这样的评语相对于张居正居功至伟的相业来说是中肯和贴切的，但人们又往往会简单地以这样的评语收场，这就显得十分单调和片面。事实上，张居正从江湖之远到庙堂之高，作为身经嘉靖、隆庆和万历三朝险恶内阁政治斗争而硕果仅存、一股独大并权倾朝野的政治雄才，他的成功很难简单归因，天赋、努力、运气、权谋、知遇贵人抑或其他，都不能完全揭开谜底，但由此我们至少可以肯定的一点是，张居正不是纯粹的，而是杂糅的；不是单面的，而是多面的；不是简单的，而是复杂的。

在当今中国处于改革开放的大背景下，媒体对张居正的定势宣传和形象塑造已经使其脸谱化为一个"改革家"和"英雄"，当今大众对历史的浅尝辄止和简单解读更使得张居正从"救时宰相"拔高成为"救世宰相"，从"大明首辅"升华为"大明公仆"。事实上，张居正看似一人一面，实则一言难尽。他不是完人，不是"高大全"的神龛式人物，如同前文所述，张居正是多面而且复杂的实用主义官僚，他既是一位政治家，同时也是一个政客；既是一位国家栋梁之材，同时也是一个腐化分子；既是一位改革家，同时也是一个权谋家。本着以人性观察历史，拨开迷雾，还原历史真相和丰润人物本性的目的，本书一反传统，褪去张居正身上的红衣，透过他在专制王朝下非常之为，来剖析张居正人性中魔鬼的一面。

（一）张居正的生平大事

张居正，汉族，少名张白圭，字叔大，号太岳，谥号"文忠"。湖广江陵（今为湖北省荆州市）人，又称张江陵。明代万历初年（1573—1582年）内阁首辅。

嘉靖四年（1525年），出生于荆州府江陵县，取名张白圭。

嘉靖九年（1530年），时年5岁。张白圭入学。

嘉靖十六年（1537年），时年12岁。在荆州府参加童生考试，知遇知府李士翱，高居榜首，考中秀才，并由知府李士翱帮其改名为居正。

嘉靖十七年（1538年），时年13岁。赴武昌府参加乡试，知遇湖广巡抚顾璘，誉其为"国士""神童"，但因其有意让张居正多磨炼几年，当年的乡试并未中举。

嘉靖十九年（1540年），时年16岁。再次赴武昌府参加湖广乡试，考中举人。

嘉靖二十三年（1544年），时年19岁。赴京参加会试，结果名落孙山。

嘉靖二十六年（1547年），时年22岁。再次赴北京参加会试，以二甲九名跻入仕途，被选为庶吉士。

嘉靖二十八年（1549年），时年24岁。张居正任翰林院编修（正七品），向嘉靖皇帝呈献《论时政疏》，第一次正式表达出自己的治国理念，但没有引起嘉靖皇帝和当国权相严嵩的重视。

嘉靖三十三年（1554年），时年29岁。张居正借口请假养病，离开北京来到故乡江陵休养三年。

嘉靖三十六年（1557年），时年32岁。张居正从家乡回到北京，官复原职。

嘉靖三十九年（1560年），时年35岁。张居正因考核优异，升任右春坊右中允（正六品），兼任国子监司业。

嘉靖四十二年（1563年），时年38岁。张居正参与重校《永乐大典》,同时又担任修撰《兴都志》的副总裁。

嘉靖四十三年(1564年),时年39岁。张居正升任右春坊右谕德(从五品),开始担任裕王朱载垕的讲官。

嘉靖四十五年(1566年),时年41岁。张居正任翰林院侍读学士(正四品)。同年十二月,世宗殁,裕王朱载垕即位,是为明穆宗。张居正协助徐阶共同起草了世宗遗诏,纠正了世宗时期的修斋建醮、大兴土木的弊端,为"议大礼案"中受牵连的朝臣平反,受到了朝野上下的普遍欢迎。

隆庆元年(1567年),时年42岁。一月,从翰林院的侍读学士晋升为礼部右侍郎兼翰林学士(从二品);二月,又晋升为吏部左侍郎(从二品)兼东阁大学士,开始进入内阁,参与朝政。四月,又改任礼部尚书(正二品)、武英殿大学士。张居正正式进入帝国政治的权力中枢。

隆庆二年(1568年),时年43岁。张居正加少保兼太子太保衔(从一品)。张居正向隆庆皇帝呈递《陈六事疏》,全面阐述了他的治国理念和改革思想,虽得到隆庆帝的褒奖但实际未获实施。

隆庆四年(1570年),时年45岁。鞑靼首领俺答的孙子把汉那吉,携妻比吉和乳母的丈夫阿力哥共十几人投奔明朝宣大总督王崇古,引发鞑靼北犯明朝。张居正授意宣大总督王崇古和大同巡抚方逢时一方面做好战事准备,另一方面并以其孙要挟,胁迫俺答谈判,最终张居正礼送把汉那吉回乡,俺答则把赵全等叛臣绑送明室,明王朝与鞑靼开始建立互信与合作。

隆庆五年(1571年),时年46岁。张居正力劝穆宗,诏封俺答为顺义王,并在沿边三镇开设马市,与鞑靼进行贸易,使得北部边防开始安宁巩固。

隆庆六年(1572年),时年47岁。一月,张居正加少师兼太子太师(正一品)。五月,穆宗病殁。六月,十岁的太子朱翊钧继位,即明神宗。张居正联合冯保,并在后宫的支持下,以"专政擅权"之罪令高拱回籍闲住。张居正成为新的内阁首辅,从此登上了权力之巅。

万历元年(1573年),时年48岁。万历新政拉开序幕,六月张居正提出了整顿吏治的"考成法",以政绩的好坏决定官员的去留升降,大力清除官场的颓靡之风,提高政府的行政效率。考成当中他以六科控制六部，再以内阁控制六科，从而扩大了内阁的权力。

万历三年（1575 年），时年 50 岁。张居正整顿驿递，缩减政府每年大量的支出。

万历四年（1576 年），时年 51 岁。张居正重用戚继光，重筑蓟镇三屯营于二月完工，共增筑敌台三千余座，为侦察守御之用，使得北方的边防大大地加强和巩固。六月，重修《大明会典》。

万历五年（1577 年），时年 52 岁。九月十三日，张居正父亲张文明在荆州病死，张居正丁忧夺情，引发朝廷风波。

万历六年（1578 年），时年 53 岁。三月张居正请假，归葬父亲，六月还朝。同年，张居正以福建为试点，清丈田地，结果是"闽人以为便"，福建度田成为张居正清丈土地改革的试点和前奏。张居正还重用潘季驯治理黄淮，在水利建设方面取得重大成绩。

万历七年（1579 年），时年 54 岁。在张居正的操纵下，以反对空谈，反对以讲学为名谋利为由，万历下诏毁掉全国书院约六十四处。同年泰州学派再传弟子、讲学大儒何心隐被捕，被湖广巡抚王之垣杖毙于狱中。

万历八年（1580 年），时年 55 岁。张居正上疏并获准在全国陆续展开清丈土地，凡各府、州、县的勋戚庄田、民田、屯田、职田等，一律按《清丈条例》重新丈量，并在此基础上重绘鱼鳞图册。经测查，全国田地为 7013976 顷，比隆庆五年（1571 年）增加了 2336026 顷。随着额田的增加，加之打击缙绅贵族、豪强地主隐田漏税，明朝田赋收入大为增加。

万历九年（1581 年），时年 56 岁。张居正在全国范围内实行一条鞭法，随着清丈田亩工作的完成和一条鞭法的推行，使得明朝的财政状况有了进一步的好转。太仆寺存银多达四百万两，加上太仓存银，总数约达七八百万两。太仓的存粮也可支十年之用。但七月张居正劳累病倒，身体每况愈下，十一月晋太傅左柱国。

万历十年（1582 年）六月二十日，张居正病逝，享年 58 岁（虚岁），赠上柱国，谥"文忠"，由锦衣卫和司礼监护送其灵枢归葬荆州江陵，备极哀荣。

万历十一年（1583 年）三月，张居正身殁仅九个月，万历皇帝诏夺张居正上柱国、太师，又再诏夺文忠公谥，斥其子锦衣卫指挥张简修为民。

万历十二年（1584 年）四月，万历皇帝下旨着司礼监太监张诚和刑部侍郎丘橓前往荆州抄没张居正家产，抄家前圈封宅门造成张家十几口人活活饿死，又因抄没家产离期望值甚远，株连勒索、刑讯逼供，长子张敬修不堪忍受自缢身亡，家人子弟张居易、张嗣修、张顺、张书都永成烟瘴地面，张居正遭到彻底清算并殃及子孙。

从少年天才到进士及第，从裕王讲臣到万历帝师，从一个负气归乡的不得志愤青到踌躇满志的实务型官僚，从纸上谈兵的七品编修到大展宏图的一品首辅，张居正展现给我们的人生履历是鱼化为龙、俊彦得志，但这一个升级转换过程中，天资聪颖、勤奋努力、知遇贵人、天赐良机肯定是张居正超级成功的一部分原因但绝对不是全部，剩下的可能要从曲意逢迎、虚与委蛇、私下交易和阴谋权术中去寻找答案了。

（二）张居正马基雅弗利主义人格的典型性分析

分析中国人的马基雅弗利主义人格，为何选择张居正？一直以来，在主流媒体的宣传中，张居正从来都是以中国封建社会的著名改革家、"宰相之杰""救时宰相"的名头抛头露面，往往以忧国忧民、鞠躬尽瘁、死而后已的形象荣登红榜，将这样一位形象始终高大全的改革家与心狠手辣、歹毒算计、严刑峻法和排斥异己的小人嘴脸关联起来，这似乎是在否定改革而意欲让改革者承担历史的责任，是在污化改革者让其背负千古的骂名，我们中国人一直都是为死者隐、为尊者讳，这样的责备、苛求似乎显得既不合情，也不合理。但历史是一门严肃的科学，我们如果基于史实，从尊重历史的真实性和还原人物的多面性入手，我们会发现张居正高登黑榜，既有其名，也有其实。

先说其名。张居正堪称"东方马基雅弗利"其名，如果我们分别纵向追踪张居正和马基雅弗利的生平历史，并横向比较他们所处的时代背景、担负职责、历史地位和身后著作，我们会惊奇地发现两人有着太多的巧合。张居正和马基雅弗利都是生活于 16 世纪的政治家，彼时东方的中国处于封建社会的末期，资本主义萌芽在江南产生并发展；而西方的意大利正是处于文艺复兴时期，也是欧洲封建社会的晚期；两人都在当时各自的政府内身居要职，张居正担任万历首辅十年，马基雅弗利则在佛罗伦萨共和国担任第二国务秘书，也长达十年，也都曾在国家和民族危急关头挺身而出，试图力挽狂澜；二者都留下了政治著作，张居正有《权谋残卷》，而马基雅弗利则著《君王论》，两本都堪称厚黑学的力作。两人都在历史地位上一度饱受争议，盖棺却不能论定，褒贬不同，莫衷一是。假定我们承认马基雅弗利主义是西方的厚黑学，要在政星璀璨的中国的政治长河中，翻寻出一个"东方马基雅弗利的话"，唯有张居正，无人能与之争。

再说其实。其一，有实论，后世史家虽然肯定张居正的起衰振隳、改革励为之功，但也直白地指出其为人为事为政中的道德失察失律之过。万斯同在评价张居正时曾说"虽曰瑕不掩瑜，而瑕实甚矣"，沈德符则有"盖隆庆一朝，首尾六年，与江陵同事者凡八人，皆以计次第见逐"①，《明神宗实录》编者概括性地讲述张居正的人性弱点"偏衷多忌，小器易盈，钳制言官，倚信佞幸"。《明史》中更是以事带评，批评颇多，如"其所黜陟，多由爱憎。左右用事之人多通贿赂""拱使人报居正，居正阳诺之，而私以语保""会廷臣杨博、葛守礼等保待之，居正亦迫众议微讽保"。② 其二，有实物，曾与张居正共事的失意政治人物高拱在晚年所著《病榻遗言》，对张居正的阴谋构陷进行了痛批揭发，甚至不愿称其名字，而以"荆人"代替，是一实证。而万历十二年张居正死后被抄家的财产清单："黄金二千四百余两，白银十万七千七百余两；金器三千七百一十余两，金首饰九百余两；银器五千二百余两，银首饰一万余两；玉带一十六条；蟒衣、绸缎、纱罗、珍珠、玛瑙、宝石、玳瑁等尚未清点"③，这是张居正贪墨官场的一个实证。

民国时期"厚黑教主"李宗吾先生在撕扯中国封建社会虚伪的道德伦理和圣贤典章时，将批判的利剑指向了历代的帝王，从尧舜禹汤、项羽刘邦到曹操刘备，我们在这里研究中国人的马基雅弗利主义人格时，选择一个我行我素、权倾天下、唯我独尊的皇帝是否比选择一个权相更为适宜呢？实则不然，万历登基时，则是江陵柄政始，皇帝的年幼、太

① 沈德符：《万历野获编》，中华书局 1974 年版，第 273 页。
② 张廷玉：《明史》，中华书局 1974 年版，第 5642—7801 页。
③ 樊树志：《张居正与万历皇帝》，中华书局 2008 年版，第 208 页。

后的信任和内廷的控制,历史的机遇事实上造就了张居正的"宰相天子"。时人沈德符对威权自擅的张居正这样描述道:"宫府一体,百辟从风,相权之重,本朝罕俪,部臣拱手受成,比于威君严父,又有加焉。"①可见,张居正以首辅和帝师行使的不是相权,而是皇权,张居正本人经常对下属说的一句话就是:"我非相,乃摄也"。所谓摄政,就是代替皇帝行使职权的人,所以,张居正无帝王之名而行帝王之权,这比及名副其实行使权力的皇帝,无论是权力利益的获得、使用和维系,还是政治谋定的斟酌、策动和实施,都需要更多的密室谋划、幕后交易和雷霆手腕,这一方面会增添所选对象传奇故事的生动性,另一方面又会丰润主人公的厚黑人格。

(三)张居正马基雅弗利主义人格的典型案例

张居正是明朝历史上有理想、通权术、有作为的政治家,他的厚黑人格也是皇权专制下长期官宦生涯的必然结果。从《论时政疏》的石沉大海到《陈六事疏》的寥寥朱批,他失望地发现没有权力的支点就没有改革的舞台;从夏言弃市、严嵩病故到徐阶致仕,他痛心地看到即使身前的煊赫也难保身后的安宁。朝廷帮派的相互倾轧让他读懂了官宦仕途的凶险,内阁大员彼此的钩心斗角让他看透了世道人心的歹毒,这都大大加深了张居正对从政的理解,即政治与强权同在,权势与地位共存。为了实现自己的政治理想,为了获得、巩固和延续自己的权势与地位,张居正在彼时的人治官场下也有着不少的非常之为,而透过表4-2所示的这些历史公案也能鲜明且生动地折射出张居正的厚黑人格。

表4-2　　　　《明史》中有关张居正厚黑人格案例的描述

事件	相关描述
"附保逐拱"	保疾拱弥甚,乃与张居正深相结,谋去之。会居正亦欲去拱专柄,两人交益固。穆宗得疾,保密属居正豫草遗诏,为拱所见,面责居正曰:"我当国,奈何独与中人具遗诏。"居正面赤谢过。 ——《冯保传》

---

① 沈德符:《万历野获编》,中华书局1974年版,第245—246页。

事件	相关描述
	拱意疏下即拟旨逐保。而保匿其疏，亟与居正定谋，遂逐拱去。——《冯保传》 初，穆宗崩，拱于阁中大恸曰："十岁太子，如何治天下。"保潜于后妃曰："拱斥太子为十岁孩子，如何作人主。"后妃大惊，太子闻之亦色变。 ——《冯保传》 居正固有才，其所以得委任专国柄者，由保为之左右也。——《冯保传》 神宗即位，拱以主上幼冲，惩中官专政，条奏请诎司礼权，还之内阁。又命给事中雒道、程文合疏攻保，而己从中拟旨逐之。拱使人报居正，居正阳诺之，而私以语保。保诉于太后，谓拱擅权，不可容。太后颔之。明日，召群臣入，宣两宫及帝诏。拱意必逐保也，急趋入。比宣诏，则数拱罪而逐之。拱伏地不能起，居正掖之出，傔骡车出宣武门。居正乃与仪请留拱，弗许。请得乘传，许之。——《高拱传》 冯保者，中人，性黠，次当掌司礼监，拱荐陈洪及孟冲，帝从之，保以是怨拱。而居正与保深相结。——《高拱传》 穆宗不豫，居正与保密处分后事，引保为内助，而拱欲去保。神宗即位，保以两宫诏旨逐拱，事具拱传，居正遂代拱为首辅。——《张居正传》
"王大臣案"	拱既去，保憾未释。复构王大臣狱，欲连及拱，已而得寝。——《高拱传》 万历元年正月，有王大臣者，伪为内侍服，入乾清宫，被获下东厂。保欲缘此族拱，与居正谋，令家人辛儒饮食之，纳刃其袖中，俾言拱怨望，遣刺帝。大臣许之。逾日，锦衣都督朱希孝等会鞫。大臣疾呼曰："许我富贵，乃掠治我耶！且我何处识高阁老？"希孝惧，不敢鞫而罢。会廷臣杨博、葛守礼等保待之，居正亦迫众议微讽保。保意稍解，乃以生漆酒喑大臣，移送法司坐斩，拱获免。 ——《冯保传》
"夺情本谋"	居正之夺情及杖吴中行等，保有力焉。——《冯保传》 户部侍郎李幼孜欲媚居正，倡夺情议，居正惑之。冯保亦固留居正。诸翰林王锡爵、张位、赵志皋、吴中行、赵用贤、习孔教、沈懋学辈皆以为不可，弗听。吏部尚书张瀚以持慰留旨，被逐去。御史曾士楚、给事中陈三谟等遂交章请留。中行、用贤及员外郎艾穆、主事沈思孝、进士邹元标相继争之。皆坐廷杖，谪斥有差。时彗星从东南方起，长亘天。人情汹汹，指目居正，至悬谤书通衢。帝诏谕群臣，再及者诛无赦，谤乃已。于是使居正子编修嗣修与司礼太监魏朝驰传往代司丧。礼部主事曹诰治祭，工部主事徐应聘治丧。居正请无造朝，以青衣、素服、角带入阁治政，侍经筵讲读，又请辞岁俸。帝许之。 ——《张居正传》

续表

事件	相关描述
"刘台案"	御史刘台按辽东,误奏捷。居正方引故事绳督之,台抗章论居正专恣不法,居正怒甚。帝为下台诏狱,命杖百,远戍。居正阳具疏救之,仅夺其职。已,卒戍台。 ——《张居正传》 疏上,居正怒甚,廷辩之,曰:"在令,巡按不得报军功。去年辽东大捷,台违制妄奏,法应降谪。臣第请旨戒谕,而台已不胜愤。后傅应祯下狱,究诘党与。初不知台与应祯同邑厚善,实有所主。乃妄自惊疑,遂不复顾藉,发愤于臣。且台为臣所取士,二百年来无门生劾师长者,计惟一去谢之。"因辞政,伏地泣不肯起。帝为降御座手掖之,慰留再三。居正强诺,犹不出视事,帝遣司礼太监孙隆赍手敕宣谕,乃起。遂捕台至京师,下诏狱,命廷杖百,远戍。居正阳具疏救,乃除名为民,而居正恨不已。台按辽东时,与巡抚张学颜不相得。至是学颜为户部,诬台私赎锾,居正属御史于应昌巡按辽东覆之,而令王宗载巡抚江西,廉台里中事。应昌、宗载等希居正意,实其事以闻,遂戍台广西。台父震龙、弟国,俱坐罪。台至浔州未几,饮于戍主所,归而暴卒。是日居正亦卒。 ——《刘台传》

1. "附保逐拱"

所谓"附保逐拱",是针对张居正来讲的,是指张居正与冯保暗自结成权力联盟来扳倒高拱。这里同时也牵扯到本案中的另外两位主角——高拱和冯保。高拱,裕邸旧臣,隆庆皇帝多年的讲官,深得隆庆帝信任,时任内阁首辅兼吏部尚书;冯保,大内权监,太子朱翊钧的"大伴",深得后宫信任,时任司礼监秉笔太监兼东厂总督。冯保、高拱和张居正的故事在隆庆、万历朝陆续铺开,在隆万朝更迭之际达到高潮。

冯保善琴能书,是太监中的精英人士。[①] 因此冯保以出类拔萃的文化素质很快在太监中鹤立鸡群,在大内平步青云,嘉靖年间就当上了司礼监秉笔太监,隆庆元年提督东厂,成为内廷最高权力机构的二把手,下一站就是司礼监掌印太监,可是冯保的升迁之路遭遇了无形的天花板,两次升迁不成。而其中的缘由是内阁首辅高拱操纵内廷人事,先是推荐御用监太监陈洪代理掌印太监,陈洪外放之后,又推荐尚膳监太监孟冲,

---

① 樊树志、吴琼、今波:《铁血首辅·张居正》,上海文化出版社 2008 年版,第 32 页。

高拱对冯保权势的膨胀十分忌讳，而冯保对高拱的钳制也是恨之入骨。

张居正与高拱的私交原本不错，两人都曾是隆庆皇帝的讲官，又同在国子监共事，张居正任国子监司业时，高拱任国子监祭酒，是上下级关系。两人都是精明练达的实干型官僚，对时局的看法较一致，对政治的颓靡都希望有所改革，有所作为，互相之间一度也十分欣赏，两人的关系可以说是朋友、同事和同志。但隆庆朝后期，高拱任首辅，张居正担次辅，两个强势的铁腕人物在一起，内阁中也是暗流涌动。朱东润先生认为他们的地位太逼近了，逼近便是一种威胁，高拱对于居正，固然感到威胁，但是居正对于高拱，也时时感到危险。因此，高张联合内阁也是面和心不和。①

冯保是内廷的次辅，张居正是外廷的次辅，两人都希望进一步上位，达到各自的权力顶点。相似的利益却有着相同的障碍——高拱，冯张慢慢地开始接近、亲近，直至暗自结成权力联盟。面对权势的上位，冯保终于在隆庆皇帝驾崩之前等到了机会，隆庆皇帝在病情加剧之前安排后事，要高拱、张居正、高仪和冯保四人作为"顾命大臣"，辅佐未成年的太子，并在遗嘱中也交代"卿等同司礼监协心辅佐"。冯保通过皇后和皇贵妃，以"遗诏"的方式，"着冯保为司礼监掌印太监"，冯保正式地成为统管皇家大内的"内相"。冯保的出头让高拱很不服气，一方面他指责冯保矫诏，假传圣意，以引起朝中大臣非议，同时又组织御史和六科给事中弹劾冯保的诸多不赦罪状，发动舆论攻势；另一方面，他采用阁臣联名的方式，向皇帝上奏折《陈五事疏》，要求皇帝罢黜司礼监，将权力还归内阁。内阁彼时包括高拱自己共三名辅臣，高仪是自己推荐的内阁新成员，为保证联合署名的顺利实施，"高拱特地派遣自己的心腹韩楫去向张居正通气：高阁老立即要建立不世功勋，想和张公分享。张居正当然知道高拱的真实意图，却佯装糊涂，当面一口答应，大笑道：除掉冯保这个阉官，就好象去掉一个死老鼠一样容易。高阁老建立的功勋必将流芳百世！"② 张居正事后立即向冯保通风报信，要其早做准备，同时张居正也趁前往天寿山为已大行的隆庆皇帝考察葬地，离开了斗争的风暴

---

① 朱东润：《张居正大传》，陕西师范大学出版社 2009 年版，第 122 页。
② 樊树志：《张居正与万历皇帝》，中华书局 2008 年版，第 53 页。

中心。可在京城的冯保独木难支，面对高拱及亲信纷至沓来的弹劾攻击开始丧失理智、束手无策，急派心腹徐爵问计于张居正。张居正面对主少国疑的现实，揣测到后宫孤儿寡母的心态，向冯保献计，要其充分利用后宫对自己充分信任的感情优势，激怒后宫，借后宫之刀去高拱，并将高拱在内阁中发牢骚所讲的一句"十岁的太子如何治天下"，要冯保构陷文字狱，将其借题发挥为"十岁孩子如何做人主"，并向两宫太后和小皇帝报告，煽动起她们对高拱的反感与仇恨。小皇帝和两宫太后真的被这句捏造的僭越之语给激怒了，于是隆庆六年六月十六日早朝，宫内传出消息，要召见内阁、五府和六部大臣，郑重其事地宣布了谕旨，"今有大学士拱，专擅朝政，把朝廷威福都强夺自专，通不许皇帝主管，不知他要何为？我母子三人惊惧不宁。高拱着原籍闲住，不许停留"。事态的结局超出很多人的想象，但张居正事后马上与高仪联名奏请皇帝收回成命，极力挽留高拱，但皇帝坚决不同意，高拱仓促离京，张居正又派人为高拱送来了驿站的勘合文书，高拱愤愤地对前来的官员控诉张居正"又做师婆又做鬼"，"吹笛捏眼，打鼓弄琵琶，三起三落"。高拱的政治生涯戏剧性地结束了，而张居正也攀上了内阁的最高峰。

张居正和冯保都如愿以偿荣登各自期盼的高位，加上皇帝生母李太后，就此成为政治盟友，形成李张冯"政治铁三角"。这个"铁三角"控制着万历初年的政局，有力地保障着改革的顺利进行。[①]

2."王大臣案"

"王大臣案"是"附保逐拱"的续集版，首先要声明的是王大臣绝非什么朝廷大员，而是一"刺客"的名字，姓王名大臣，是本案的主角。"附保逐拱"的结局是张居正和冯保联手用计将高拱斗败，高拱回籍闲住。但鉴于高拱隆庆元年五月致仕后又曾于隆庆三年十二月复出，高拱曾经的东山再起对于冯张二人无异于梦魇，因此二人在高拱人去职空后仍感觉心底不踏实，他们都觉得还需要一次更加彻底的权力清算，以消弭潜在的隐患。

万历元年（1573 年）正月十九的清晨，万历小皇帝离开寝宫，前往

---

① 邓万春:《目的与手段的合法性悖论——张居正改革的伦理视角探讨》,《长江大学学报》(社会科学版) 2005 年第 5 期。

正殿上朝，轿子刚出乾清门，忽然迷迷晨雾中，一个身着宦官服装的男子，从西面的台阶上跳下慌张地跑开，负责安保的大内高手大为吃惊，将此不速之客擒住，搜身竟然还在腋下发现尖刀、利剑各一把。经过审讯，案犯交代了身份与姓名，其为常州府武进县人，本名章龙，王大臣是化名，从戚继光总兵那里逃出来。疑犯牵扯到张居正的嫡系亲信戚继光，冯保立即知会了张居正，为保护亲信，消灭政敌，一个逃兵和一起貌似谋刺皇帝的疑案，催生了一个斩草除根的阴谋，它在北京酝酿着，却剑指河南新郑。

冯保立即派心腹辛儒到狱中对王大臣训练其招假供，不谈戚继光，而蓄意牵扯前司礼监掌印太监陈洪（高拱刻意提拔的司礼监前任掌印太监）为宫中内线，高拱家奴李宝、高本、高来为联络外线，招供高拱是主谋，因罢官对朝廷怀有怨恨，受其派遣才来行刺。同时冯保还对王大臣进行威逼利诱，按上招供，有赏金千两和锦衣卫高官，否则乱棒打死。张居正则就此事立即上疏皇帝，一定要查出主逆及勾引之人，以确保皇宫安全。在冯保拿到王大臣的"口供"后，立即派东厂特务到新郑准备缉拿真凶，而张居正则派人送给高拱两封书信，一封是公函，以内阁首辅身份告诫高拱切勿惊惶而死。另一封是私信，以朋友的身份对他百般抚慰。[1] 高拱远在河南，突如其来的兵丁校尉让其大为惊恐，而见张的来信后则稍许镇定。

高拱谋刺皇帝的消息在北京城内传得沸沸扬扬，京城内的百姓官吏都汹汹惊愕，不知所措，他们认为高拱虽然目中无人，专擅朝政，但都不相信前任首辅会干出如此伤天害理的事，对于冯保、张居正如此心狠手辣，感到惊诧莫名。这让冯保和张居正感到莫大的舆论压力，甚至是政治压力。朝廷中元老重臣——吏部尚书杨博和都察院左都御史葛守礼也都出面规劝张居正，一方面要提醒先前的内阁历任夏言、严嵩、徐阶和高拱相互倾轧带给朝廷和朝政的恶劣影响，另一方面也推荐"世臣"锦衣卫左都督朱希孝介入，同时鼓励张居正出来挽回局面。张居正知进懂退，也向皇帝推荐朱希孝和葛守礼与冯保一同办案。令人称奇的是，第一次会审中，王大臣在十五记杀威棍后，直接反水，竟然在刑堂上招

---

① 樊树志：《张居正与万历皇帝》，中华书局 2008 年版，第 68 页。

供出冯拱,令在场的冯保当众出丑,脸面难堪,会审草草收场。张居正闻讯后,一方面知会及时"罢手"的意图,另一方面做了具体安排,当夜王大臣被灌生漆酒,不能说话。再次会审时,不问问题,匆匆走过场,直接宣布了王大臣的死刑并立即处决。王大臣的人间消失,消除了冯保、张居正所忌惮的反面人证,当然也消除了所谓"高拱谋刺皇帝"的阴谋,高拱得以在安宁平祥中度完余生,但张居正和冯保外廷和内廷联合的威力也极大地震慑了朝廷的大小臣工。事后,张居正自鸣解救高拱之功。

3. "夺情本谋"

欲说"夺情",先讲"丁忧"。丁忧是祖制,自汉而有,朝廷官员一旦承重祖父母、亲父母的丧事,"自闻丧日起,不计闰,守制二十七月,期满起复"。夺情是皇帝利用自己的特权,剥夺大臣回家服丧丁忧的孝情,服孝大臣以素服办公,不参加吉礼,它是丁忧制度的延伸。万历五年(1577年)九月十三日,张居正的父亲张文明在江陵去世,十九年未回家乡的儿子与父亲就此永别了。二十五日,噩耗传到京城,按祖制张居正应辞任内阁首辅,回江陵老家守制二十七个月,张居正不愿失去久控的权力,冯保不愿失去外廷的盟友,太后和皇帝不愿失去治国的舵手,但张居正不回乡守制,有违祖制,有违改革反对派的图谋,有违清流士子的道德标准。因此,"夺情本谋"是张居正的家庭私事被一再放大、几番博弈后的朝廷风波。

张居一收到父亲的讣告时,首先报告的不是皇帝,不是内阁的同僚,而是冯保。[1] 张居正意识到,"丁忧"与否,其实就是是否被夺权的问题,他独断朝政已久,一旦离去,反对派必将有所图谋,[2] 冯保也深感外廷如果失去张居正他也将独木难支,张冯二人谋划夺情,商毕后,张居正将情况报告给内阁同僚吕调阳、张四维,吕调阳、张四维联名向皇帝报告,希望援引前朝大学士金幼孜、杨溥、李贤夺情的先例,挽留张居正,二更天上奏,五更天不到,皇帝就下圣旨要夺情起复,冯保同时还不断地派亲信太监到张府传递最新消息。

但张居正必须面对强大的社会舆情和顽冥的伦理纲常。大学士丁忧

---

① 樊树志、吴琼、今波:《铁血首辅·张居正》,上海文化出版社2008年版,第118页。

② 樊树志:《张居正与万历皇帝》,中华书局2008年版,第123页。

夺情，虽有杨荣、金幼孜、杨溥、李贤夺情的先例，但综明一朝，其实也算稀疏少有，张居正之前首辅夺情的仅李贤一人，更为重要的是，在张居正之前孝宗时代的内阁首辅杨廷和树立了一个完美的正面典型和道德楷模，他不为皇帝请求所动，完完整整地在家守制二十七个月。许多清流官员和对改革有意见的反对派也抬出道德规范和伦理纲常，要张居正以杨廷和为榜样，去职守制。为了掩人耳目，张居正不得不一而再再而三地请求回乡"丁忧守制"，而皇帝出面反复再三地挽留张居正，双方配合演出了一幕双簧。张居正先向皇帝上了《乞恩守制疏》，皇帝不允，诚恳挽留。张居正又上《再乞恩守制疏》，皇帝再次挽留，并提出一个操作性很强的"在官守制"的方案，张居正带职在北京的家中守孝，以素服办公，不参加吉礼，由司礼监护送张居正儿子张嗣修代表他回江陵老家服丧，并在丧事后将张居正老母接到北京安住。张居正接收了"在官守制"的方案，但坚决地辞去守制期间的薪水俸禄。

消息传出，清流士子和守旧官僚对张居正的最终决定嗤之以鼻，掀起了极强烈的反对声势和弹劾风潮。翰林院编修吴中行、翰林院检讨赵用贤、刑部员外郎艾穆和刑部主事沈思孝先后上折，而且言辞尖刻，其中吴中行和赵用贤是张居正的门生，艾穆和张居正是大同乡（都为湖广人）。这让张居正十分恼怒，决定用廷杖来打灭对自己的攻击风潮。朝中大臣出于对于青年才俊的爱护，反对如此严苛的惩罚，翰林院掌院学士王锡爵向张居正求情，张居正抽出一把刀架在脖子上，大叫"你杀了我吧！你杀了我吧！"，弄得王锡爵惶恐撤退；礼部尚书马自强向张居正求情，张居正竟然跪下求他"你饶了我吧！"，弄得马自强也是不知所措，懵懵而归。求情不成，廷杖照行，门生吴中行和赵用贤因为师生一场杖六十，革职为民，永不叙用，艾穆和沈思孝杖八十，发配边疆充军，永不赦免。张居正杀鸡儆猴，有效果但没有唬住一个新科进士邹元标，当廷杖再次响起时，对张居正的攻诘之声也终于在皇帝庇护和残酷惩罚面前消失了，张居正开始了在官守制，也继续着他的权力之旅。

事情虽然翻过去了，尽管声音的表达也受到了抑制，但对此事的评价还是留在了时人的心中。《明神宗实录》的编者在引用了张居正的《乞恩守制疏》以后，加了一个评语，"观此，夺情本谋尽露矣"，可见张居正主演的这场精彩大戏在演出之初就被看出端倪，夺情本谋就露馅了。

4. "刘台案"

刘台，江西安福县人，隆庆五年（1571 年）进士，而彼时张居正是主考官。按明时官场规矩，张居正是刘台的座主，刘台是张居正的门生，二人是利益共同体，座主对门生，是提携和保护；门生对座主，是依附和顺从。可是二人的师生之缘有善始但并未善终，刘台是明朝历史上唯一一个公开叫板弹劾座主的门生，而此举招致座主的打压报复，从而形成一桩公案。

刘台与张居正的师生关系有着良好的开端，张居正对刘台格外关照，先授刑部主事，后来提升为御史，巡按辽东，刘台对张居正的提携晋升也十分感激。万历三年（1575 年），辽东总兵李成梁大败蒙古骑兵，此战报应由辽东巡抚向朝廷报告，但辽东巡按刘台却抢先奏捷邀功，此事引起张居正不悦，张居正以考成法中的"综核名实"为由，认为刘台越俎代庖、越权行事，并请圣旨降谕对其严加斥责，而这明显激起刘台的大不悦，于是二人关系急转直下。

刘台年轻气盛，竟于万历四年（1576 年）正月向万历皇帝上《恳乞圣明节辅臣权势疏》，指名道姓地揭发张居正"偃然以相自处""托疾以逐拱，既又文致之王大臣狱""私荐用张四维、张瀚""为固宠计，则献白莲白燕""辅政未几，即富甲全楚""宫室舆马姬妾，奉御同于王者"。[①] 所用之语尖刻，所论之事尖锐，更令人难堪的是，张居正成为明朝有史以来上第一个遭门生弹劾的座主，因而在伤心之余先后两次向皇帝提交了辞呈，皇帝一方面对张居正再三劝慰挽留，另一方面令锦衣卫逮捕刘台，准备廷杖后充军。但张居正并不现仇现报，反而出面为刘台求情，免予廷杖，削职为民。刘台得以生还回乡，但事情并未终结，张居正对此记恨于心、耿耿于怀，拿出了秋后算账的架势，指使亲信构陷刘台在辽东贪墨，同时要地方官怂恿刘台的仇家揭发控告，万历五年，江西的地方官根据张居正的授意，以"合门济恶，灭宗害民"的罪状，判刘台充军边疆，刘台之父与两弟分别判处徒刑和杖刑。刘台充军到广西浔州，困苦不堪，受尽迫害，于万历十年死去，死时衣衫棺材全无，凄凉无比！不过在刘台死去的同一天，张居正也病死在任上，生前离心

---

① 张廷玉：《明史》，中华书局 1974 年版，第 5989—5993 页。

离德如此，死后更会分道扬镳，两人无缘且都无意再续师生之谊。

明史对刘台案也有相当精练的记载："御史刘台按辽东，误奏捷。居正方引故事绳督之，台抗章论居正专恣不法，居正怒甚。帝为下台诏狱，命杖百，远戍。居正阳具疏救之，仅夺其职。已，卒戍台。"[①] 从此事来看，张居正处理刘台的手段很巧妙、很隐蔽，但这却失去作为政治家应有的胸襟和气度。

（四）张居正马基雅弗利主义人格的特点

时代塑造人，实践改变人。张居正从科举走入士林，却失望地看到时局乱象，渴望有所作为，却感儒术和经学的羁绊，因而服膺法家，借重法家的权术和手段，成为张居正的选择，这不仅是他治国的方略，也成为他人格的特点。庙堂江湖的翻云覆雨，人治官场的薄情寡恩，使张居正对马基雅弗利主义严重依赖，一方面大谈师生故旧之谊，另一方面却行构陷诬毁之举，长期的两面派作风，也导致了张居正分裂的人格。

1. 特点一：外儒内法

张居正是一个儒家知识分子，从小学习儒家经典，从秀才、举人直至进士，最后进入翰林院，他以学问显耀于世；从编修、司业直到大学士，最后成为皇帝师相，又以仕途光耀门楣。更为可贵的是，张居正是儒家的经世致用派，在他身上我们能够感觉"穷则独善其身，达则兼济天下"的入世情怀，能够感受"修身齐家治国平天下"的政治抱负，能够感怀"先天下之忧而忧，后天下之乐而乐"的忧乐观，能够感悟"生有补于世，死有闻于世"的人生观。张居正之于儒家知识分子，很成功很典型。

为了实现"治国平天下"这一儒家价值体系内无比正面却极富挑战性的目标，现实中的张居正必须动用一切可能的手段，甚至不择手段。因此，张居正一面高举儒家的道德旗帜，一面却暗用法家的手段。张居正以同僚理应同心同德为名，骗得高拱误以为他是倒冯的支持力量，却暗自勾结冯保阴谋反攻；张居正以同事之情、朋友之谊为名，携朝廷老臣一道洗清刷白高拱的王大臣案，却一手构划并实施了此阴谋；张居正

---

① 张廷玉：《明史》，中华书局 1974 年版，第 5646 页。

以为人子孝当先为名,多次上疏皇帝请求为亡父回乡守制,却密谋冯保以夺情起复;张居正以师长宽大仁恕为名,替刘台求情免除廷杖,却安排亲信皂吏代为报复。为了获得最高权力,扩大最高权力,巩固最高权力,"以孔孟之心,行曹刘之术",成为张居正实现抱负的无奈之举。① 而在张居正这诸多手段中,我们能够剥离出如加强专制集权,剪除私门势力,厉行赏罚、以法为教的法家内核。张居正是主张为政以刚的,他曾经说过:"使吾为刽子手,吾亦不离法场而证菩提"②,其他诸如"盗者必获,获而必诛,则人自不敢为矣","盖闻圣王以杀止杀,刑期无刑,不闻纵释有罪以为仁也"③,也都表明了他对于法家的信赖与推崇。事实上,张居正深谙法家真谛,不仅擅长法、术、势的运用,还懂得在运用时表以儒术加以圆饰,以儒家的道德正义为旗帜,以法家的权谋计术为手段。比如他将治国理念表述为"君子为国,务强其根本,振其纲纪,厚集而拊循之,勿使有衅,脱有不虞,乘其微细,急扑灭之,虽厚费不惜,勿使滋蔓,蔓难图矣"④,而其执行过程则表达为"一切付之于大公,虚心鉴物,正己肃下。法宜所加,贵近不宥;才有可用,孤远不遗。务在强公室,杜私门,省议论,核名实,以尊主庇民,率作兴事"⑤,又如"今人妄谓孤不喜讲学者,实为大诬。孤今所以上佐明主者,何有一语一言背于尧、舜、周、孔之道?但孤所为,皆欲身体力行,以是虚谈者无容耳"⑥。可见,张居正欲言欲行,总是牵扯君子,攀附圣人,以君子之口言时政,以圣人之言讲是非。

虽然我们多将张居正归于法家,但新儒家开宗大师熊十力先生认为"江陵学术宗本在儒,而深于佛,资于道与法。虽有采于法,而根底与法家迥异。向来称为法家者,大误"⑦。因此,张居正是大儒还是大法尚有争议,但毫无争议地张居正的人格同时打上儒家和法家文化的烙印,打

---

① 十年砍柴:《从张居正的悲剧看权力的腐蚀性》,《东方早报》2010 年 5 月 14 日第 A23 版。

② 朱东润:《张居正大传》,陕西师范大学出版社 2009 年版,第 177 页。

③ 《张居正集》,湖北人民出版社 1994 年版,第 603—683 页。

④ 同上书,第 430 页。

⑤ 同上书,第 774 页。

⑥ 熊十力:《韩非子评论 与友人论张江陵》,上海书店出版社 2007 年版,第 95 页。

⑦ 同上书,第 95 页。

开历史画卷，展示给我们的是一位儒雅、深沉的首辅，他以遵祖制、修明庶政、安定内外为名，用铁腕意志和霹雳手段，行综核名实、信赏必罚、整顿纲纪之实。张居正的人格，更加确实地讲，是一个既儒又法、阳儒阴法（或外儒内法）的杂糅体。

在中国的封建时代，外儒内法长期都是统治阶级主流的治国理念和主要的统治手腕，而张居正作为摄政宰辅，当国十年，也是儒家根基，法家做派，外儒内法不仅主导着张居正的为政，还影响着他的为人、为事，也似乎内化成为他人格的一部分。明史专家樊树志就这样评价他："张居正身上少有儒家温良恭俭让的气质，少有仁恕的精神，事事处处都是咄咄逼人的严刑峻法，讲究权术与谋略，甚至在权力斗争中堂而皇之地玩弄阴谋诡计，手法十分老练圆熟，可以置脸面不顾，可以对言官的弹劾、舆论的非难，熟视无睹。"①

2. 特点二：两面性

张居正的表里不一、两面三刀着实让人领会了他权谋家、政客的一面。"附保逐拱"中高拱派心腹串通张居正在内阁文件上联合署名以罢免司礼监，张居正一面佯装同意，另一面却又立即密报盟友冯保；张居正一面用计赶走高拱，另一面却又立即联合阁臣高仪一同上疏请求收回成命，同时还为高拱办理了驿乘。"王大臣案"中张居正一面在北京与冯保实施灭门阴谋，一面却又写信给河南的高拱对其抚慰；张居正一面与冯保谋划实施了全部阴谋，另一面却又在朝廷大臣面前佯装毫不知情。"夺情本谋"中，张居正欲走却想留，一面再三上疏请求丁忧守制，另一面却要冯保从中协助让皇帝再三挽留，夺情起复；张居正一面接收了"在官守制"的方案，另一面却又坚决地辞去守制期间的薪水俸禄。"刘台案"中，张居正一面对弹劾自己的学生恨之入骨，另一面却又上疏皇帝替刘台求情，免除廷杖，除职为民。张居正一面让事情平息淡忘，宽恕门生，另一面却又指使亲信构害诬陷，收拾刘台。不仅仅局限于本书中所提及的案例情节，张居正厚黑人格的两面性在他的权力生涯中还有更多的体现。比如张居正提倡开源节流，说服李太后将本打算修庙敬佛的私房钱拿出来建路修桥，又要万历皇帝节约用度，取消宫中元宵灯会，

① 樊树志：《张居正与万历皇帝》，中华书局 2008 年版，第 3 页。

自己却生活腐化、锦衣玉食,归葬所乘都是如同斋阁的 32 抬大轿。张居正常常劝少年的万历皇帝要清心寡欲少近女色,自己却笑纳胡姬滥用春药,忘情于裙衩之间;张居正整肃教育延揽济世之才,自己却败坏科举,三子连占高科。例证繁多,不一而足。

透过上述案例,我们能够看清张居正厚黑人格的两面性,用强硬的一面打击对手,又用柔和的一面对外示人,做恶事却不添恶名;以严苛的一面要求别人,却以宽适的一面对待自己,崇善事却不用善举。明史专家刘志琴评价道:"黑白交织、善恶依存,在张居正身上体现的就是半是魔鬼,半是天使。"① 尽管从结果上来看,张居正厚黑人格的两面性能麻痹他人,打击对手,抬升自己,为其权力进阶和官场荣耀加分不少,但从过程来看,这样口是心非、言行不一的分裂性人格,带给个体的却是灵魂扭曲、人性挣扎的痛苦经历,这种伤人的性格也免不了性格的自伤。

(五)张居正马基雅弗利主义人格的反思

1. 张居正的厚黑人格是专制皇权对人性的扭曲

张居正的厚黑人格是皇权专制下长期官宦生涯的必然结果。在封建专制体制下,没有制衡与分权,绝对的权力产生绝对的权威,政治与强权同在,权势与地位共存,官本位文化的演绎与强化,深入仕林人心。当张居正作为新生力量踏入政坛,他看到了权力的诱惑,为了权力,内阁大员彼此钩心斗角,朝廷帮派相互倾轧;张居正体会到权力的傲慢,没有权力,《论时政疏》石沉大海,《陈六事疏》仅寥寥朱批;张居正体会到权力的威效,失去权力,夏言被腰斩弃市,严嵩则失权病故。为了理想,为了事功,张居正必须获权、揽权和擅权,荣登首辅之前,为求上位不惜越位,为求自利不惜损人,他必须不讲感情、必须不择手段,权力的疯狂必然极大压缩道德的空间,也必然严重扭曲人性最初的善良。万历登基时,则是江陵柄政始,皇帝的年幼、太后的信任和内廷的配合,事实上造就了张居正的"宰相天子"。时人沈德符对威权自擅的张居正这样描述道:"宫府一体,百辟从风,相权之重,本朝罕俪,部臣拱手受

① 刘志琴:《张居正的性格悲剧》,《天津师范大学学报》(社会科学版) 2005 年第 5 期。

成，比于威君严父，又有加焉。"① 张居正无帝王之名而行帝王之权，这比及名副其实、名正言顺的皇帝，无论是权力利益的获得、使用和维系，还是政治谋略的斟酌、策动和实施，都需要更多的密室谋划、幕后交易和雷霆手腕，而这才是中国传统政治的真实面目，以不光明的甚至厚黑的手段，去治国平天下，是那个时代政治家的宿命。尽管我们在史料中梳检张居正厚黑人格的相关史实，但我们没有发现真相的轻松，相反却深深地感怀于张居正作为一个改革者在彼时彼情彼景中面临重压时的艰难与无助、不为人理解的孤寂与悲凉、道德献祭的无奈与迷茫。

2. 张居正的厚黑人格直接导致了其悲剧结局

张居正死后不久，从"文忠"被打落至"文奸"，名爵全夺，几遭断棺戮尸之辱；还祸及子孙，满门查抄，家属饿死十多人，亲信子弟落败，削职流放；至于他耗尽心血建树的新政，更是逐次被废，付诸流水。张居正身后的悲剧结局，令人感怀唏嘘。时人就张居正的际遇就有过评价，南京吏部右侍郎海瑞说张居正"工于谋国，拙于谋身"②，左谕德于慎行也有类似的评价"精于治国，疏于防身"。当时著名思想家李贽评价说"江陵宰相之杰也，故有身死之辱"③。史家透过史实来试图寻找答案，《明史》对张居正的结局分析为："威柄之操，几于震主，卒致祸发身后。"④《明神宗实录》编者用"威权震主，祸萌骖乘，何怪乎身死未几，而戮辱随之"来概括张居正悲剧的原因。更有稗官野史说至万历生母李太后对张居正异样依恋、感情暧昧，导致皇家权威严重受损，从而招致惨烈报复。

对于先贤们中肯的评论和史家公允的分析，我们都表示欣赏和赞同，但同时我们也想借用厚黑学本身来寻求张居正悲剧的原因，厚黑学是一把双刃剑，这种伤人的性格也难免自伤。张居正之所以从功高盖世的皇帝师相跌落至罪恶滔天的社稷罪人，是因为万历也是一名隐匿的厚黑主

① 沈德符：《万历野获编》，中华书局 1974 年版，第 245—246 页。
② 谈迁：《国榷》，鼎文书局 1978 年版，第 4415 页。
③ 李贽：《焚书》，中华书局 1974 年版，第 42 页。
④ 张廷玉：《明史》，中华书局 1974 年版，第 5653 页。

义者，而且万历的马基雅弗利主义比起老师张居正，是青出于蓝而胜于蓝，有过之而无不及。因此，这样一个更小人、更厚黑的万历皇帝，在张居正死后开始现身爆发，为树立自己的权威，为谋取自己的私利，可以全盘否定勤勉太师十年的教诲之德，可以全面推倒辛劳首辅十年的辅佐之功，将张居正从云端掷于谷底，全面打倒彻底清算。作家李国文对张居正的悲剧也有类似感怀:"张居正的全部不幸，是碰到了不成器的万历……"①

3. 张居正马基雅弗利主义人格所夹杂的道德瑕疵并不能否定其事功和历史地位

我们中国人的评价准则历来重视道德，无论是做人、做事，还是做官。所有人都知道的常识是:好人不一定是好官，好官也未必尽为好人，当然做人更是有别于做官。做人讲气节操守;做官，则讲究事功作为。但是我们经常所犯的错误是将好官与好人等同，将好官与清官等同，将坏人与坏官等同。由于传统宣传和定势思维的引导，张居正既然是大明名臣、改革元勋，也一定是一个道德高尚、品德崇高的好人，是一个清廉刚正、两袖清风的好官，经过上述的分析我们知道张居正不是一个道德完人，甚至不是一个清廉官吏，但他却是一个好官，他摒弃了道德的细节，但建立了皇皇的事功，是切切实实为国为民做了实事的人。"苟利社稷，生死以之"②的政治抱负和"非得磊落奇伟之士，大破常格，扫除廓清，不足以弭天下之患"③的政治理想，让张居正跳出了"做一个好人""做一个清官"的道德桎梏，走向了"做一个好官""把官做好"的政治境界。张居正主政期间重循吏慎清流，借用循吏一词，笔者认为张居正是明朝最大最成功的循吏，不计清誉声名，不求青史留名，只计富国强兵，只求固本安邦。这与张居正同时代的道德名臣海瑞恰好形成鲜明的对比，海瑞是清流直儒，极重道德清廉之名，但只有清誉，没有实绩，因此李贽评价说:"世有清节之士，可以傲霜雪而不可以任栋梁者，如世之万年青草，何其滔滔也。吁! 又安可以其滔滔而拟之! 此海刚峰

---

① 李国文:《话说张居正》下，《同舟共进》2007 年第 5 期。
② 《张居正集》，湖北人民出版社 1994 年版，第 809 页。
③ 同上书，第 1284 页。

之徒也。"① 作家熊召政说："撑国家这个大架子的还要张居正"②，孰优孰劣，昭然若揭。

固然，张居正的阳奉阴违、表里不一、两面三刀已是道德失律，而网罗罪名、阴谋构陷、党同伐异更显人格厚黑，张居正的厚黑人格我们不回避、不忌讳，我们坦诚张居正厚黑人格的客观存在，但这不影响他作为明代最杰出政治家的历史存在，更不足以全盘否定张居正，正如明史专家韦庆远所说："即使将他（张居正）有过后失误失律甚至失德的问题总加起来，亦绝不能抵消其在明代无与伦比的伟大建树，亦绝不会因而抵消其在志行方面许多正确的可贵的作为。"③ 事实上，将张居正还诸他所处的时代背景，他的厚黑人格应该得到理解，尽管理解并不代表赞同，也应该博得同情，尽管同情并不代表纵容。张居正不择手段、揽权所为是为天地立心，为生民立命，为万世开太平，即便这其中杂有张居正为私的一面，那也是公胜于私，公极大地胜于私。借用民国时期"厚黑教主"李宗吾的一句话来评价张居正的道德与人格，"同样一个厚黑，用它来图谋自己个人的私利，是极端卑劣的行为，用它来谋划大众的公利，是至高无上的道德"④。

二 袁世凯的马基雅弗利主义人格解析

对于研究张居正的马基雅弗利主义人格，多数人本能的直觉是"怎么会是他"。但对于研究袁世凯的马基雅弗利主义人格，多数人的第一反应是"就应该是他"。在 20 世纪 80 年代前的中国史学界根据马克思主义史观，运用阶级分析的方法，几乎对袁世凯是全盘否定，全面推倒，全面批判，论定袁世凯为"刽子手""专制暴君""阴谋家""卖国贼""大地主大买办阶级代表人物"等，因此在我们的历史教育中，袁世凯就等同于对立面和反动派，所以受政治因素和意识

① 李贽：《焚书》，中华书局 1974 年版，第 450 页。
② 熊召政：《改革家张居正》，《长江大学学报》（社会科学版）2009 年第 6 期。
③ 韦庆远：《张居正和明代中后期政局》，广东高等教育出版社 1999 年版，第 26 页。
④ 李宗吾：《厚黑学全集》，百花洲文艺出版社 2010 年版，第 106 页。

形态的影响，袁世凯身后的评价长期以负面为主流。这位清末民初的风云人物，不仅在晚清政局中一柱擎天，他还一手开创了民国的政治版图。曾几何时，袁世凯是中国统一和稳定的强有力的象征，不管是日落西山的大清王朝还是旭日东升的中华民国，都将他视为自己的救世主，但转瞬之间，他又成了"祸国殃民"的罪魁祸首，既是大清朝的"乱臣贼子"，又是中华民国的"不赦罪人"；想当年，朝鲜戡乱的军功，袁世凯以民族英雄孔武有力、深谋远虑的刚健姿态登上了大清帝国的政治舞台，但到洪宪帝制的荡灭，袁世凯已经沦落为"卖国求荣""不惜以一己之私害及天下"的无耻政客，最终黯然落幕。在袁世凯最后十多年诡谲多变的政治生涯中，他真正谋取了足以"一言兴邦、一言丧邦"的极峰地位，但即使在他处在权力巅峰时，对他的恶毒诅咒也和对他的赞颂之词一样多；每一个见识过他手段的人，不管这些人多么刚愎自用自视甚高，都不得不或明或暗地佩服袁世凯的领袖才能和超凡魅力，可是，即使那些不遗余力赞颂他的人中也从来没有人敢于公开称颂袁世凯是一位真正"德配天地"的"伟人"——因为他实在是"不讲道德"，袁世凯的确也根本不符合儒家正统史笔弘扬标准的大人物。与张居正的历史评价反复难定不一样，袁世凯的马基雅弗利主义手段与人格几乎获得了毋庸置疑的共识，他的行事风格精明算计、敢作敢为、大包大揽，在那个岌岌可危的时代里绝对堪称另类。在此，我们也走进袁世凯的另类行为，去发现他的另类人性——马基雅弗利主义人格。

(一) 袁世凯的生平大事

袁世凯 (1859—1916 年)，字慰庭 (又作慰廷或慰亭)，别号容庵，因其为河南项城人，故又称袁项城。清末重臣，大清帝国第二任内阁总理大臣，中华民国第二任临时大总统，中华民国第一任大总统。

咸丰九年 (1859 年) 八月二十日，袁世凯出生于河南省陈州府项城县袁张营 (今项城市千佛阁办事处袁张营村) 一个官宦世家。袁出生时，因叔祖父袁甲三正好寄信回家，言与捻军作战获胜，袁保中 (袁世凯的父亲) 因而为其取名为"凯"，并按家族族谱的谱名字辈正式命名"世凯"。袁世凯自幼过继给袁保庆为嗣子，少年时随嗣父先后到济南、金陵等地读书。袁保庆病故后，复随堂叔袁保恒至燕京念书。

光绪二年（1876年），时年17岁，第一次参加乡试，应考举人落榜，10月和陈州的于氏在家乡结婚。

光绪四年（1878年），时年19岁，袁保恒去世，返回项城，移住陈州，与当时正在陈州授馆的徐世昌结交，拜为金兰。同时在陈州办起了"丽泽山房"和"勿欺山房"两个文社，同时捐"中书科中书"。

光绪五年（1879年），时年20岁，第二次参加乡试，仍名落孙山，袁世凯于是决计弃文从武。

光绪七年（1881年），时年22岁，袁世凯至山东登州，投靠叔父袁保庆的结拜兄弟吴长庆，任"庆军"营务处会办。时吴长庆为庆军统领，统率庆军六营驻防登州，督办山东防务。

光绪八年（1882年），时年23岁，朝鲜发生壬午军乱，袁世凯随吴长庆赴朝平乱，以计成功平乱，袁世凯因功以"通商大臣"身份驻藩属国朝鲜，协助朝鲜训练新式陆军并控制税务。

光绪十年（1884年），时年25岁，朝鲜发生甲申政变，驻朝日军趁机行动欲挟持朝鲜王室，袁世凯指挥清军果断击退日军，维系了清廷在朝鲜的宗主权和其他特权。

光绪十一年（1885年），时年26岁，李鸿章奏派为"驻朝鲜总理交涉通商大臣"以知府分发，补缺后以道员升用，赏加三品衔。

光绪十七年（1891年），时年32岁，袁世凯嗣母牛氏去世，奉旨在家服丧百日。

光绪十九年（1893年），时年34岁，袁世凯补浙江温处道员留朝鲜署事。

光绪二十年（1894年），时年35岁，朝鲜发生东学党起义，朝鲜向清廷借兵镇压，日本也趁机出兵，并挑起丰岛海战，引爆中日甲午战争，清军海陆皆败，袁世凯随军撤退至天津。

光绪二十一年（1895年），时年36岁，因荣禄和李鸿章的推荐，袁世凯以道员的职衔在天津小站组建编练新式陆军。

光绪二十三年（1897年），时年38岁，擢升直隶按察使，仍主持天津小站练兵。

光绪二十四年（1898 年），时年 39 岁，袁世凯支持光绪帝变法，升任工部右侍郎，戊戌政变前，帝党寄希望于袁世凯的新军，谭嗣同曾夜访袁世凯以图"围园诛后"之变，袁世凯没有对慈禧太后下手，结果变法失败，光绪帝失政并因于瀛台。

光绪二十五年（1899 年），时年 40 岁，因义和团的大规模兴起和明显的排外排教行为引起各国的恐慌，12 月 6 日，袁世凯被任命为署理山东巡抚。

光绪二十六年（1900 年），时年 41 岁，八国联军进攻北京，因袁世凯大力镇压山东的义和团运动，山东在袁世凯的治下实现了稳定，并加入东南互保。

光绪二十七年（1901 年），时年 42 岁，袁世凯在山东建立了中国第二所官立大学堂——山东大学堂，11 月继李鸿章署理直隶总督兼北洋大臣，在直隶总督期间，以天津为试点逐步襄办新政。

光绪二十八年（1902 年），时年 43 岁，袁世凯兼任政务处参预政务大臣和练兵大臣，在保定编练北洋常备军。

光绪二十九年（1903 年），时年 44 岁，清政府在北京设立练兵处，袁世凯任会办大臣，负责创立武备学堂。

光绪三十一年（1905 年），时年 46 岁，北洋六镇编练成军，每镇12500 余人，为展示编练成果，袁世凯在河间府举行河间秋操。

光绪三十二年（1906 年），时年 47 岁，北洋陆军举行彰德秋操，袁世凯任阅兵大臣。

光绪三十三年（1907 年），时年 48 岁，袁世凯调任军机大臣，入主中枢。同年，在袁世凯的运作下，中国地区第一支新式警察队伍，及中国地区历史上最早的近代议会组织——天津议会，均正式成立于天津；同时，袁又下令直隶各州试验地方选举、地方自治和司法独立。

光绪三十四年（1908 年），时年 49 岁，光绪皇帝及慈禧太后相继去世，溥仪继位，载沣摄政监国，载沣以袁世凯"足疴"为由，令其"回籍养疴"。袁返回河南，先居汲县（今河南卫辉市），后迁辉县（今河南辉县市），后转至彰德（今河南安阳市）。袁在此期间韬光养晦，暗地里仍关心政事，等待时机复出。

宣统三年（1911 年），时年 52 岁，武昌起义，清政府重新起用袁世凯，先后任命袁世凯湖广总督和内阁总理大臣。

民国元年（1912年），时年53岁，1月15日，袁世凯及其嫡系北洋军事将领通电全国，支持共和。2月12日，在袁世凯及其亲信的持续逼宫下，隆裕太后于2月12日颁降懿旨，接受优待条件，幼帝溥仪退位，清王朝在中国的统治被终结了。2月13日，袁世凯通电全国，赞成共和，孙中山在南京向参议院辞去临时大总统，2月15日，袁世凯任中华民国临时大总统。

民国2年（1913年），时年54岁，袁世凯收买凶手刺杀宋教仁，7月孙中山组织中华革命党，发动二次革命，武力讨伐袁世凯，二次革命失败，10月6日，国会选举袁世凯为第一任大总统，袁世凯在北京太和殿正式就职。11月4日，袁世凯下令解散中国国民党，并收缴国民党议员证书，国会因会员不足而无法开会。

民国3年（1914年），时年55岁，袁世凯解散国会，废除《中华民国临时约法》，颁布《中华民国约法》，并改内阁制为总统制，规定总统可无限期连任，孙中山发表《讨袁宣言》。

民国4年（1915年），时年56岁，与日本商谈并接受了日本的《二十一条》。12月25日宣布第二年改元"洪宪"，拟任中华帝国皇帝。

民国5年（1916年），时年57岁，全国开始了护国运动，各省纷纷独立，3月22日袁世凯被迫宣布取消帝制，孙中山发表《第二次讨袁宣言》，6月6日，在全国的声讨声中，袁世凯患尿毒症不治而亡，8月24日，北京政府依照袁生前"扶柩回籍，葬我洹上"的遗愿，将其归葬于河南安阳洹上村东北的太平庄北侧。

（二）袁世凯马基雅弗利主义人格的典型案例

1. 出卖维新

在袁世凯还没有得到训练新军的美差，宦途还不甚得意的时候，当他看到维新变法获得军务处大臣翁同龢等名公巨卿的同情，大有兴旺发达的迹象时，政治嗅觉灵敏的袁世凯在维新派上面也开始了投资下注，他通过探访康梁等维新人士，饮酒高谈，为强学会办报馆解囊捐银等手段，赢得维新志士的信任，康有为对袁世凯也有很好的印象，以至于当刚满三十五岁的袁世凯得到督办新建陆军的美差时，康有为等都以为自己的"同志"掌握兵权，改练新军，这是维新运动兴旺的吉兆，对他寄予无限的希望。①

在袁世凯争取维新派信任的同时，他也想方设法谋取慈禧太后宠臣荣禄等实力派重臣的信任。他不断进京走访荣禄、刚毅等朝中显贵，百般谄媚邀宠，极尽巴结之能事。尤其是在荣禄担任直隶总督之后，袁经常逗留在天津，与荣禄关系更为亲密，他曾对知己徐世昌得意地说"相待甚好，可谓有知己之感"。

作为沉浮宦海多年的袁世凯，他不会不明白，维新派和守旧势力斗争的双方一边是皇帝，一边是太后，他见两边都可能有利可图，便两边讨好，脚踏两只船。但是，当维新派把关乎生死的"围园劫后"的重任托付给袁世凯时，他却权衡起了利弊，看到慈禧太后的势力远远超过了光绪皇帝，他便决定出卖维新派，投靠后党走升官之路。

袁世凯因告密有功，受命署理了几天直隶总督，其新建陆军还得了4000两赏银，慈禧太后为表示对他的信任，还特准他在西苑门内骑马。此后，袁世凯便以慈禧太后和荣禄为靠山，走上了飞黄腾达的捷径。当时，社会上流传着一首三言歌谣"六君子，头颅送。袁项城，顶子红。卖同党，邀奇功。康与梁，在梦中。不知他，是枭雄"，极大地讽刺了袁世凯出卖维新派的做法。②

当时，著名的维新派人物严复（1853—1921 年）曾指出有三类假维新人，其中一类即是极守旧之人，及见新法，不欲有一事为彼所不知不能，乃"毛举糠秕，附会经训，张唇植髭，不自愧汗，天下之人翕然宗之，郑声战雅，乡愿乱德，维新之种将为所绝"③，事实上严复话语所指的这类人原型正是袁世凯。

2. 窃取共和

1911 年 10 月 10 日，武昌起义爆发，当晚革命军占领武昌，12 日，武汉三镇全部光复，以此为标志，辛亥革命拉开了大幕。武昌起义发生之时，袁世凯早已因不受摄政王载沣的待见而退居洹上，蛰伏于乡野的

---

① 黄毅:《袁氏盗国记》下，文海出版社 1917 年版，第 87 页。
② 余沐:《正说清朝十二臣》，中华书局 2005 年版，第 203 页。
③ 《严复诗文选》，人民文学出版社 1959 年版，第 112 页。

袁世凯表面上垂钓于僻静，实际上仍然密切地关注着朝堂的风云。武昌起义给了袁世凯绝好的复出机会和议价筹码，所以当清廷下旨任命他为湖广总督，要他率北洋军去镇压革命时，他却借口"足疾未愈"故意拖延，实际上是要待价而沽，显然，清政府拿出来交易的筹码太小，清廷给他的权力并不能满足他的欲望。袁的胃口是要掌握清廷的全部军权，由于面对革命军势成燎原，各地起义烽火越烧越旺，全国各省纷纷起事独立的危局，清廷的满族权贵也只好被迫答应袁的一切要求。借着辛亥革命的东风，袁世凯成功完成了自己权力的复苏与膨胀，控制了旧时权力至高无上的清政府，就连皇太后和小皇帝也已是他的囊中之物、把玩的傀儡。

但是，袁世凯对于权力的欲望并没有以此而终，他也并不真心为朝廷效力，袁世凯从来都不会忠于谁，他一生孜孜不倦玩阴谋、耍手段的不竭动力是内心对于权力的崇拜和狂热。袁世凯视权力如生命，在追求权力的道路上，他从来都是主动出击，不择手段。根据辛亥革命的形势，袁世凯又开始运用纵横捭阖、软硬兼施、威逼利诱、明枪暗箭等各种政治手腕向革命力量发起了新的攻势。他的计划是表面上同情革命，拥护共和，诱骗革命党人上钩，然后迫使清帝退位，自己当上总统，最后建立起一个以自己为核心，打着民主、共和旗号的统一的中央政府，变中国为袁氏天下，这才是他的最高目标。为了达到他的终极目标，袁世凯精心策划着他的每一步行动，首先，他采取软硬兼施的手法，巧妙地周旋于革命力量与清王朝之间，利用双方的矛盾和弱点，既以清王朝为工具去压制南方的革命力量，迫使其就范；又借革命力量威胁、要挟清政府交出它的全部权力，从而达到一箭双雕的效果。

对于革命党人，袁世凯先是先后多次派代表与革命党人黎元洪及其代表进行接触和谈判，为自己诱和招抚革命党人争取条件。但当袁世凯的这种"和平"攻势没有取得他想要的结果时，便命北洋军队攻陷汉阳，隔江炮轰武昌，在军事上给革命党人以打击，把严酷的现实和空幻的和解建议同时甩在革命党人面前，再加上外国势力的施压，软弱的革命党人只好同意停战和议。在议和谈判期间，袁世凯一面令其爪牙向南方革命党人大摇"和平"的橄榄枝，骗取总统职位；而另一只手却紧握屠刀，肆意杀戮北方各省革命党人，"将北方诸省爱国志士，悉加以土匪之名"①进行血腥镇压，以巩固自己的地盘。他想万一议和不成，亦可据北方数省与革命军对抗。正当袁世凯耍尽花样，通过各种渠道竭力推行反革命两面派政策时，为"制止各省代表与袁世凯中途议和"，"以贯彻全国彻底革命初旨"②，革命党人不顾袁世凯和立宪派的破坏，于 12 月 27 日在南京举行了十七省代表会议，选举孙中山为临时大总统。这件事使袁世凯先前的如意算盘落空，使他极为恼火，他又一次决定采取武力威胁。他指使北洋将领群起发出反对共和政体，誓死抵抗的通电，并违背停战协定，炮轰武昌。在各种力量的压迫下，革命党人被迫同意在清帝退位和袁世凯赞成共和的条件下，把政权让给他。

对于清政府方面，在革命浪潮的冲击下，清廷本已奄奄一息，它之所以能苟延残喘，完全是由于袁世凯别有用心的维持。③ 所以，关于清帝退位的问题，袁世凯早已胸有成竹。他先是秘密地把退位优待条件告诉奕劻，并说用兵实在无把握，为清室及满人安全计，以退位为上策。然后，他又戴上一副"为民请命"的假面具，率领全体阁员上奏隆裕太后说："军民之意，万众一心，坚持共和。"政府"饷无可筹，兵不敷遣，度支艰难，计无所出"只得要求"皇太后、皇上召集皇族，密开果决会议"，"速定方针"。④ 一些少壮亲贵因袁用清朝皇位去换自己的总统，而对他越加仇恨，袁见少壮亲贵情绪激愤，单凭口舌难以令其就范，于是再一次使用他惯用的伎俩，调部分北洋军进京，用武力进行威慑。袁世凯表面上否认自己谋求共和总统的志愿，但暗中却密切和心腹爪牙联络布置，推行"共和不独立之计划"，掀起"请愿共和"的风潮。⑤ 袁世凯的喉舌心腹、北洋将领、北方各省谘议局、驻外各公使及地方官吏，或先承旨意，或揣摩迎合，纷纷请求共和，奏电如雪花一般飞到北京。在"请愿共和"的喧闹声中，再加上朝廷中幕僚秉承袁的旨意，不时入宫恐吓隆裕太后，动以利害。隆裕太后无可奈何，只得听从袁世凯的安排，

① 李宗一：《袁世凯传》，中华书局 1980 年版，第 168 页。
② 胡鄂公：《辛亥革命北方实录》，中华书局 1948 年版，第 104 页。
③ 李宗一：《袁世凯传》，中华书局 1980 年版，第 172 页。
④ 杨玉茹：《辛亥革命先著记》，科学出版社 1957 年版，第 270 页。
⑤ 王锡彤：《抑斋自述》，河南大学出版社 2001 年版，第 29 页。

下诏退位。至此，统治中国二百六十八年的清王朝宣告垮台，袁世凯的目标初步实现。

清廷既已垮台，总统之位也已是囊中之物，但在何地就职的问题上，袁世凯又玩起了心眼。北方各省是袁世凯多年经营的地盘，他不愿意南下就职，使自己失去凭依，受限于南方革命党人。袁世凯先是请求与他利益一致的各帝国主义势力出面干涉，但没有达到既定目的。之后，袁世凯又假惺惺地装出热烈欢迎北上专使的嘴脸，甚至讨论南下路线，来麻痹革命党人。其实，这个好玩弄政治骗局的阴谋家却在筹划一个新的诡计。他授意手下将领在北洋军营房散布"都将南迁，尽散北军"的流言，接连在北京、天津等地制造动乱，恣意剽掠中国人的财产。这次兵变是由袁世凯一手导演的话剧，他想借此证明自己的确不能离开北京。袁世凯的兵变方策，果奏奇效，各地纷纷指责南京临时政府"争执都会地点，酿此大变"。[1] 孙中山不得不再次让步，允许袁以电报向参议院宣誓，在北京就职。就这样，袁世凯终于攫取了国家的最高权力，辛亥革命的果实被袁世凯握在了自己的手上。

3. 刺宋迷局

袁世凯篡夺了民国大总统之后，为了笼络民心，他表面上效忠共和的誓言及虚伪的姿态增加了资产阶级各派系在中国实现议会民主政治的幻想。袁世凯一直密切地注视着各党派的活动，对与他为敌的国民党尤为注意。他一面暗中派人打入国民党，刺探情报；一面千方百计地拉拢国民党上层人物。尽管袁世凯绞尽脑汁地削弱国民党的力量，但国民党在 1912 年底至 1913 年初的国会大选中仍然取得了胜利。在参议院和众议院两院议员中，国民党共占了三百九十二席，其他各党合起来仅占二百二十三席。[2] 这次大选的获胜，使国民党人踌躇满志，准备利用在国会的优势，组织真正的"政党内阁"，削弱袁的权力，并预定由宋教仁担任内阁总理。

宋教仁（1882—1913 年），字遁初，号渔父，湖南桃源人。早年曾就读于漳江书院，1903 年在武昌学习时已萌革命思想。武昌起义后，曾与黄兴协助湖北都督府办理外交事务，后任南京临时政府法制局局长、农

---

① 朱汇森：《中华民国史事纪要》，台北"国史馆"1987 年版，第 310 页。

② 费正清：《剑桥中华民国史》，中国社会科学出版社 1994 年版，第 254 页。

林总长。宋教仁是一个有理想、有操守的革命党人，忠实于资产阶级民主制度，是一位久经革命斗争考验的难得人才。宋教仁一直期盼着用《临时约法》和国会来限制袁世凯的独裁，以实现他心中早已仰慕的欧美式资产阶级民主政治。他每至一地，势必演说，宣讲其民主政治理念，抨击时政，鼓吹责任内阁，公开揭露袁世凯的种种专制阴谋。

国民党 1913 年初在国会选举中取得的胜利，使袁世凯面临权力被进一步限制的前景，甚至达到要他下台的地步，这使他十分气恼，更何况宋教仁是一个意志非常坚定，不能用金钱收买或武力恐吓的不受羁绊的革命党人。在权力发生危机的时刻，这位善玩手段的高手却等不及用手腕扳倒宋教仁，而是急不可耐地选择使用极端的流氓手段，密令爪牙进行暗杀，好除去心腹大患。1913 年 3 月 20 日，宋教仁在上海遭枪杀，两天后逝世，终年仅三十一岁。袁世凯得到宋被刺的消息，满心高兴，但表面上却装出十分惊讶的样子，并假惺惺地发报谴责暗杀之风，下令缉拿真凶。同时，他又凭空捏造了国民党内部因互相倾轧，明争暗斗，才造成了宋被害的流言蜚语，以扰乱视听，转移舆论目标。这种传言可能还会造成国民党内部相互猜疑，加深矛盾，从而陷入无休止的争斗而力量大大削弱。再一次，袁世凯挥舞着一把双刃剑，其手段之卑劣，用心之险恶可见一斑。然而，这一次历史偏偏与他作对，事后一系列证据表明，这次袭击是在袁政府的办公室里策划的。① 谋杀宋教仁的主谋不是别人，正是袁世凯和国务院总理赵秉钧，同谋系洪述祖(挂名内务部密长，实际是袁世凯直接指挥的特务头目，专门负责监视和对付革命党人)，具体指挥应夔丞(是洪述祖奉命收买的重要特务，曾因违法乱纪被孙中山撤职，故对孙中山等人怀恨在心)，凶手正是武士英(应夔丞所收买的兵痞)。刺宋案似乎到此结束了，不过之后的续集却更令人唏嘘，参与谋害宋教仁、为袁世凯做帮凶的凶手们却遭遇了袁世凯的毒手，最后的结局也都一样凄惨，凶手武士英在开庭前暴死狱中；指挥者应夔丞接着蹊跷遇刺身亡；应氏被刺后，时任直隶总督的赵秉钧大有兔死狐悲之感，而袁佯装糊涂，推说不知应氏为何人所害。然而仅隔七天，赵就突然中毒，七窍流血身亡。袁为掩盖事情真相，防止日后泄露天机，这才杀人灭口，

---

① 李宗一:《袁世凯传》，中华书局 1980 年版，第 208 页。

大有"宁肯我负天下人，不可叫天下人负我"的曹操之气。

4. 复辟帝制

镇压二次革命之后，袁世凯加快了建立封建独裁统治的步伐，恣意破坏民主制度，又在他自己的一手操纵下制定出袁氏《约法》。新约法把袁世凯两年来恣意破坏资产阶级民主制度所攫取到的各种封建专制特权，用法律的形式肯定了下来，而且为他进一步扩张权力提供了"法律依据"。此后，袁世凯按照新《约法》，更准确地说是随心所欲地对政府机构进行了改组，其所设"新机构"大都由前清制度脱胎而来，就连气派和仪式也无不模仿帝王。袁世凯半生都匍匐在皇权之下，非常羡慕帝王的淫威，把做皇帝视为人生权力、荣誉、享乐的极峰。前几年他没有称帝，是由于自觉客观社会条件不允许，而如今最大的社会障碍——资产阶级民主派被清除了，自己得了天下，称帝的欲望也越来越强烈了。

袁世凯虽已决心复辟帝制，但为了给自己窃国称帝披上一件合法顺民的外衣，他早已多方经营，采取了一系列的行动为自己称帝做舆论和组织上的准备：第一步，在思想意识形态领域，袁世凯先后颁布了"尊崇孔圣文"令和"祭孔令"，[①] 公开恢复了前清的祭孔和祭天制度。他企图用神权来对抗民权，把自己不得人心的独裁统治说成是上天神圣意志的表现，谁要反对他，谁就是上逆天理，以便为下一步恢复帝制做舆论上的准备。第二步，袁世凯极力谋求与清室复辟派的和解，争取他们为自己效力。比如他曾屡次电邀康有为入京"主持各教""共天下之事"；[②] 坚持优待清室；大力起用前朝遗老等。很显然，这是袁世凯在为自己恢复君主制度修桥铺路。第三步，袁世凯为取得日本帝国主义势力支持自己称帝，竟全然不顾广大爱国民众的强烈反对呼声，私下与日本签订灭亡中国的二十一条。事后，他却大言不惭地讲"爱国"来遮掩自己的卖国行为。但爱国志士并没有被他的花言巧语所蒙蔽，他见欺骗不生效，便公开采用高压手段，疯狂镇压反日爱国运动，屠杀中国人民。与此同时，袁世凯又示意手下爪牙成立一个推动帝制的机关。于是，那些阿谀奉承之辈便连忙联名成立"筹安会"，并且连续抛出鼓吹帝制的文章，其

---

① 沈云龙：《民国经世文编》，上海经济文社 1914 年版，第 39 页。
② 李宗一：《袁世凯传》，中华书局 1980 年版，第 259 页。

中杨度的《君宪救国论》是有代表性的一篇，文章杜撰了完全不可信的论据，妄图证明只有实行君主制才能救中国。筹安会成立后，立即派出专员到全国各大城市进行活动，要求各地派代表进京，"讨论"国体，并向参议院投递请愿书，要求改变国体。刹那间，北京出现了各种请愿团，什么"商会请愿团""人力车夫请愿团"，甚至还有流氓操纵的"乞丐请愿团"等，袁世凯就是依靠这些乌七八糟的丑类，来表示"人们"对帝制的"狂热"。① 最后，在袁世凯及其爪牙的导演下，参议院于 1915 年12 月 11 日召开会议以一千九百九十三票赞成君主立宪，没有一票反对，也没有一张废票，并且一致推戴袁世凯为中华帝国皇帝。在晚清民初几十年的政治斗争中，袁世凯真正谋取了一言兴邦，一言丧邦的巅峰地位。他结束了一个时代，也开辟了一个时代，先是结束清朝代以民国，后又结束民国代以洪宪王朝，但是袁氏逆时代潮流而动的行为很快遭到各界的声讨，就连北洋集团内部也出现反对的声音。最后，在全国上下一致声讨中，归于败亡。

　　生于乱世，成于乱世，败于乱世，这是袁世凯一生的写照。面对腐朽没落的社会，面对内忧外患的局势，袁世凯所考虑的并不是怎样改变腐败的社会，而是如何利用这个社会的腐败，爬到它的最上层去。他把一切都当作爬上去的手段，只要有助于他实现阴谋和野心，不论是人是鬼，一律加以利用。为了保全自己，对一切妨碍他的人，他都弃之如敝屣，必欲除之而后快。他先是在维新运动中出卖维新人士，投靠后党走升官发财之路，后又在辛亥革命之时，为了自己的利益又逼迫隆裕太后退位；他先是投机辛亥，承认共和，后在得到了临时大总统之位后，又一步步破坏共和，洪宪复辟。这种过河拆桥的做法可以说伴随袁世凯的每一步"成功"之路。

（三）袁世凯马基雅弗利主义人格的反思

1. 袁世凯的马基雅弗主义人格的形成深受其早年经历的影响

　　经典精神分析理论认为，个体人格的形成，都会或多或少受其早期家庭教育及其经历的影响，而在袁世凯身上，他早些年的经历对其马基

---

① 黄毅：《袁氏盗国记》下，文海出版社 1917 年版，第 60 页。

雅弗利主义人格特点的形成影响尤为显著。

　　袁世凯出生于河南项城的一个封建官宦家庭，以"书香门第"自诩的袁氏家族一向崇拜皇权，一心想依附皇帝取得高官厚禄，而太平天国运动的兴起掀起了当时人民奋起反抗清朝统治者的高潮，一时农民革命运动在中华大地上如火如荼地进行着。袁氏家族极端仇视农民革命，认为造反是"上逆天理，下违父教"。所以，袁家的男人们都在袁世凯叔祖父袁甲三的带领下全力投入到绞杀捻军的反革命战争中，袁世凯的童年生活便是在全家对抗捻军的环境中度过的，他不仅观看过战斗场面，并且从他的父兄那里不时听到捻军"杀人放火"的故事。因此，在他幼年的心灵里便埋下了仇视农民起义的种子。所以，在之后袁世凯手握兵权之时，不管是镇压义和团运动，还是绞杀辛亥革命，手起刀落，绝不含糊。虽然说镇压革命是袁世凯谋求权力的手段，但从中我们也不难看出，潜意识里袁世凯从来都视农民革命如洪水猛兽，即使慈禧太后对外宣战，命令各省督抚"招团御辱"的时候，袁世凯私下里仍对逗留在其管辖范围内的义和团，加以"假义和团""黑团""土匪"等罪名，"立正典刑"，横加诛戮；[①] 即使在他深知清廷大势已去，民主共和大势所趋的时候，他仍坚定地说："余不能作革命党，余且不愿子孙作革命党。"[②] 如此两点，袁世凯仇视人民、仇视革命之心更是昭然若揭。

　　袁世凯七岁之后，便一直跟随嗣父，从项城到陈州、从陈州到济南、从济南到南京，虽是小小年纪但花花绿绿的大千世界，形形色色的官场曲折已在他面前次第展开，在他幼小的心灵上逐渐启蒙。特别是他自命不凡的嗣父袁保庆随手将自己做官带兵的心得记录下来，题名《自义锁言》，并常常讲给袁世凯听，如"人言官场如戏场，然善于做戏者，于忠孝节义之事能做得情景毕现，使闻者动心，睹目流涕，官场如无此好脚色，无此好做工，岂不为优人所窃笑"；又"古今将兵……必先以恩结之，而后加之以威，乃无怨也。不然则叛离随之"等，这些话，对为钻营官场，带兵打仗的人，绝对是真知灼见。从日后投入官场的袁世凯能用小恩小惠笼络住徐世昌、冯国璋、王士珍等一大批文人武将为其效命；

---

① 　明清档案馆：《义和团档案史料》上，中华书局 1959 年版，第 187 页。
② 　王锡彤：《抑斋自述》，河南大学出版社 2001 年版，第 17 页。

能在河南乡下执杆垂钓两年,而牢牢控制着北洋军队;能同时对清廷和南方革命党人软硬兼施,哄得清廷退位,孙中山让出大总统职位还说"袁世凯既有新思想又有新手段"①,我们就不得不承认,在这方面独具天赋的袁世凯,对他嗣父的《自义锁言》的确是领略其中要义了。这本书对袁世凯一生为人处世、调兵遣将之计所起的潜移默化的作用是显而易见的。

袁世凯的嗣父袁保庆突患霍乱去世后,他又投靠了两位在北京做官的堂叔袁保恒、袁保龄。当时袁保恒刚调任刑部左侍郎,工作繁重,袁世凯便帮助叔父跑跑腿、办办事,这样,他便开始直接在官场上穿梭来往了。清末的北京官场贪污纳贿、奸诈伪善,污秽不堪,袁世凯凭着他的灵性和对官场习气的耳濡目染,其钻营官场的本领和技巧也迅速熟练起来了。这一套深谙官场、尔虞我诈、见利忘义、阴险奸诈、为达目的不择手段的为人处世的方法和态度也逐渐内化为袁世凯马基雅弗利主义人格特点的一部分。

1915年袁世凯的心腹大将冯国璋听到复辟帝制的风声,入京探听内幕之时,袁世凯曾对他感慨万千地说:"你我都是自家人,我的心事不妨向你说明:我现在地位与皇帝有何区别?所贵乎为皇帝者,无非为子孙计耳。我的大儿子身有残疾,二儿想做名士,三儿不达时务,其余则都年幼,岂能付以天下之重?"②虽然这一通话是袁世凯为稳住冯国璋而做的虚词,但那句"所贵乎为皇帝者,无非为子孙计耳"似乎又道出了袁世凯的几分心思。在这里从心理学角度大胆推理一下:袁世凯自己的亲生父亲袁保中系副贡出生,花钱捐了个同知,没有正式出仕为官,为袁世凯的长久发展之计,其父将其过继给袁保庆,由于嗣父、堂叔的相继去世,袁世凯依靠的后台逐一垮掉,他不得不返回那个闭塞落后的河南乡村,由此,曾经官霸一方的袁氏大家庭也由盛转衰,习惯于一帆风顺、称心如意的城市官僚生活的袁世凯很不习惯乡村生活,这一创伤性事件对袁世凯后来的人格塑造有重大影响。再加上后来再一次乡试落第,前途迷茫,生活多少有些窘迫,

---

① 沙铁军:《袁世凯传》,湖北人民出版社2010年版,第184页。
② 李宗一:《袁世凯传》,中华书局1980年版,第259页。

笔者想那时心烦苦闷，郁郁不得意的心境袁世凯一定记忆犹新吧！少年时的这一创伤性事件，肯定在袁世凯的脑海中留下过深刻的印象，他深深体会到为人臣者，即使盛极一时，一旦得权者逝去，家财声名亦随之散去，子孙也终无所依。而贵为皇帝者，其子孙亦为君王，享尽荣华富贵。所以，迟暮之年的袁世凯敢冒着天下民众的强烈抗议，公然复辟帝制，这其中或多或少也包含了几分为后世子孙做打算的心思吧？

2. 袁世凯的马基雅弗利主义人格是封建专制体制下的悲剧

袁世凯出生在一个典型的封建地主大家庭中，祖父辈都受过传统的封建教育，思想保守，做官以后大都以"纯儒""卫道者"自命。袁世凯从小生活在这种封建官僚思想的家庭氛围中，也逐渐形成了维护自己阶级利益的封建专制思想，凭借着在旧官场耳濡目染习得的一套钻营投机本领，加上用封建忠效思想控制军队，袁世凯掌握了全国军权，自此袁世凯在晚清的政治舞台上开始纵横捭阖，游刃有余，从一个庆字营中的小士卒一步步走向政治舞台的中心。这样一个权势熏天的人物，既是地主官僚阶级的一员，也是中国官僚资产阶级的前身，其政治立场只能代表统治阶级的利益，一切都以是否有利于清政府的统治，尤其是以有利于自己获取政权为转移。这种封建专制思想逐渐内化为袁世凯马基雅弗利主义人格的一部分，也日益主导着袁世凯的行为。在旧的体制下，袁世凯前大半生依靠这种封建官僚专制思想的指导确也取得了不少权力荣耀。但是随着社会新思潮的不断涌入，民主共和的观念深入人心，而袁世凯的政治思想仍坚守着封建专制的营垒，从效忠皇室到主张立宪，从主张立宪到拥护共和，虽然袁氏顺应了中国宪政运动的潮流，但每一次转变都不是个人政治思想自觉进步的结果，而是其观察时势、审慎再三的权宜之计。

所以当辛亥革命取得胜利，袁世凯攫取中华民国临时大总统之位后，议会、责任内阁等民主制度开始让袁世凯"水土不服"了。袁世凯对革命后政治上和社会上的开明感到不安，他认为学生已变得难以驾驭了；他感到妇女平等的鼓吹者是在抨击家庭，因而也是在抨击社会秩序；他抱怨说，官僚政治的纪律已经荡然无存了。袁世凯这位在清朝曾积极推动君主立宪运动的改良主义官员，作为总统，却不能够或不愿意去适应民国分权的、自由主义的环境。民国的社会松散以及在实践中对他的中央集权政府施加的"过分"限制，使他感到生气。① 袁世凯始终不理解现代社会中任何比较深刻的变动，在他看来，民主主义的制度是罪大恶极，只有封建专制主义的统治方式才是天经地义的。他认为中国数千年都是帝王君临天下的历史，只有改朝换代，没有革命；辛亥革命只是给社会带来巨大破坏的血腥暴乱。这种极其反动的政治观点其实是其封建专制官僚思想的结果，也是后来鼓动袁世凯复辟帝制的心理魔鬼，更为袁世凯后来的悲剧结局埋下了重大伏笔。

3. 马基雅弗利主义人格是袁世凯悲剧结局的主要原因

在后人心目中，袁世凯最遭非议之处有二：一是帝制自为，二是卖国。正因为此，袁世凯才被贴上了"乱世奸雄""窃国大盗""卖国贼"等多种标签，也一再地被后世史家以道德判词加以痛贬。其实，当此帝制与共和两个时代交递的关键时刻，他确曾起过重要的桥梁作用，这一时期袁世凯被世人看作一个能稳定政局的人物，一个在专制政体倾覆后能重建和平和秩序的人物。他本可以成为中国历史上为数不多的杰出政治家，本可以成为他曾经期望成为的中国的华盛顿，然而袁氏上台后，倒行逆施，背叛民国，帝制自为，成为国家和民族的千古罪人，这是其咎由自取的结果。②

近些年来，有不少学者在探讨袁世凯称帝的种种原因，其中不乏相当一部分学者为其复辟帝制开脱：认为袁世凯复辟帝制有很大程度的客观条件在起作用，其中包括：（1）民国初期，中国统一的政治权威丧失，政局动荡不稳，袁世凯正是看到了民主政治的种种弊端才决心加强中央权威。因此，袁世凯决定退回到帝制时期，通过传统的方法来恢复中央权威，加强中央集权。（2）社会上逐步高涨的君主立宪舆论配合了局势的发展，也为袁世凯称帝提供了理论依据。（3）德国、英国、日本等国在称帝问题上对袁世凯表示的支持和赞成，坚定了袁世凯变更国体，走向帝制之路的决心。（4）聚集在袁世凯周围的一群专事谄媚的食客对于其恢复帝制，当封建王朝的皇帝，成为历史的罪人等这些愚蠢的妄为也

---

① 费正清：《剑桥中华民国史》，中国社会科学出版社1994年版，第277页。
② 马勇：《袁世凯帝制自为的心路历程》，《学术界》2004年第2期。

起到了推波助澜的作用。①

不过从心理学研究的观点去考察这一事件的来龙去脉，可以看到袁世凯帝制自为虽有一系列偶然因素在其中起到发酵、促进的作用。但外因总归是通过内因起作用，束缚袁世凯内心深处的封建专制思想使他对民主共和制度深感失望。诚如上文所分析的那样，加之他不择手段加强个人独裁的种种做法以及对于身穿龙袍的迷恋，使他在各方面的压力和诱惑下，最终走上了帝制之路。袁世凯在帝制失败后也坦然地承认"此是余自己不好，不能咎人"②。这真可谓"成也萧何，败也萧何"！马基雅弗利主义成就了袁世凯前大半生的权力荣耀，但最后也葬送了他本可以光辉灿烂的政治前程。

三 现实启示

（一）对历史人物评价的启示

历史本来就不是一幕幕黑白影片，相反，它是一幅幅色彩斑斓的彩色照片。我们看到什么样的历史图像，很大程度上取决于我们是不是"色盲"，也取决于我们怎么剪辑和解释这些彩色的图片，对于走过历史的重要人物，我们应当把历史人物放到其所处的历史时代中去、基于史实进行客观的评价。一方面我们反对全盘否定、苛求古人的错误，但另一方面也不赞同刻意拔高、矫枉过正，基于史实，有褒有贬，让上帝的归上帝，让撒旦的归撒旦。所以基于上述历史唯物主义的客观立场，张居正并不就是全红的，而袁世凯也不是全黑的。

由于我们今天改革开放的大时代，主流媒体对于明朝历史上万历新政的主导者张居正一直都是批评限制，褒扬有加，甚至是过度拔高，我们评价张居正，主要看他的政绩和影响。无疑，他是明朝历史上一位举足轻重的人物，具有传统政治家的优秀政治品格。他教育、辅佐幼主十年，弼成万历初政，鞠躬尽瘁，死而后已，堪称一代良相。张居正利用专制权力，强化管理，振衰起弊，使明朝出现了短暂的中兴，是少有的

---

① 母书鹏：《民国初期袁世凯走向帝制之路的原因探析》，《兰台世界》2011 年第 25 期。

② 黄毅：《袁氏盗国记》下，文海出版社 1917 年版，第 146 页。

治世能臣，是传统意义上的大政治家，张居正的施政几乎没有受到多少批评，被批评的是他的贪权、专权、个人操守和政治道德。张居正对旧制度修修补补，使其得到加固，如同给垂死的旧制度打了一针强心剂，延缓了它的寿命。但是，通过加强专制巩固旧制度，是与当时迅猛发展的社会经济和思想解放潮流背道而驰的。所以，张居正死后，社会变迁的潮流如同洪水冲决堤岸，不可阻挡，明朝历史进入了转型期。张居正成了最后的卫道士，历史走向了他的反面。

改革开放以来，袁世凯也由全黑逐渐漂白，史学界对袁世凯的评价不再是全盘否定，而是逐渐趋于多元化，也逐步地肯定了袁世凯顺应历史潮流、顺应社会发展进步的一些有力有为之举，比如，袁世凯在西风渐进的情况下，练新兵，变军制，力倡军事改革，成为中国军队现代化的领头人；他不惜开罪旧式文人士族，适时地废除了在中国实行了一千多年的科举制度，开创中国文化教育新局面；任职直隶总督兼北洋大臣六年期间，在辖区内大推新政，将直隶建设成全国的"示范省"；武昌起义后，顺应革命潮流，终结了清王朝在中国的统治；担任中华民国大总统期间，制定了一系列鼓励和刺激工商业发展的政策和措施，加强了民生建设等。但袁世凯本质上是擅长权术的旧派人物，同时从某种程度上来说也是爱国者和民族主义者，对中国的近代化做出了重要贡献，他最大的败笔在于称帝，洪宪改元，开历史的倒车，袁世凯本身是一个缺乏现代政治和法律意识的人，他只是一个旧式的权臣，让他来领导一个社会的转型，不会也不可能成功。

（二）对当今从政者的启示

第一，谋一己之私，还是谋万民之利？历史上关键人物的重大抉择，治乱兴替，不仅在一定意义上决定着个人的成败，甚至还关乎国家的盛衰、民族的兴亡，这对当今从政者极具借鉴意义。袁世凯这个人确有阴险狡诈、富于权谋、出尔反尔等个性特征，也有破坏民主、丧失主权、复辟帝制等罪行，但我们也不能否认袁世凯的个人才能在其争权夺势过程中所发挥的重要作用，更不能否认其有值得称道与肯定的地方，否则便不足以说明他何以能够脱颖而出，成为他那个时代最强有力的人物，更无法解释他何以能成为中华民国第一任正式大总统，或许我们可以大方地承认，袁世凯的才能是第一位的，他的钻营之术只是第二位的。但是作为一个政客或当权者的袁世凯，他虽为人精明，长于应付各种事物，但从未想过把才能应用在治理国家，使之走上民主化道路这一方面。相反的却是，在国家内忧外患，民族危难之际，他仍然以自己获取权力为重，倒行逆施，背叛民国，帝制自为，全然不顾人民生命财产安全、国家主权的丧失，那么这样一位弃人民与国家于不顾的独裁者，也必将被背后的人民所抛弃，使他本可辉煌灿烂的一生黯然失色，使他本可获得名垂青史的美谥一夜之间变成遗臭万年。

第二，政治理想决定政治前途。在中国的语境中，政治家和政客虽都是搞政治的人，但评价却是判若霄壤，一个人若被定为政治家，便会紧跟着伟大、光明、正确等一系列溢美之词，而若是被说成是政客，便有着投机、玩弄权术、谋取私利之类的贬斥。在比较崇尚成王败寇的中国，在政治家和政客的评价方面倒比较辩证，一个人即使失败，也有可能被誉为政治家，一个人即便成功，也有可能被斥为政客。但如何判定，虽仁者见仁智者见智，但总体说来，不外乎其所从事的事业是否"符合正确的历史潮流"，是否符合"公众的长远利益"云云。所以说，一个政治家或当权者，他的政治理想才是第一位的，那就是为广大人民谋福利，为自己的国家谋发展，这才是至关重要的。正如张居正告勉自己所说的"得失毁誉关头若打不破，天下事无一可为者""苟利社稷，生死以之"，这都是大吕黄钟般的铮铮之言。否则，即便他有过人的才能和娴熟的权谋之术，最后也只能像袁世凯一样沦为国家和民族的千古罪人。这是任何一个想要或正在政治舞台大施身手的政客们应该铭记在心的，在强力反对腐败的今天持续落马的"老虎"就重复验证着这一点。

第三，人格引领事功。张居正和袁世凯都在各自所处的时代建立了赫赫事功，都从勋臣走向了重臣，甚至权臣之路，但固于封建时代、囿于专制体制、限于自我素质，两位主人公都很遗憾地用事功淹没了人格，都未能做到用人格引领事功。当然，从政者做到用人格引领事功是很难的，无论是张居正，还是袁世凯，儒学义理往往已经没有什么约束力可言，其毕生事业都是讲利害而无论是非，价值思考基本缺位，而且由于德行力量的薄弱，无论张居正还是袁世凯在约束自我和约束属下方面离传统义理标准都相去甚远，甚至沉溺于自己的马基雅弗利主义人格之中，所以两位主人公及其属下徇私枉法的丑闻不少。正是由于两位主人公道德感召力缺乏，难以使天下有识之士云集景从，在他们身边聚集起来的更多只是缺乏原则的宵小之徒，贪名求利，难堪大任，因此无论张居正还是袁世凯，终是人亡政息，树倒猢狲散，草草收场。但同样是从政者，周恩来总理却真正做到了用人格引领事功，早在青少年时期，周恩来就立下"吾将公之天下，使四万万人共得而仆之"的远大志向，正是在与人民群众风雨同舟、生死与共的实践中，锤炼出为人民服务所需的精神品格和实践能力，而且他用崇高的风范和伟大的人格真正影响、团结和感召了一大批志同道合的同志、朋友投身于社会主义革命和建设事业中来，周恩来总理事功高，人格更高。在今天中国历史上空前的社会大转型中，周恩来总理是今天从政者的榜样和楷模，既求事功，更修人格，否则只见事功不问义理，事功亦难有所成。诚如杨国强先生所说，"在新旧嬗递的时代里，不仅需要能识时务的通达，而且需要'方寸之地'的莹彻。没有人格力量做支撑，负重者是难以致远的"①。

---

① 杨国强：《义理与事功之间的徊徨——曾国藩、李鸿章及其时代》，生活·读书·新知三联书店 2008 年版，第 184 页。

第 五 章

构念与测量：中国人马基雅弗利
主义人格问卷与调查（研究二）

一 研究目的

心理学的实证研究必须以测量工具的开发为先导，马基雅弗利主义人格的相关心理学实证研究之所以在国内一片空白，与可靠有效的本土化测量工具缺失是直接相关的。在前面的文献综述中，我们提及了西方已有的马基雅弗利主义测量工具，包括 Mach-IV、Mach-V、Mach-B 和 MPS，但所有这些测量工具在中国的信效度以及对中国被试的适切性都没有实证的检验。我们姑且不提这些工具受到质疑的信效度，[1][2][3] 仅跨文化的理解性就是一个很大的问题。这里仅以 Mach-IV 为例，比如它所包含的项目 "Barnum was wrong when he said there's a sucker born every minute"，明显只限于西方文化的被试，尽管 Mach-IV 是迄今为止西方实证研究中使用最多的测量工具，但可以肯定的是，它同其他已有测量工具一样，都不是我们研究中国人马基雅弗利主义人格的最好测量工具。

一种人格特质的构建需要从具有该人格的典型人群着手，西方实证

① Ray, J. J. , "Defective Validity of the Machiavellianism Scale", *The Journal of Social Psychology*, Vol. 119, 1983, pp. 291 – 292.

② Aziz, A. , & Meeks, J. , *A New Scale for Measuring Machiavellianism*, *Unpublished Paper*, *School of Business and Economics*, College of Charleston, Charleston, SC, 1990, p. 73.

③ King, W. C. Jr, & Miles, E. W. , "A Quasi-experimental Assessment of the Effect of Computerizing Non-cognitive Paper and Pencil, Measurement: A Test of Measurement Equivalence", *Journal of Applied Psychology*, Vol. 80, 1982, pp. 643 – 651.

研究已经发现高马基雅弗利主义人群集中在商业流通业、银行业、零售业的从业人员,尤其是其中的管理者和领导者,①② 而且高马基雅弗利主义者比起低马基雅弗利主义者被更显著地选中到领导的职位上来,③ 相关的研究还发现不同类型的领导者,如魅力型领导、意识形态型领导和实用型领导都展示了程度不同的马基雅弗利主义。④⑤⑥⑦

　　基于此,本研究拟以中国的行政领导干部作为中国人马基雅弗利主义人格的典型人群,对其进行开放式问卷调查和访谈,并在借鉴国外已有的理论和实证研究成果的基础上,结合研究一的结果发现,来编制符合国内实际、有效的中国人马基雅弗利主义人格的测量问卷。

二　问卷编制

(一)　开放式问卷调查

　　由于马基雅弗利主义人格与领导特质与行为的高度相关性,为了探讨中国人马基雅弗利主义人格的心理构成,对现任行政领导干部进行开放式问卷调查,要求罗列出他们所知晓的官场中厚黑官员的外在典型行为和内在心理特征,不少于 5 项。开放式问卷在某预备役政治指挥军官培训班中进行调查,该短训班由中国人民解放军总政治部、总参谋部、

---

①　Millord, J. T. , & Perry, R. P. , "Traits and Performance of Automobile Salesmen", *The Journal of Social Psychology*, Vol. 103, 1977, pp. 163 – 164.

②　Ricks, J. , Fraedrich, J. "The Paradox of Machiavellianism: Machiavellisnism May Make for Productive Sales but Poor Management Reviews", *Journal of Business Ethics*, Vol. 20, 1999, pp. 197 – 205.

③　Drory, A. , & Glukinos, U. M. , "Machiavellianism and Leadership", *Journal of Applied psychology*, Vol. 65, 1980, pp. 81 – 86.

④　Deluga, R. J. , "American Presidential Machiavellianism: Implications for Charismatic Leadership and Rated Performance", *Leadership Quarterly*, Vol. 12, 2001, pp. 334 – 363.

⑤　Gardner, W. L. , & Avolio, B. J. , "The Charismatic Relationship: A Dramaturgical Perspective", *Academy of Management Review*, Vol. 23, 1998, pp. 32 – 58.

⑥　House, R. J. , & Howell, J. M. , "Personality and Charismatic Leadership", *The Leadership Quarterly*, Vol. 3, 1992, pp. 81 – 108.

⑦　Bedell, K. , Hunter, S. , Angie, A. , & Vert, A. , "A Historiometric Examination of Machiavellianism and a New Taxonomy of Leadership", *Journal of Leadership & Organizational Studies*, Vol. 12, 2006, pp. 50 – 71.

总装备部和人力资源与社会保障部联合主办，拟调查的培训班学员都是平时为民，战时为兵，来自各国各地的地方领导干部，绝大部分行政级别都是正处级。开放式调查问卷在 2009 年和 2010 年的两期学员中发放，其中对 2010 年参训的地方领导干部直接进班现场发放和回收，对 2009 年参训的地方领导干部则通过电子邮件网上发放和回收，共收集到有效开放式问卷 41 份。开放式问卷内容见附录 1。

（二）深度访谈

对在开放式问卷调查基础上，对其中反馈身边有厚黑官员和厚黑事件的 7 名正处级地方领导干部进行了深度访谈。访谈按图 5 - 1 流程进行。

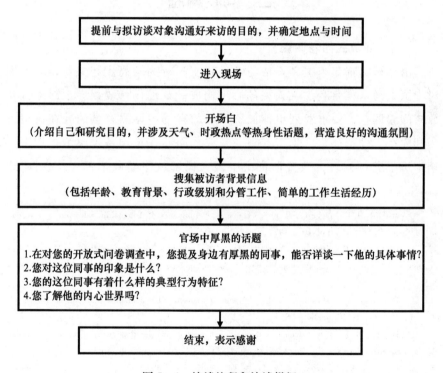

图 5 - 1 访谈流程和访谈提纲

访谈都由研究者独立完成。访谈开始前，首先向被访谈者介绍自己和所从事的研究，解释研究的过程和最终目的，并强调研究的匿名性和保密性，比如承诺研究报告中不会出现被访者个人及所在单位的信息。

访谈中按照既定的访谈提纲保证访谈内容不会偏离主题,同时在访谈中因时制宜、相机而动,对可能的兴趣问题进行深挖,访谈时间控制在 30—60 分钟,以信息饱和为标准。整个访谈通常都会征得被试同意进行录音,以方便资料的整理。

(三) 内容分析

首先对开放式问卷调查搜集的条目进行频数统计,对一些极富个人特异性的条目进行抽象和归纳,使之具有普遍的适用性,开放式问卷调查的结果如表 5 - 1 所示:

表 5 - 1　　　　开放式问卷调查结果 (只限于次数大于 4 的项目)

条目	频次
1. 不择手段	31
2. 把人都想得很坏	22
3. 不讲感情	17
4. 信自己,不信别人	16
5. 不讲道德	14
6. 专注名利	9
7. 暗箱操作	7
8. 感情都建立在利益基础上	6
9. 人与人都是相互利用	6
10. 不按常理出牌	5
11. 说一套,做一套	4
12. 对别人的评价置之不理	4

然后邀请 4 位心理学博士和研究者一道对前期所做的张居正、袁世凯马基雅弗利主义人格质性研究的发现、开放式问卷调查的结果和深度访谈的结果一同进行探讨分析、讨论总结,就中国人马基雅弗利主义人格的内涵和典型特征达成一致意见。

中国人马基雅弗利主义人格的内涵和典型特点包括:

第一,对人性的认知。

反映个体与人为恶的价值观，对人和人际关系总体持负面态度，不相信他人，不相信善意和善举的特点。

代表性的条目和词句包括："小人满街走，君子不见有"，"别人对我好都是冲着我的权势地位来的"，"这个社会小人得志、春风得意"，"只要有机会，人的邪恶就会暴露出来"，"人与人之间的交往很多时候都是利用与被利用的关系"，"人都是为自己的"，"好人都只是好在一时"，"人心险恶"，"世俗的竞争早已将人性善的一面挤下舞台"，"最毒是人心"等。

第二，对情感的漠视。

反映个体在名利面前掩盖自己真实情感，不近人情、漠视真情甚至冷血无情的特点。

代表性的条目和词句包括："讲感情都是要付出代价的"，"感情都是建立在利益基础之上的"，"乐于见到别人落难"，"对别人的同情就是对自己的残酷"，"向外人流露出你的真实情感是极其危险的"，"不讲感情"，"只有无情，才能无敌"，"滥用感情的人不仅是对别人的不负责，更是对自己的不负责"等。

第三，对名利的执着。

反映个体面对要得到的名利目标穷追不放，不达目的誓不罢休的特点。

代表性的条目和词句包括："做自己的事，让别人说去吧"，"既然做了恶人，就要恶人做到底"，"自己想要，自己就要一直想办法"，"不达目的、不能罢休"，"专注名利"，"面对自己应得的利益，千万不要不好意思"等。

第四，对手段的扭曲。

反映个体在人际交往中、在追名逐利的过程中滥用权术手腕、动用歪门邪道的特点。

代表性的条目和词句包括："歪门邪道能解决问题"，"为达目的，需要不择手段"，"遇非常事，用非常法"，"见人说人话，见鬼说鬼话"，"台面上解决不了的问题是需要台下的秘密交易"，"说一套、做一套"，"暗箱操作"，"白的不能解决问题的，用黑的、用黄的"，"大凡行使厚黑之时，表面上一定要糊一层仁义道德，不能赤裸裸地表现出来"等。

(四) 问卷维度构想及项目编写

基于前述的研究,研究者尝试提出中国人马基雅弗利主义人格建构包括对人性的认知、对情感的漠视、对名利的执着和对手段的扭曲四个维度,四维构想图如图 5-2 所示。

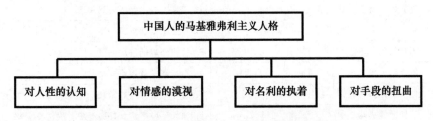

图 5-2　中国人马基雅弗利主义人格的四维构想

同时对前述研究中调查发现的项目和典型词句进行合并、整理与改写以编制初测问卷的项目,删除过于特异化的条目和词句,将一些内容表达敏感(如黑白通吃、涉黑涉黄)的条目和词句进行改写为被试容易接受的项目。项目的撰写以较好地反映人格特质、较好地反映理论构想、含义明确无歧义、表达简练、易于理解为标准。在项目撰写过程中,请中文专业的博士研究生 2 人对初步拟定项目的语言表述进行修订和润色。

随后请心理学专业的博士研究生 10 人对撰写出的项目进行评价,根据他们的反馈意见对项目进行修改和增删。

最后在问卷拟准备施测的大学生群体中找出 20 位大学生,请其填写包括原始题项初步问卷,并在试作答后,由研究者与其逐一讨论他们对问卷的每一个项目及其表达的理解的准确性、无偏性和易接受性,综合他们的反馈意见,预测问卷最终包含 24 个项目(见表 5-2)。

表 5-2　　　　　　　　　　预测问卷最终确定的项目

对人性的认知	对情感的漠视
1. 人都是为自己的	1. 感情都是建立在名利基础之上的
2. 生活早已磨尽人本性中善良真诚的一面	2. 讲感情最后都是要吃亏的
3. 只要有机会,人邪恶的一面就会暴露出来	3. 人与人之间没有什么真正的感情

续表

对人性的认知	对情感的漠视
4. 这世界上最恶毒的就是人心	4. 对外人流露自己的情感是可怕的
5. 最安全的处世原则就是假定人性恶	5. 无情才能无敌
6. 这个社会尽是小人，没有什么君子了	6. 宁许我负人，不许人负我
对名利的执着	对手段的扭曲
1. 外界的干扰不会让我泄气，反而会增加干劲	1. 说是一套，做需要另一套
2. 对自己的利益要始终不抛弃不放弃	2. 自己永远都要留一手
3. 不达目的，不能罢休	3. 歪门邪道能解决问题
4. 不管别人怎么攻击我，我也不会放弃目标	4. 不走捷径就很难成功
5. 挫折只是告诉我需要换用另一种方法	5. 遇非常事，用非常法
6. 坚持才能成功	6. 如果手段严苛，外面要糊一层仁义道德

注：将项目随机排列，形成预测问卷，采用 Likert 五点计分方法，"1"表示完全不同意，"2"表示部分不同意，"3"表示未置可否，"4"表示部分同意，"5"表示完全同意。

（五）项目筛选及正式问卷的生成

在湖北省某高校公共心理学课堂进行预测问卷的施测，由研究者本人充当主试，发放问卷 280 份，回收有效问卷 260 份，有效回收率达 92.86%，其中男性 121 人，女性 123 人，未填性别 16 人，平均年龄为 20.38 岁（$SD = 0.635$）。

1. 项目分析

本研究利用题总相关以及临界比率（Critical Ratio，CR）作为项目区分度的分析指标。CR 的求法是将所有被试按照总分由高到低排列，取得分前 27% 的被试（$260 \times 27\% = 70$ 名）为高分组，后 27% 的被试（70 名）为低分组，对高、低分组被试在每一项目上的得分进行差异显著性检验。题总相关及 CR 分析结果如表 5 - 3 所示。

从表 5 - 3 中可以看出，除了第 3、8、17、22 四个题项经过独立样本 t 检验，高、低分组间的差异不显著，应予以删除外；其余 20 个题项的题总相关都在 0.3—0.8 之间，且项目上高、低分组间的差异均在 0.001 水平上显著，题总相关及临界比率分析结果表明，删除 4 个项目后，该问卷剩余的项目均具有较好的区分度。

表 5 - 3 题总相关及 CR 分析结果

项目	题总相关	t 值	p 值	项目	题总相关	t 值	p 值
1	0.603 **	8.573	0.000	13	0.473 **	4.024	0.000
2	0.432 **	5.918	0.000	14	0.463 **	4.800	0.000
3	0.135 *	1.437	0.190	15	0.425 **	5.210	0.000
4	0.497 **	5.949	0.000	16	0.323 **	4.149	0.000
5	0.398 **	4.029	0.000	17	0.239 *	0.931	0.120
6	0.329 **	3.568	0.001	18	0.701 **	9.135	0.000
7	0.520 **	7.622	0.000	19	0.606 **	8.340	0.000
8	0.141 *	1.233	0.070	20	0.660 **	8.031	0.000
9	0.370 **	3.967	0.000	21	0.326 **	3.539	0.001
10	0.456 **	5.733	0.000	22	0.237 **	1.453	0.090
11	0.521 **	6.417	0.000	23	0.332 **	4.642	0.000
12	0.469 **	5.309	0.000	24	0.493 **	6.218	0.000

注: $* p < 0.05$, $** p < 0.01$, $*** p < 0.001$, 以下相同。

2. 探索性因素分析

项目分析后,将剩余的 20 个项目进行探索性因素分析。在进行因素分析之前,首先需要对数据是否适合进行因素分析进行检验。本研究运用 KMO 测度 (Kaiser-Meyer-Olkin Measure of Sampling Adequacy) 和巴特利特球体检验 (Bartlett test of sphericity) 对该组数据的相关性进行检验。KMO 的值越大表明该组数据越适合进行因素分析,通常标准为,KMO 的值在 0.9 以上为"极好",0.8 以上为"好",0.7 以上为"一般",0.6 以上为"差",0.5 以上为"很差",若 KMO 的值在 0.5 以下则为"不可接受"。本研究中预测数据的 KMO 值为 0.906,Bartlett' 球形检验的 χ^2 值为 947.043 (自由度为 190) 达到显著水平,说明所调查的数据适合进行因素分析。

采用主成分法抽取因子,并进行 VARIMAX 旋转,以特征根值大于或等于 1 为标准进行因素抽取,得到六个因子,同时参考 Cattell 的碎石检

验，碎石图（见图5-3）在第5个因子处变平缓，由此因子数应该确定
为4个。① 对20个项目因素分析的结果如表5-4所示，保留因子负荷值
大于0.40的项目，得到四个因素（解释量为54.795%）。

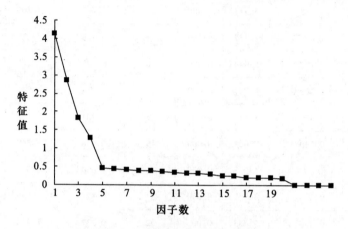

图5-3 探索性因素分析碎石图

表5-4 预测问卷的探索性因素分析结果1（20个项目，$N=260$）

项 目	F1	F2	F3	F4
人都是为自己的	0.704			
世俗的丑陋早已驱逐了人本性中善良真诚的一面	0.677			
只要有机会，人邪恶的一面就会暴露出来	0.617			
最安全的处世原则就是假定人性恶	0.544			
这个社会尽是小人，没有什么君子了	0.426	0.491		
说是一套，做需要另一套		0.770		
歪门邪道能解决问题		0.626		
不走捷径就很难成功		0.553		
遇非常事，用非常法		0.448		
自己永远都要留一手	0.426	0.402		
感情都是建立在名利基础之上的			0.638	
讲感情最后都是要吃亏的			0.624	

① 郭志刚：《社会统计分析方法——SPSS软件运用》，中国人民大学出版社1999年版，第98页。

续表

项　　目	F1	F2	F3	F4
人与人之间没有什么真正的感情			0.444	
无情才能无敌		0.406	0.413	
对外人流露自己的情感是可怕的			0.401	
不达目的，不能罢休				0.763
对于自己的利益要始终不抛弃不放弃	0.581			0.733
挫折只是告诉我需要换用另一种方法				0.630
不管别人怎么攻击我，我也不会放弃目标	0.433			0.526
坚持才能成功				0.472
解释变异量（共计54.795%）	21.673	12.675	10.840	9.607

　　由探索性因素分析的结果可以看出，有 5 个项目有双重负荷现象，且在两个维度上的负荷值比较接近，因而予以删除，对剩下的 15 个项目重复前面的因素分析过程，同样获得四个因素，并且项目和因素之间的隶属关系没有变化，结果如表 5 – 5 所示。

表5 – 5　预测问卷的探索性因素分析结果2（15 个项目，$N = 260$）

项　　目	F1	F2	F3	F4
人都是为自己的	0.821			
世俗的丑陋早已驱逐了人本性中善良真诚的一面	0.778			
只要有机会，人邪恶的一面就会暴露出来	0.757			
最安全的处世原则就是假定人性恶	0.725			
说是一套，做需要另一套		0.725		
歪门邪道能解决问题		0.793		
不走捷径就很难成功		0.787		
遇非常事，用非常法		0.743		
感情都是建立在名利基础之上的			0.633	
讲感情最后都是要吃亏的			0.806	
人与人之间没有什么真正的感情			0.805	
无情才能无敌			0.699	
不达目的，不能罢休				0.816

续表

项　目	F1	F2	F3	F4
挫折只是告诉我需要换用另一种方法				0.747
坚持才能成功				0.566
解释变异量（共计53.308%）	28.513	9.805	7.986	7.004

根据因素分析结果可以将上述四个维度分别命名如下：性恶推断、手段扭曲、感情冷漠、利益执着。性恶推断指在认知上对人和人际关系总体持负面态度，不相信他人，不相信善意和善举；手段扭曲指个体在人际交往中、在追名逐利的过程中滥用权术手腕、动用歪门邪道；感情冷漠指个体在名利面前掩盖自己真实情感，不近人情、漠视真情甚至冷血无情；利益执着指个体面对要得到的名利目标穷追不放，不达目的誓不罢休。[①]

表 5－6 呈现了中国人马基雅弗利主义人格问卷各因子的描述性统计结果，四个因子两两之间均存在显著的正相关关系，相关系数显示中等程度的相关。

表 5－6　中国人马基雅弗利主义人格问卷描述性统计及相关矩阵（$N=260$）

	M	SD	项目数	性恶推断	手段扭曲	感情冷漠	利益执着
性恶推断	4.1819	0.8093	4	1			
手段扭曲	4.3125	0.9466	4	0.357**	1		
感情冷漠	4.7931	0.9257	4	0.482**	0.464**	1	
利益执着	4.5337	0.6721	3	0.469**	0.365**	0.517**	1

三　问卷信效度检验

（一）被试

正式调查共发放问卷 350 份，回收有效问卷 309 份，有效回收率为 88.29%。被试平均年龄为 20.36 岁（$SD=0.724$），其中男性 124 人，女

[①]　汤舒俊、郭永玉：《中国人厚黑人格的结构及其问卷编制》，《心理学探新》2015 年第 1 期。

性 172 人，另有 13 人性别数据缺失。

(二) 信度检验

1. 内部一致性

信度分析结果表明总量表内部一致性系数为 0.802，各维度的内部一致性处于 0.729—0.780 之间，对问卷进行项目分析，也表明项目质量较好。具体的项目及信度分析结果如表 5-7 所示。

表 5-7 中国人马基雅弗利主义人格问卷的信度分析 ($N = 309$)

项目	内部一致性	删除该项目后的内部一致性
性恶推断	0.747	
T1		0.811
T6		0.745
T7		0.744
T15		0.742
手段扭曲	0.751	
T5		0.739
T9		0.755
T3		0.804
T8		0.817
感情冷漠	0.729	
T2		0.785
T4		0.744
T11		0.743
T13		
利益执着	0.780	
T10		0.765
T12		0.814
T14		0.773

2. 重测信度

采用重测信度作为中国人马基雅弗利主义人格问卷跨时间稳定性的指标。分析重测信度的样本为 60 名大二学生，其中男生 35 人，女生 25 人，两次测量的间隔时间为 6 周。问卷各维度在两次测量中的相关系数分别为性恶推断 0.817，手段扭曲 0.824，感情冷漠 0.719，利益执着 0.783，由此可见该量表具有良好的重测信度。

（三）效度检验

1. 结构效度

利用 LISREL8.7 软件对正式调查数据进行验证性因素分析（CFA），以检验自编中国人马基雅弗利主义人格问卷的结构效度。拟比较的模型包括虚无模型、单因素模型和四因素模型，虚无模型是限制最多的模型，单因素模型指所有的 15 个题目只负荷在一个整体的马基雅弗利主义人格的因子上，四因素模型指 15 个题目分别负荷在性恶推断、手段扭曲、感情冷漠、利益执着四个因子上（探索性因素分析的结果）。在衡量模型的指标中，GFI、IFI、CFI、NNFI 的变化区间在 0 到 1 之间，越接近 1，拟合性越好；RMSEA 的变化区间也在 0 到 1 之间，但越接近 0 越好，临界标准为 0.08 以下；另外 χ^2/df 的值小于 3 时，说明模型拟合较好，小于 5 时，表明模型可以接受。验证性因素分析的结果如表 5 - 8 所示，模型检验和比较的结果表明，四因素模型的各项拟合指标显著优于单因素模型。

表 5 - 8　　　中国人马基雅弗利主义人格问卷验证性因素分析
结果（15 个项目，$N = 309$）

	χ^2	df	χ^2/df	RMSEA	GFI	IFI	CFI	NNFI
虚无模型	2755.53	105						
单因素模型	1393.81	90	15.49	0.21	0.64	0.51	0.51	0.43
四因素模型	211.10	84	2.513	0.069	0.92	0.95	0.95	0.94

另外，评价测量模型好坏的指标，还包括每个观测变量在潜变量上的负荷，以及误差变量的负荷，一般来说，观测变量在潜变量上的负荷较高，而在误差上的负荷较低，则表示模型质量好，观测变量与潜变量的关系可靠，图 5 - 4 显示了四因素模型每个项目的负荷和误差负荷，由图 5 - 4 可见，每个观测变量在相应潜变量上的负荷在 0.57—0.94 之间，负荷值大多超过 0.6，说明每个观测变量对所隶属的潜变量解释率较大，而观测变量在误差上的负荷在 0.11—0.67 之间，相当部分都小于 0.4。

2. 效标关联效度

本研究中，以《值得信任量表》（见附录 3）作为中国人马基雅弗利

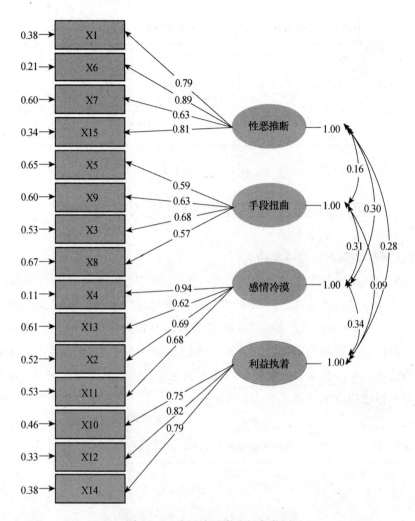

图 5 - 4　验证性因素分析负荷图

主义人格的负向效标,[1] 以聂雪林在中国情境下编制的《基本信念量表》中的《犬儒主义量表》(见附录 4)作为中国人马基雅弗利主义人格的正向效标。[2] 结果如表 5 - 9 所示,问卷总分、各维度得分和三个效标间的相关均达到了显著性水平。

---

① 汪向东、王希林、马弘:《心理卫生评定量表手册》,《中国心理卫生杂志》1999 年增刊, 第 244—248 页。

② 聂雪林:《组织背景下社会公理对员工行为的预测作用研究》,浙江大学,2006 年。

表 5 - 9　中国人马基雅弗利主义人格问卷各维度与效标的相关 （N = 309）

	问卷总分	性恶推断	手段扭曲	感情冷漠	利益执着
值得信任	- 0. 239 **	- 0. 375 **	- 0. 218 **	- 0. 383 **	- 0. 225 **
愤世嫉俗	0. 424 **	0. 396 **	0. 412 **	0. 338 **	0. 375 **
犬儒主义	0. 436 **	0. 521 **	0. 492 **	0. 438 **	0. 534 **

四　中国人马基雅弗利主义人格的测量

（一）施测方案与样本构成

对中国地区分华东、华南、华中、华北和西南五个大区进行采样施测，其中华东地区选择浙江省和江苏省，华南地区选择广东省和广西壮族自治区，华中地区选择湖北省和湖南省，华北地区选择河北省和北京市，西南地区选择四川省和贵州省，对上述 10 个省、区、市抽取 2318 名调查被试，采用自编的中国人马基雅弗利主义人格问卷（见附录 2）进行施测，被试构成情况如表 5 - 10 所示。

表 5 - 10　　　　　　被试构成情况统计表 （N = 2318）

人口学变量	类别	样本量	百分数
性别	男	1016	43. 83
	女	1184	51. 08
	缺失	118	5. 09
年龄	20 岁及以下	42	1. 81
	21—30	482	20. 79
	31—40	610	26. 32
	41—50	628	27. 09
	51—60	310	13. 37
	60 岁以上	178	7. 68
	缺失	68	2. 93

续表

人口学变量	类别	样本量	百分数
	硕士及以上	46	2.0
	本科	898	38.7
	大专	610	26.3
受教育程度	高中或中专	308	13.3
	初中	352	15.2
	小学及以下	48	2.1
	缺失	56	2.4
	未婚	308	13.3
	已婚	1514	65.3
婚姻	离异	56	2.4
状况	丧偶	54	2.3
	缺失	386	16.8
	国家机关、党群组织、企事业单位负责人	128	5.5
	各类专业技术人员	164	7.1
	办事人员	346	14.9
	商业工作人员	202	8.7
	服务性工作人员	476	20.5
职业	农林牧渔水利业生产人员	14	0.6
	生产工人、运输工人	224	9.7
	警察及军人	20	0.9
	不便分类人员	414	17.9
	离休人员	38	1.6
	退休人员	218	9.4
	缺失	74	3.2
	华东地区	475	20.49
	华南地区	416	17.95
区域	华中地区	537	23.17
	华北地区	430	18.55
	西南地区	460	19.84

对上述 10 个省、区、市采用进驻拟调查地区居委会/村委会的方式进行，简单随机抽样的方法抽取被试，但综合考虑被试的性别、职业、年龄的匹配，问卷委托当地居委会/村委会负责人进行发放，主试在问卷现场施测现场向被试讲解调查目的与调研方式，并进行答疑释惑和技术支持。为保证调查结果的可靠性，所有被试均是匿名填写。施测时间为 15 分钟左右，所发放的问卷均当场收回。

（二）中国人马基雅弗利主义人格的总体情况

对 2318 名样本调查被试，采用自编的中国人马基雅弗利主义人格问卷进行施测，样本在问卷及各个维度上的得分平均值、标准差、最大值、最小值统计如表 5 - 11 所示。

表 5 - 11　　中国人马基雅弗利主义人格及各维度的总体情境 （N = 2318）

	性恶推断	手段扭曲	感情冷漠	利益执着	问卷总分
项目数	4	4	4	3	11
均值 M	13.78	12.98	13.37	10.32	50.35
标准差 SD	2.23	1.91	1.68	1.74	10.56
最大值	20	20	20	15	75
最小值	5	7	6	4	22
问卷理论均分	12	12	12	9	45

由表 5 - 11 可以看出，中国人在性恶推断 （$M = 13.78 > 12.00$）、手段扭曲 （$M = 12.98 > 12.00$）、感情冷漠 （$M = 13.37 > 12.00$）、利益执着 （$M = 10.32 > 9.00$）这四个维度及马基雅弗利主义人格问卷总分 （$M = 50.35 > 45.00$）上的均值都高于各自分 （总）问卷的理论平均数，表明中国人在马基雅弗利主义总分及各维度上的水平处于中等偏上水平。

（三）中国人马基雅弗利主义人格的差异性研究

对 2318 名样本调查被试，根据他们在中国人马基雅弗利主义人格问卷的得分，分别探讨样本被试在性别、年龄、职业、受教育程度、所在区域之间等人口统计学变量上的差异。

1. 中国人马基雅弗利主义人格在性别上的差异

以性别为分类变量,以调查样本在中国人马基雅弗利主义人格问卷的总分其各个维度得分为测量变量进行独立样本 t 检验。由于有 118 人样本性别数据缺失,在分析检验时就排除在样本之外, t 检验结果如表 5 – 12 所示。

表 5 – 12　　　不同性别中国人在马基雅弗利主义人格及各维度的
差异显著性检验 ($N = 2200$)

		M	SD	t	p
问卷总分	男	51.08	3.67	0.364	0.716
	女	49.77	3.12		
性恶推断	男	14.01	2.02	0.215	0.830
	女	13.63	1.37		
手段扭曲	男	13.12	1.57	0.192	0.828
	女	12.91	1.46		
感情冷漠	男	13.42	1.62	0.282	0.778
	女	13.29	1.35		
利益执着	男	10.73	1.76	0.415	0.679
	女	9.97	1.38		

由表 5 – 12 可见,不同性别的中国人在马基雅弗利主义人格及其各个维度的得分有些微妙的差异,但差异均未达到统计上的显著水平 ($p >$ 0.05)。

2. 中国人马基雅弗利主义人格在年龄上的差异

以年龄为分组变量,以调查样本在中国人马基雅弗利主义人格问卷的总分其各个维度得分为测量变量进行简单方差分析。将年龄按照 40 岁以下 (青年人)、60 岁以下 (中年人) 和 60 岁以上 (老年人) 进行分段,由于有 68 人年龄数据缺失,在分析检验时就排除在样本之外,简单方差分析结果如表 5 – 13 所示。

表 5-13　　　　不同年龄中国人在马基雅弗利主义人格及各维度的
差异显著性检验（$N = 2250$）

	年龄组别	M	SD	F	p
问卷总分	青年人	51.08	3.49	3.828	0.010
	中年人	52.23	2.56		
	老年人	43.77	1.21		
性恶推断	青年人	13.74	1.23	0.512	0.672
	中年人	13.82	1.09		
	老年人	13.56	1.33		
手段扭曲	青年人	13.63	1.37	3.219	0.032
	中年人	12.61	1.46		
	老年人	9.18	0.89		
感情冷漠	青年人	13.24	1.62	3.911	0.000
	中年人	13.39	1.35		
	老年人	10.29	1.35		
利益执着	青年人	9.17	1.21	3.145	0.034
	中年人	10.73	2.03		
	老年人	8.67	1.01		

由表 5-13 可见，不同年龄的中国人在马基雅弗利主义人格问卷总分上差异显著，及其各个维度的得分存在差异（$F = 3.828$，$p < 0.05$），进一步的多重比较发现，青年人、中年人的马基雅弗利主义人格得分要显著高于老年人。在性恶推断维度上，青年人、中年人和老年人并无显著性差异（$F = 0.512$，$p > 0.05$）；在手段扭曲维度上，青年人、中年人和老年人存在显著性差异（$F = 3.219$，$p < 0.05$），进一步的多重比较发现，老年人得分显著低于青年人和中年人；在感情冷漠维度上，青年人、中年人和老年人存在显著性差异（$F = 3.911$，$p < 0.05$），进一步的多重比较发现，老年人得分显著低于青年人和中年人；在利益执着维度上，青年人、中年人和老年人存在显著性差异（$F = 3.145$，$p < 0.05$），进一步的多重比较发现，老年人得分显著低于中年人得分。

3. 中国人马基雅弗利主义人格在职业上的差异

将被试样本（有 74 人职业类别数据缺失，在分析检验时就排除在样本之外)按照不同职业人群的马基雅弗利主义人格得分,转化为标准五分,得分如图 5 - 5 所示。

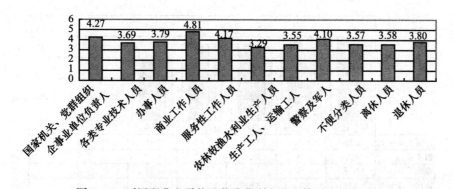

图 5 - 5 不同职业人群的马基雅弗利主义人格平均得分统计

对数据进行简单方差分析,结果发现,不同职业群体的马基雅弗利主义人格存在显著差异($F = 19.87$,$p = 0.032$),进一步多重比较发现国家机关、党群组织、企事业单位负责人,商业工作人员,服务性工作人员的马基雅弗利主义人格得分要显著高于其他职业群体。另外,不同职业群体在性恶推断($F = 13.866$,$p = 0.000$)、手段扭曲($F = 7.889$,$p = 0.000$)、感情冷落($F = 2.161$,$p = 0.018$)、利益执着($F = 1.973$,$p = 0.033$)四个维度上均存在显著差异。

进一步的多重比较发现:在性恶推断维度上,国家机关、党群组织、企事业单位负责人要高于办事人员、服务性工作人员、生产工人和运输工人及不便分类人员;各类专业技术人员、办事人员、商业工作人员、服务性工作人员、警察及军人、离退休人员均高于不便分类人员;在手段扭曲维度上,不便分类人员低于国家机关、党群组织、企事业单位负责人,各类专业技术人员,办事人员,商业工作人员,服务性工作人员和退休人员;在感情冷漠维度上,国家机关、党群组织、企事业单位负责人要高于生产工人、运输工人、不便分类人员和退休人员;在利益执着维度上,退休人员最低,低于任何其他职业群体。

4. 中国人马基雅弗利主义人格在教育程度上的差异

将被试样本(有 56 人样本受教育程度数据缺失,在分析检验时就排除在样本之外）按照不同职业人群的马基雅弗利主义人格得分，转化为标准五分，不同受教育程度样本被试的马基雅弗利主义人格得分如图5-6所示。

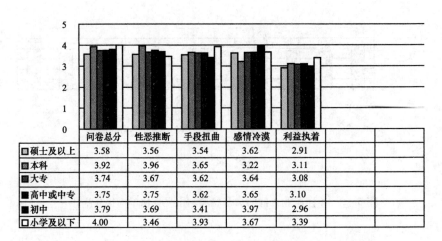

	问卷总分	性恶推断	手段扭曲	感情冷漠	利益执着
□硕士及以上	3.58	3.56	3.54	3.62	2.91
■本科	3.92	3.96	3.65	3.22	3.11
■大专	3.74	3.67	3.62	3.64	3.08
■高中或中专	3.75	3.75	3.62	3.65	3.10
■初中	3.79	3.69	3.41	3.97	2.96
□小学及以下	4.00	3.46	3.93	3.67	3.39

图5-6 不同受教育程度被试的马基雅弗利主义人格平均得分统计图

对样本采集数据进行方差分析，结果显示：不同受教育程度居民的总体马基雅弗利主义人格并无显著差异（$F = 2.029$, $p = 0.072$），但在性恶推断（$F = 2.602$, $p = 0.024$）、手段扭曲（$F = 2.867$, $p = 0.014$）、感情冷漠（$F = 4.272$, $p = 0.001$）、利益执着（$F = 2.678$, $p = 0.020$）四个维度上存在着显著差异。

进一步的多重比较发现：在性恶推断维度上，受教育程度为本科的被试要显著高于小学及以下的被试；在手段扭曲维度上，受教育程度为小学及以下的被试要显著高于初中被试；在感情冷漠维度上，受教育程度为初中的被试要显著高于本科的被试；在利益执着维度上，受教育程度为硕士及以上被试最高，而受教育程度为小学及以下的被试最低。总体上来看，受教育程度为硕士及以上样本的马基雅弗利主义人格水平较低，而受教育程度为小学及以下的被试马基雅弗利主义人格水平较高。

5. 中国人马基雅弗利主义人格在地域上的差异

以地域为分组变量，以调查样本在中国人马基雅弗利主义人格问卷的总分其各个维度得分为测量变量进行简单方差分析。简单方差分析结果如表5-14所示。

表 5 - 14　　　　不同地域中国人在马基雅弗利主义人格及各维度的
差异显著性检验 （$N = 2318$）

	地域分组	M	SD	F	p
性恶推断	华东地区	13.47	1.12		
	华南地区	13.90	1.07		
	华中地区	13.65	1.13	0.342	0.747
	华北地区	13.33	1.21		
	西南地区	13.58	0.86		
手段扭曲	华东地区	12.91	1.26		
	华南地区	13.56	1.74		
	华中地区	12.99	1.33	0.393	0.732
	华北地区	13.07	1.69		
	西南地区	13.12	1.55		
感情冷漠	华东地区	13.13	1.61		
	华南地区	13.48	1.33		
	华中地区	12.75	1.26	0.476	0.702
	华北地区	12.94	1.52		
	西南地区	12.81	1.39		
利益执着	华东地区	10.56	1.17		
	华南地区	10.73	1.12		
	华中地区	9.97	0.93	0.445	0.697
	华北地区	9.75	1.02		
	西南地区	10.02	0.88		
问卷总分	华东地区	52.11	3.67		
	华南地区	53.82	3.67		
	华中地区	49.97	3.12	0.437	0.701
	华北地区	51.36	3.18		
	西南地区	50.84	3.02		

由表 5 - 14 可见，不同区域的中国人在马基雅弗利主义人格及其各个维度的得分虽不尽相同，但差异均未达到统计上的显著水平 （$p > 0.05$）。

五　讨论

（一）中国人马基雅弗利主义人格的心理结构

心理学中对于心理结构的探讨，大致包含三种方式：第一种是理论取向的，这种方法是从已有的相关理论出发，自上而下建构某种心理特质；第二种是数据取向的，该方法不局限于理论，而是研究者通过开放式调查或施测大量相关项目，根据所得材料或数据，经过一定的分析方法，从中抽取不同的因素，从而建构某种心理特质；第三种是理论取向和数据取向的结合，研究者首先基于一定的理论基础，初步建构某种心理特质的结构，然后通过数据材料，对初步建构的心理结构进行修正。本研究便是采用第三种方式来建构中国人马基雅弗利主义人格这一心理特质，这种方式能够提高构想结构与实际结构之间的契合度。①

本研究所得的四个维度性恶推断、手段扭曲、感情冷漠、利益执着分别从认知、行为、情感、意志四个不同的方面来白描中国人的马基雅弗利主义人格：认知上，主张人性恶，对别人的宽容就是对自己的残忍，坚持利己的价值观，一切服从和服务于自己现实的既得利益和潜在的或得利益；行为上，动用各种可能的手段控制和影响他人，为达目的，不择手段，甚至不惜打道德的擦边球、走法律的钢丝绳；情感上，表情冷酷，很少有情感卷入或移情，不易为忠诚、友谊所动；意志上，咬定利益不放松，有意识地确立自己的利益目标，不断调节和支配自己的行动，并通过克服困难和挫折，确保实现预定的利益目标。②四个维度的相关系数在 0.357—0.517 之间且达到显著水平，这表明了中国人马基雅弗利主义人格中不同成分彼此独立又相互联系的关系。在西方编制马基雅弗利主义人格问卷时，马基雅弗利主义是单维取向还是多维构造曾经是两种不同的思路，但更多的研究实践和研究结果都支持马基雅弗利主义人格问卷应是一个多维的建构。③④ 同西方的马基雅弗利主义人格测量问卷一样，中国人马基雅弗利主义人格问卷也是一个多维建

---

① 江光荣：《中小学班级环境：结构与测量》，《心理科学》2004 年第 4 期。

② 汤舒俊、郭永玉：《中国人厚黑人格的结构及其问卷编制》，《心理学探新》2015 年第 1 期。

③ Kuo, H. K., & Marsella, A. J., "The meaning and measurement of Machiavellianism in Chinese and American college students", *The Journal of Social Psychology*, Vol. 101, 1977, pp. 165 – 173.

④ Corral, S., & Calvete, E., "Machiavellianism: Dimensionality of the Mach IV and Its Relation to Self-Monitoring in Spanish Sample", *The Spanish Journal of Psychology*, Vol. 3, 2000, pp. 3 – 10.

构的问卷。

在四个维度中性恶推断的解释量最大,占整个变异解释量的28.513%,这与西方的发现是一致的,国外马基雅弗利主义人格测量问卷中,Mach-IV 解释变异最大的因子是"愤世嫉俗的人性观",[①] MPS 中解释变异最大的因子是"对他人不信任",即马基雅弗利主义者对他人普遍存有负面观点,[②] 人性观维度涉及对人性的总体看法和根本观点,从理论上讲,它是属于价值观层面的,它对个体的行为等其他层面的心理活动具有决定性作用。[③]

(二) 中国人马基雅弗利主义人格问卷的信度和效度

中国人马基雅弗利主义人格问卷的编制遵循了自上而下与自下而上相结合的思路,不仅通过开放式问卷调查、深度访谈来了解中国人马基雅弗利主义人格的本土化内涵,同时还借鉴了 Christie 和 Geis 有关马基雅弗利主义所建构的维度以及国外成熟的问卷中的相关项目。[④] 问卷的编制严格按照心理学的科学原理和问卷编制流程,从最初确定的 24 个项目,经由项目分析、探索性因子分析,最终获得了包含 15 个项目的中国人马基雅弗利主义人格问卷。正式调查后进行信度分析,包括内部一致性系数检验和重测信度检验,结果表明中国人马基雅弗利主义人格问卷以及各维度的信度系数在 0.729—0.802 之间,达到团体施测通常所要求的0.7 以上的标准。对 60 名被试六周后的再度施测,各维度间相关系数在0.719—0.824 之间,且达到显著水平,也表明重测信度良好。

效度检验包括结构效度、内容效度和效标关联效度的检验。验证性因素分析的结果表明数据对中国人马基雅弗利主义人格的四维结构拟合良好,并且四个维度之间处于中等程度的相关,相关系数处于 0.357—

---

① Christie, R., Geis, F. L., *Studies in Machiavellianism*, New York: Academic Press, 1970, p. 67.

② Dahling, J. J., Whitaker, B. G. & Levy, P. E., "The Development and Validation of a New Machiavellianism Scale", *Journal of Management*, Vol. 35, 1982, pp. 219 – 257.

③ Rokeach, M. A., *The Nature of Human Values*, New York: Free Press, 1973, p. 112.

④ Christie, R., Geis, F. L., *Studies in Machiavellianism*, New York: Academic Press, 1970, p. 82.

0.517之间，说明中国人马基雅弗利主义人格的四个维度之间既相互独立又有一定的联系。问卷的编制过程中专家的充分讨论和最终共识保证了问卷的内容效度。以《值得信任量表》作为中国人马基雅弗利主义人格的负向效标，以《犬儒主义量表》作为中国人马基雅弗利主义人格的正向效标，结果显示三个效标与中国人马基雅弗利主义人格问卷总分与各维度得分相关均呈显著，表明效标关联效度也良好。

综合而言，本研究所编制的中国人马基雅弗利主义人格问卷是严格按照心理测量学的规范和流程进行，信度和效度良好，可以作为进一步研究的测量工具。

（三）中国人马基雅弗利主义人格的影响因素

通过对中国区分华东、华南、华中、华北、西南五大块区域，对10个省、区、市抽取2318名调查被试，采用自编的中国人马基雅弗利主义人格问卷进行取样施测，结果发现中国人马基雅弗利主义人格的水平中等偏上，影响中国人马基雅弗利主义人格的人口统计学变量包括年龄、职业和受教育程度，性别和所来自的区域并不是中国人马基雅弗利主义人格的影响因素。因此我们日常生活中常说的"女人比男人天真善良""北方人比南方人厚道坦诚"都缺乏实证的支持，相反，日常生活中诸如"最毒妇人心""女人比男人还要复杂""湖南人是南方中的北方人，山西人是北方中的南方人"却真实且生动地体现了这次调查的统计结果。

年龄影响着中国人的马基雅弗利主义人格，"老狐狸"之说并不真实，"人小鬼大"却正当时，随着年龄的增长，老年人逐渐退出了竞争味浓厚的官场、职场、生意场，在远离利益争夺的同时也远离了相应的操纵手段，而中青年他们在人生的征战途中，忙于建功立业、追求成功，当然少不了同行、同业、同学、同事的竞争，尤其竞争激烈之时，难免过于操切、不择手段。职业中也体现着中国人的马基雅弗利主义人格的差异，职业没有高低贵贱之分，但职业却有禀赋厚薄之别，有的职业掌握资源、接近权力，有的职业多有"外水"、能送人情，因此那些资源禀赋优渥的职业，比如公务员、公司管理人员、工商企业从业人员会更加频繁地利用人性的弱点，也有更多操控操纵的可能。受教育程度也影响着中国人的马基雅弗利主义人格，人是可以被教育教化的，总的来说，受教育程度越高，其法治思想、规则意识要明显强于那些受教育程度较低的人，人性是人的属性，基于现实世界中人的属性，我们需要教育来完善人的生命、理性与意志。

六　结论

（1）中国人马基雅弗利主义人格是一个四维结构，由性恶推断、手段扭曲、感情冷漠、利益执着构成。其中性恶推断的方差解释量最大，表明这是中国人马基雅弗利主义人格中最为重要的一个维度。

（2）自编的中国人马基雅弗利主义人格问卷信度和效度良好，符合心理测量学的技术要求，可作为进一步研究的工具。

（3）中国人马基雅弗利主义人格处于中等偏上的程度，中国人的马基雅弗利主义人格受到年龄、职业和受教育程度的影响，总的来说，老年人马基雅弗利主义人格要低于中青年人，职业禀赋优渥的职业从业人员马基雅弗利主义人格水平要高于职业禀赋贫瘠的职业从业人员，受教育程度高的马基雅弗利主义人格水平要低于受教育程度低的。

第 六 章

生理与溯源：马基雅弗利主义者
执行两难任务的脑机制（研究三）

一　研究目的

我们大脑的神经细胞总在进行着自发的、有节律的综合性电活动，如果借助于高灵敏度的电极和放大器，脑电装置可以在头皮表面探测到由神经细胞电活动引起的微弱电信号。脑电图（electroencephalograph，EEG）就是利用这种原理与技术而发展起来的一种认知神经科学研究手段。脑电图以大脑的神经细胞活动时间为横轴，以大脑的神经细胞活动电位为纵轴，是反映电位与时间相互关系的平面图。脑电图作为神经激活的敏感指标，是反映大脑激活的变化与大脑活动的重要指标。事件相关电位（event related potentials，ERP）是通过有意地赋予刺激以特定的心理含义，综合使用多个或多样的刺激所引起的一种特殊的脑诱发电位。相关事件电位研究已经成为探索心理问题研究相应脑机制的一种经济、有效和可靠的研究方法。而之前不少心理学家在探讨涉及个人类型的道德两难决策问题的脑机制时发现，腹中前额区对反对涉及个人类型的道德违背的决策至关重要，如果腹中前额区损伤可能导致亲社会情感（如内疚、怜悯、忏悔和移情）的衰减甚至缺失，[①] 引发对道德规范缺乏应有

---

① Saver, J. L., & Damasio A. R., "Preserved Access and Processing of Social Knowledge in a Patient with Acquired Sociopathy Due to Ventromedial Frontalc Damage", *Neuropsychologia*, Vol. 29, No. 12, 1991, pp. 1241 – 1249.

的关注以及异常的道德行为,[1] 使这些病人更加倾向于冰冷理智的功利主义选择决策。[2]

Kohlberg 开启的两难任务情境被广泛地应用于道德相关研究中,[3] 这种两难任务情境能够成功地激发马基雅弗利主义者内心的冲突,高马基雅弗利主义者往往会紧张与焦虑。研究拟采用相关事件电位研究来追踪高马基雅弗利主义者执行两难任务的电生理指标,并通过偶极子溯源锁定相应的脑区,以探讨中国人马基雅弗利主义人格的生理机制。

为了研究高马基雅弗利主义者执行两难任务时的脑机制,研究设计时有意地将中国人际关系的一个核心元素"差序格局"融入两难情境的变量操纵之中,"差序格局"一词是费孝通先生于 1947 年首创,旨在描述亲疏远近的人际格局,如同一粒石子丢入水中在水面上泛开的涟晕一般,由自己为中心延伸开去,一圈一圈,按离自己距离的远近来划分亲疏。[4] 本研究设计了一个马基雅弗利主义者获利就必须付出代价的两难决策,如果获利所付出的代价有两个备选项,一是获利以自己的亲人利益受损为代价,二是获利是以陌生人的利益受损为代价,那么基于差序格局的中国人际交往文化,马基雅弗利主义者面对自己获利亲人利益受损的情境将是一个更加纠结、更加艰难的决策。

本研究拟采用实验法,通过操纵获利就必须付出代价的模拟现实两难决策,来研究在这个两难任务过程中高马基雅弗利主义者脑内时程动态变化。

二　研究假设

本研究的具体研究假设如下:

---

① Bechara, A., "Decision Making, Impulse Control and Loss of Willpower to Resist Drugs: A Neurocognitive Perspective", *Nat Neurosci*, Vol. 8, 2005, pp. 1458 – 1463.

② Moll, J., Zahn, R., & Oliveira-Souza, R. et al., "Opinion: The Neural Basis of Human Moral Cognition", *Nat Rev Neurosci*, Vol. 6, 2005, pp. 799 – 809.

③ Kohlberg, L., "The Claim to Moral Adequacy of a Highest Stage of Moral Judgment", *Journal of Philosophy*, Vol. 70, 1973, pp. 630 – 646.

④ 费孝通:《乡土中国　生育制度》,北京大学出版社 1998 年版,第 27 页。

H1：两难任务情境不同时（自己获利、亲人利益受损的情境 VS 自己获利、外人利益受损的情境），被试的平均反应时具有显著性差异。

H2：两难任务情境不同时（自己获利、亲人利益受损的情境 VS 自己获利、外人利益受损的情境），两者诱发的 ERP 波形存在显著性差异。

三　研究方法

（一）实验设计

研究采用一个 2×2 两因素被试内设计，其中一个自变量是任务情境（自己获利、亲人利益受损的情境，自己获利、外人利益受损的情境），另一个自变量是电极位置（包括 F3、F1、Fz、F2、F4、FC3、FC1、FCz、FC2、FC4、C3、CI、Cz、C2、C4、CP3、CPl、CPz、CP2、CP4、P3、PI、Pz、P2 和 P4 共 25 个电极位置）。本研究的因变量包括行为学测量指标（主要是反应时）和脑电测量指标（主要是脑电数据），如图 6 - 1 所示。

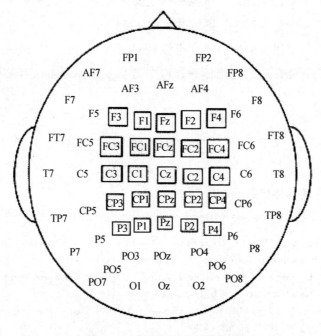

图 6 - 1　实验选取电极模拟图

(二) 被试

被试是来自湖北省某市直机关的公务员 63 名。首先以工作部门为单位，对被试进行《中国人马基雅弗利主义人格问卷》的团体施测，根据被试在《中国人马基雅弗利主义人格问卷》上的得分，将被试按照问卷得分由高到低进行排序，前 27% 抽取为高分组被试共 17 名公务员，参加脑电及其相关的实验。17 名被试年龄在 29 岁到 51 岁之间，平均年龄 39.28 岁，被试均为右利手，听力正常，视力（或者矫正视力）正常，过去和现在都没有生理或精神方面的疾病，近一个月没有服用作用于中枢神经系统的药品或制剂。

(三) 实验材料和仪器

1. 两难任务的操纵材料

两难任务的操纵主要是通过被试阅读如下两难故事情境来完成启动，被试阅读的材料描述如下：

> 市委组织部刚刚与你谈话，准备升任你为市直某机关单位主要负责人，而根据领导干部的纪律禁令，机关单位主要负责人不得"裸官"，不得经商谋利，而在组织部与你谈话之前，你刚刚与某外地客商（台商、港商或浙江某地商人）启动了一项商业合作，并且外地客商为此已经开始了先行投资，你的家人（女儿、儿子与妻子）正准备移居国外，因此，你要升任的话，你的家人就必须放弃移民国外，你也必须放弃与外地客商的商业合作。所以现在你在自己与亲人（女儿、儿子与妻子）的去留之间面临一个抉择，同时，你与外人（外地客商）的去留之间也面临一个抉择，现在离市委组织部要求回复的时间越来越近了，你正对这两个问题进行仔细的思考。

阅读材料以 A4 纸黑色激光打印，宋体四号字体，居中排版，为掩饰实验目的，对所有接受实验的被试都以"领导力情境测试"的名义进行任务施测。

2. 刺激材料

实验用的刺激材料包括两组不同范畴的刺激词组，包括 3 对"自己—亲人"范畴内的词语组，即"自己—儿子""自己—女儿""自己—妻子"，1 对"自己—外人"范畴内的词语组，即"自己—外地客商"。

3. 实验仪器

刺激呈现采用 E-prime 软件自编程序在计算机上实现。相应的硬件为联想品牌台式机，CPU 主频 1.6GHz，17 英寸 CRT 纯平显示器，屏幕的分辨率为 800×600，刷新率为 120Hz，操作系统为 Windows XP，刺激呈现和反应记录均由计算机系统自动记录。

脑电分析采用德国 Brain-products 64 导核磁共振型脑电仪及相关记录分析软件。

（四）实验的程序

实验之前，主试向被试表示欢迎与感谢，向被试分别介绍实验的全部流程和被试的任务要求，全部被试均接受了实验邀请，并签订了知情同意书。

主试首先向被试呈现两难情境阅读材料，要求在被试阅读完材料并在充分理解情境内容之后向主试示意，实验正式开始，主试将被试引导至计算机前。

在被试上机操作的过程中，首先在屏幕上呈现"欢迎你的到来，现在开始进入正式实验"，然后在屏幕上呈现出实验的指导语，接着是实验练习，一共 5 个 trials，实验中每一个 trial 的顺序是这样的：每次两难任务决策都从一个红色的"＋"号注视点开始，"＋"号呈现时间为 300ms，接着呈现"自己—亲人"范畴或"自己—外人"范畴的词语组 1500ms，要求被试此时按键操作进行选择，如果选择词语组左边的"自己"则按 F 键，如果选择词语组右边的"儿子""女儿""妻子""外地客商"则按 J 键，间隔 1000ms 再呈现掩蔽，再自动进入下一个 trial。被试练习中如果出现错误，就再练习一次，一般被试经历 1 至 3 次练习后，就掌握了实验的要求，可正式进入实验了。正式实验刺激所有的呈现的"＋"号为红色，宋体一号，词语组都是黑色，宋体二号，背景全部为白色。（见图 6-2）

图 6 - 2　两难任务情境下的刺激呈现流程

实验中两种不同范畴的词语组随机呈现，每种范畴的词语组各出现 30 次，每位被试在电脑上共完成 60 次两难任务决策判定，整个实验过程中，要求被试集中注意力，全神贯注，两眼注视屏幕中央，眼睛距离屏幕 50cm 左右，尽量不眨眼睛，尽可能快而准确地做出按键反应。

全部实验结束后，主试向被试解释实验者的意图与目的，对参与实验的被试再次感谢，并向每位被试赠送精美小礼品一份。

（五）EEG 记录和分析

采用德国 Brain Products 公司 ERP 记录与分析系统来分析事件相关电位系统记录和分析脑电，被试佩戴集成的 10—20 系统 64 导氯化银/银电极帽，采样率 500Hz，带通为 0.05—100Hz，鼻尖为参考电极，两眼外眦和左眼上下方各 1cm 处记录水平眼电（HEOG）和垂直眼电（VEOG），记录时电极和头皮之间导电阻抗小于 5kΩ。在进行离线分析时对脑电数据进行 1—30Hz 的滤波（带通），采用相关法去除眼电。取刺激前 200ms 和刺激后 800ms 进行脑电分段（刺激前 200ms 作为基线对 ERPs 进行校正），删除大于 75μV 和小于 −75μV 的脑电伪迹。

（六）溯源分析

采用 Brain Products 公司自带的数据处理系统 BESA5.0 对所获得的 ERP 数据进行偶极子溯源分析，选择两种两难情境决策下（即自己获利、亲人利益受损的两难情境 VS 自己获利、外人利益受损的两难情境）所诱发的脑电差异波进行主成分分析，确定偶极子个数，自动溯源确定其位置，最后以残差分析作为偶极子溯源定位的参考评价指标。

（七）统计方法

根据实验所得到的两难情境的 ERP 总平均图，根据之前所确定的 25

个电极点分别进行两因素的重复测量方差分析，一个自变量是任务情境（自己获利、亲人利益受损的情境 VS 自己获利、外人利益受损的情境），另一个自变量是电极位置（包括 F3、F1、Fz、F2、F4、FC3、FC1、FCz、FC2、FC4、C3、CI、Cz、C2、C4、CP3、CPl、CPz、CP2、CP4、P3、PI、Pz、P2 和 P4 共 25 个电极位置），方差分析时，自由度 df 大于 1，采用 Greenhouse-Geisser 法校正 p 值。

四　结果与分析

（一）行为数据分析

BP 数据记录系统中的行为数据表明，"自己受益，亲人受损" 两难情境任务决策下（情境 1）17 名被试平均反应时 $M_{情境1} = 762\text{ms}$，标准差 $S_{情境1} = 114\text{ms}$；"自己受益，外人受损" 两难情境任务决策下（情境 2）17 名被试平均反应时 $M_{情境2} = 513\text{ms}$，标准差 $S_{情境2} = 93\text{ms}$。使用 SPSS17.0 进行配对样本 t 检验，结果发现平均反应时差异显著，$t = 2.68$，$p < 0.05$，研究假设 H1 得到验证，两难任务具体情境不同时，被试的平均反应时有显著性差异，具体来说，在自己获利、亲人利益受损的情境下（情境 1）决策反应时要显著地高于自己获利、外人利益受损的情境下（情境 2）决策反应时。

（二）脑电数据分析

根据实验所得到的两难情境的 ERP 总平均图（见图 6-3），根据之前所确定的 25 个电极点分别进行两因素的重复测量方差分析，发现两难决策下在 FCz、Cz、Fz、Pz 四个电极点的 ERP 总平均图和差异波存在显著差异，值得深入分析。

"自己受益，亲人受损" 两难情境任务决策下（情境 1）和 "自己受益，外人受损" 两难情境任务决策下（情境 2）都能诱发 N1 早成分，所以不同两难情境的主效应并不显著。

在脑内时程的 150—300ms 内，"自己受益，亲人受损" 两难情境任务决策下（情境 1）比起 "自己受益，外人受损" 两难情境任务决策下（情境 2）诱发了一个更加正性的事件相关电位（LPC，P150—300）。

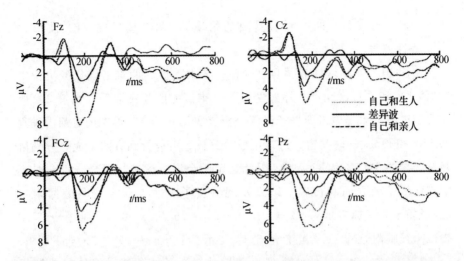

图 6-3　两难决策下在 FCz、Cz、Fz、Pz 四个电极点的 ERP 总平均图和差异波

在脑内时程的 300—780ms 内，"自己受益，亲人受损"两难情境任务决策下（情境1）比起"自己受益，外人受损"两难情境任务决策下（情境2）诱发了一个更加正性晚期事件相关电位（P300—780）。

进一步进行平均波幅分析，在脑内进程的 150—300 ms 内，不同两难情境的主效应显著，$F(1, 16) = 10.37$，$p < 0.01$，即"自己受益，亲人受损"两难情境任务决策下（情境1）诱发脑电波的平均波幅显著高于"自己受益，外人受损"两难情境任务决策下（情境2）诱发脑电波的平均波幅。电极位置主效应显著，$F(16, 322) = 4.61$，$p < 0.01$。不同两难情境与不同电极位置交互作用不显著，$F(16, 322) = 1.45$，$p > 0.05$。在脑内进程的 300—780 ms 内，不同两难情境诱发的晚期正成分（LPC）差异显著，$F(1, 16) = 4.74$，$p < 0.01$，即"自己受益，亲人受损"两难情境任务决策下（情境1）诱发脑电波的平均波幅显著高于"自己受益，外人受损"两难情境任务决策下（情境2）诱发脑电波的平均波幅。电极位置主效应显著，$F(16, 322) = 3.88$，$p < 0.01$。不同两难情境与不同电极位置交互作用不显著，$F(16, 322) = 1.36$，$p > 0.05$。因此，研究假设 H2 也得到了验证，即两难任务情境不同时（自己获利、亲人利益受损的情境 VS 自己获利、外人利益受损的情境），两者诱发的 ERP 波形存在显著性差异。

使用 BESA5.0 软件对"自己受益，亲人受损"两难情境任务决策下（情境1）和"自己受益，外人受损"两难情境任务决策下（情境2）所诱发脑电波的差异波做偶极子溯源分析（见图6-4），首先选定脑内进程的150—300 ms 的时间窗，进行主成分分析，可以看到有两个成分分别解释总变异的 84.7% 和 82.6%，因此选定两个偶极子进行拟合，拟合时不限制偶极子的方向和位置，结果发现偶极子 1 主要位于海马旁回附近（三维笛卡尔坐标表示为：x = -10.6，y = -36.3，z = 0.3），偶极子 2 主要位于丘脑附近（三维笛卡尔坐标表示为：x = -15.3，y = -0.3，z = 12.6），在 190 ms 处两个偶极子均处于激活的顶峰，能较好地解释绝大多数的变异，残差率为 6.12%。选定脑内进程的 300—780 ms 的时间窗，进行主成分分析，可看到有两个成分可以分别解释总变异 90.7% 和 45%，因此选定两个偶极子进行拟合，拟合时不限制偶极子的方向和位置，结果发现偶极子 1 主要位于额中回附近（三维笛卡尔坐标表示为：x = 26.2，y = 53.4，z = 14.8），偶极子 2 主要位于海马附近（三维笛卡尔坐标表示为：x = -5.2，y = 35.3，z = 0.4），在 550 ms 处两个偶极子均处于激活的顶峰，能较好地解释绝大多数的变异，残差率为 9.72%。

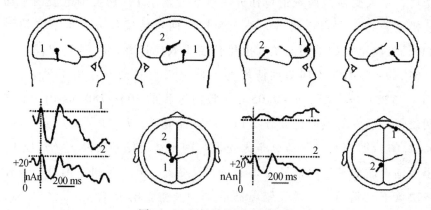

图 6-4 偶极子溯源分析结果

五　讨论

在自己获利、亲人利益受损的情境下（情境1）决策反应时要显著地高于自己获利、外人利益受损的情境下（情境2）决策反应时，反映了中国被试在中国特有的人际伦理关系中的行为方式也是符合差序格局理论的，是一种差序格局下的差序公正与差序关怀。[①]

在脑内进程的150—300 ms内，"自己受益，亲人受损"两难情境任务决策下（情境1）比起"自己受益，外人受损"两难情境任务决策下（情境2）诱发一个更正性的 ERP 成分（P150—300）。Jääskeläinen 等通过研究发现 P170 揭示的是信息加工和决策的早期阶段，[②] 这个研究结果可能反映着马基雅弗利主义者的早期决策阶段，由于情境记忆的自动激活，"自己受益，亲人受损"两难情境任务决策下（情境1）相对于"自己受益，外人受损"两难情境任务决策下（情境2）来说，高马基雅弗利主义者需要分配更多的认知资源，同时抑制无关信息的激活。偶极子溯源分析结果显示，高马基雅弗利主义者 ERP 结果中的 P150—300 成分的主要激活区分别位于海马旁回、丘脑附近，这同时验证了海马、扣带前回和丘脑是提取与情境有关的信息关联区域。[③][④]

在脑内进程的300—780 ms内，"自己受益，亲人受损"两难情境任务决策下（情境1）比起"自己受益，外人受损"两难情境任务决策下（情境2）诱发一个更正性的晚期正成分（LPC，P300—780），偶极子溯

---

① 燕良轼、周路平、曾练平：《差序公正与差序关怀：论中国人道德取向中的集体偏见》，《心理科学》2013 年第 5 期。

② Jääskeläinen, I. P., Ahveninen, J., Bonmassar, G., Dale, A. M., Ilmoniemi, R. J., Levänen, S., Lin, H. H., May, P., Melcher, J., Stufflebeam, S., Tiitinen, H., Belliveau, J. W., "Human Posterior Auditory Cortexgates Novel Sounds to Consciousness", *Proceedings of the National Academy of Sciences of the United States of America*, Vol. 101, No. 17, 2004, pp. 6809 – 6814.

③ Kenemans, J., Baas, J., Mangun, G., Lijffijt, M., & Verbaten, M., "On the Processing of Spatial Frequencies as Revealed by Evoked-potential Source Modeling", *Clinical Neurophysiology*, Vol. 111, 2000, pp. 1113 – 1123.

④ Vuust, P., Brattico, E., Glerean, E., Seppänen, M., Pakarinen, S., Tervaniemi, M., Näätänen, R., "New Fast Mismatch Negativity Paradigm for Determining the Neural Prerequisites for Musical Ability", *Cortex*, Vol. 47, 2011, pp. 1091 – 1098.

源分析结果显示，高马基雅弗利主义者 ERP 结果中的 LPC 成分主要激活区是额中回，这与 Tu 等人关于自我参照欺骗的 ERP 研究中的发现颇为一致，Tu 等发现 P400—700 成分反映了做出欺骗性决策时的认知冲突检测和控制，并且该成分主要起源于额前回和额中回。[①] 因此我们认为额中回可能反映决策中的认知失调与决策冲突的脑区，研究中发现更正性 LPC 成分，可能反映高马基雅弗利主义者在决策的后期阶段感知到了更强大的焦虑与冲突，需要大脑进行适时的监控和调节。

六 结论

（1）两难任务具体情境不同时，被试的平均反应时有显著性差异，具体来说，在自己获利、亲人利益受损的情境下（情境 1）决策反应时要显著地高于自己获利、外人利益受损的情境下（情境 2）决策反应时。

（2）两难任务情境不同时（自己获利、亲人利益受损的情境 VS 自己获利、外人利益受损的情境），两者诱发的 ERP 波形存在显著性差异。在脑内进程的 150—300 ms 内，"自己受益，亲人受损"两难情境任务决策下（情境 1）比起"自己受益，外人受损"两难情境任务决策下（情境 2）诱发一个更正性的 ERP 成分（P150—300），在脑内进程的 300—780 ms 内，"自己受益，亲人受损"两难情境任务决策下（情境 1）比起"自己受益，外人受损"两难情境任务决策下（情境 2）诱发一个更正性的晚期正成分（LPC，P300—780）。

（3）通过偶极子溯源分析，高马基雅弗利主义者 ERP 结果中的 P150—300 成分和 LPC 成分的主要激活区分别位于海马旁回、丘脑附近和额中回。

① Tu, S. , Li, H. , Jou, J. , et al. , "An Event Related Potential Study of Deception to Self Preferences", *Brain Research*, Vol. 47, 2009, pp. 142 – 148.

第 七 章

权衡与博弈：情境和特质对马基雅弗利
主义行为的影响（研究四）

一　研究目的

在人格心理学研究领域，在人的行为到底是由什么因素决定这个问题上，一度存在着两种对立的立场，一种强调内在因素如人格特质对行为的决定性影响，另一种则强调外部因素如情境对行为的重要影响。特质和情境作为两个重要的因素都进入了人格心理学家的视野，20 世纪 60 年代之前，特质论占据主导地位，人格心理学用特质来界定行为的稳定性和一致性，进而揭示个体之间的差异性，但特质虽然充分体现了人格的静态性，却未能涉及人格最富魅力的动态性。[①] 1968 年，Mischel 在《人格与评鉴》一书中指出：有关行为跨情境一致性方面的证据并不多，而且以行为由内部因素决定的观点为基础的理论在行为预测方面收效甚微，因此特质等倾向性描述似乎只能代表人们对人格研究的认知结构，并不能反映人的实际行为，与其寻找特质，不如关切那些能够激发和保持某种行为的特定环境条件。20 世纪 60 年代后，特质论开始受到情境论的强烈挑战，人格心理学领域一度陷入"特质—情境"之争。在人的行为的决定性因素上，互不相让，相持不下，但人们也开始认识到喋喋不休的争论孰重孰轻实在是毫无意义的，行为无疑是由二者共同

---

① 张兴贵、郑雪：《人格心理学研究的新进展与问题》，《心理科学》2002 年第 6
期。

决定的。人格与情境的相互作用模型也随之出现，将两个变量同时作为影响行为的自变量。①

当下中国，厚黑当道，看似乱象横生，但如果将马基雅弗利现象中的重要影响因素剥离并上溯到人格心理学中的特质和情境两个理论渊薮，则有迹可循。个体自身内的行为变异（个体在不同情境中行为的变化）蕴含着有关个体特征的大量信息，而自身内在变异规律可能反映了人格的内在机制和动力过程。② 毫无疑问，中国人的马基雅弗利主义行为，也是特质与情境共同作用的结果：一方面固然是厚黑学/马基雅弗利主义在个体身上的固化和内化，是个体为达目的、不择手段、操纵他人、谋取利益这种人格特质的外在表现；另一方面厚黑学/马基雅弗利主义在中国蔚然成风，也与当前社会中制度失范、规则缺乏，利益诱惑增多等宏观大背景分不开。

本研究试图从模拟情境实验中寻找个体马基雅弗利主义行为无序背后的有序，为了考察特质和情境对中国人马基雅弗利主义行为的影响与作用，研究将马基雅弗利主义人格作为特质性因素，而将制度环境、利益诱惑作为情境型因素，将被试置于现实模拟情境之中，以探讨道德与名利博弈之下，特质与情境对被试马基雅弗利主义行为抉择的影响。

二　研究假设

本研究的具体研究假设如下：

H1：马基雅弗利主义人格对马基雅弗利主义行为有着显著的影响，即高马基雅弗利主义人格的被试更倾向于实施马基雅弗利主义行为，而低马基雅弗利主义人格的被试更倾向于放弃厚黑行为。

H2：制度环境对马基雅弗利主义行为有着显著的影响，即在制度失范、行为无序的情境下被试更倾向于实施马基雅弗利主义行为，而制度

---

① 郭永玉：《人格心理学——人性及其差异的研究》，中国社会科学出版社 2005 年版，第 594 页。

② 安晶卉、张建新：《人格心理学研究中新的探索——从模拟情境中寻找个体行为无序背后的有序》，《心理科学进展》2004 年第 3 期。

规范、行为有序的情境下被试更倾向于放弃马基雅弗利主义行为。

H3:利益诱惑对马基雅弗利主义行为有着显著的影响,即在利益诱惑大的情境下被试更倾向于实施马基雅弗利主义行为,而在利益诱惑小的情境下被试更倾向于放弃马基雅弗利主义行为。

H4:马基雅弗利主义人格与制度环境会共同影响马基雅弗利主义行为。

H5:马基雅弗利主义人格与利益诱惑会共同影响马基雅弗利主义行为。

H6:制度环境与利益诱惑会共同影响马基雅弗利主义行为。

H7:马基雅弗利主义人格、制度环境和利益诱惑会共同影响马基雅弗利主义行为。

三 研究方法

(一) 实验设计

本研究采用模拟情境实验法,即在一个模拟的现实情境中对自变量实施操作,考察被试的反应。研究采用 $2 \times 2 \times 2$ 实验设计,包含三个自变量,第一个自变量为被试的马基雅弗利主义人格,分为高马基雅弗利主义人格和低马基雅弗利主义人格两个水平;第二个自变量为制度环境,分为好制度环境和差制度环境两个水平;第三个自变量为利益诱惑,分为有利可图和无利可图两个水平。本研究的因变量是被试在不同情境下的马基雅弗利主义行为意向。

(二) 研究被试

被试来自湖北某地级市市直机关。本研究采用中国人马基雅弗利主义人格问卷测试了 224 名公务员,按照中国人马基雅弗利主义人格问卷得分高低顺序排列,取得分最高的 27% 作为高马基雅弗利主义人格组(共60 名,其中男性 42 名,女性 18 名,平均分为 58.37 ± 8.42),取得分最低的 27% 作为低马基雅弗利主义人格组(共 60 名,其中男性 41 名,女性 19 名,平均分为 41.83 ± 6.29),两组被试马基雅弗利主义人格得分差异显著($t = 6.266$,$p < 0.000$)。

筛选出的 120 名公务员被试均接受了模拟实验邀请，并在实验结束后领取精美小礼品一份。

（三）实验材料与程序

1. 实验材料的生成

本研究针对被试的职业类别与工作范畴量身设计典型情境，由于参加实验的被试都是机关单位的公务员，因而实验用的情境材料也必须是公务员非常熟悉且易于理解的故事。为此，研究者专门对公务员进行先行访谈，了解到公务员当中马基雅弗利主义行为出现可能性最大的实际情形通常包括提职、提干、评奖评优和权力寻租等不同情况，最终选择评选"评优提干"作为实验用情境，将制度环境和利益诱惑两个自变量糅合进实验之中，提炼出"评优提干"评定情境中好制度环境/差制度环境、有利可图/无利可图的典型事例，通过不同的语言表述，组合成四种公务员评优提干的评定情境（具体情境故事见附录6）。

运用情境故事（scenarios）的方法，通过对"评优提干"评定情境的描述来对自变量进行操纵。制度环境被操作为单位的评优制度存在并公开、公平、公正地运作或单位的评优制度形同虚设，不公开、不公平、不公正地运作。利益诱惑被操作为"党校进修学习"是提拔干部的必要条件，利益很大或"党校进修学习"仅是一个荣誉称号，对提拔干部并无实质性帮助。

2. 实验程序

首先使用自编的中国人马基雅弗利主义人格问卷对 224 名公务员施测（$M = 37.87$，$SD = 6.62$），将被试按照总分由高到低排列，取得分前 27% 的被试（$224 \times 27\% = 60$ 名）为高分组，后 27% 的被试（$224 \times 27\% = 60$ 名）为低分组，共 120 名公务员被试。

实验过程为集体施测，高低马基雅弗利主义人格的两组被试分别集中到两间办公室，在发放实验材料之前由主试宣读指导语并强调注意事项，告诉被试本调查不记名，要求被试按照指导语尽量投入到故事情境中，然后随机发放四种实验材料，对所有实验材料统一回收。

每名被试随机接受一种刺激情境，通过指导语告诉被试，他们会读到一则关于"评优提干"的情境故事，让他们假设他们自己就是故事中的主人公,要求他们首先认真阅读这则故事,尽量将自己投入到故事情境中,然后根据自己经历故事情境后的感受回答后面的问题。

(四)实验测量及反应量表的设计

1. 对实验中因变量的测量

鉴于国外研究者建议在模拟情境中对因变量的测验采用单个项目,因为测量题目量太多未必是好事,被试对于测量题目会很快感到厌倦。[1][2] 本研究对因变量(马基雅弗利主义主义行为意向)的测量采用单个项目,即:

> 我会收买张三。
> ①完全不同意 ②比较不同意 ③不确定 ④比较同意 ⑤完全同意

为了考察因变量项目测量的效标关联效度,实验中将被试对马基雅弗利主义的态度作为因变量(马基雅弗利行为意向)的效标并采用下一项目进行了测量。

> "为达目的、不择手段"也是现实中必需的一种态度。
> ①完全不同意 ②比较不同意 ③不确定 ④比较同意 ⑤完全同意

上述项目的测量都采用 Likert 五点记分,①表示"完全不同意",⑤表示"完全同意"。

2. 对实验中自变量操纵的测量

为了检验实验中的情境型自变量的操纵是否成功,本研究分别设计

---

① Robbins, R. W., Hedin, H. M., & Trzesniewski, K., "Measuring Global Self-esteem: Construct Validation of a Single-item Measure and He Rosenberg Self-esteem Scale", *Personality and Social Psychology Bulletin*, Vol. 27, 2001, pp. 151 – 161.

② Cremer, D. D., Knippenberg, B., & Knippenberg, D., "Rewarding Leadership and Fair Procedures as Determinants of Self-esteem", *Journal of Applied Psychology*, Vol. 90, 2005, pp. 3 – 12.

了两个项目来考察被试对实验情境的理解是否与操作一致，即：

> 关于单位的"党校进修指标"评选制度环境，我认为_____。
> ①好　②不好　③不确定
> 在推选"党校进修学习"这个问题上，我认为_____。
> ①有利可图　②无利可图　③不确定

如果被试的回答与所接受的实验处理不一致，视作无效实验处理数据，不进入下一步的实验结果分析。

3. 对实验情境真实性和普遍性的测量

为了考察实验模拟情境的真实性，反应量表中设计了如下项目进行考察：

> 我认为该故事的内容在机关事业单位中是真实存在的。
> ①完全不同意　②比较不同意　③不确定　④比较同意　⑤完全同意

为了考察实验模拟情境的普遍性，反应量表中设计了如下项目进行考察：

> 我认为该故事在很多机关事业单位都会发生。
> ①完全不同意　②比较不同意　③不确定　④比较同意　⑤完全同意

上述项目的测量都采用 Likert 五点记分，①表示"完全不同意"，⑤表示"完全同意"。

（五）统计方法

采用 SPSS17.0 对数据进行分析，采用描述性统计和方差分析来分析和检验马基雅弗利主义人格、制度环境和利益诱惑对被试马基雅弗利行为的影响。

四 结果与讨论

(一) 实验操纵检验

在对实验假设进行检验之前,首先看实验中的自变量是否进行了成功的操纵。只有操纵检验项目的回答与主试安排其接受的实验处理一致,才能作为有效数据进行分析。经检验,剔除在操纵检验项目中选择"不能确定"或错误作答的问卷8份,最后有效样本112个。

参与实验的被试对实验所模拟情境的真实性的平均认同度为3.78,显著高于中间值3($t = 7.273$,$df = 111$,$p < 0.001$),这表明实验所模拟的情境具有较高的真实性。

参与实验的被试对实验所模拟情境的普遍性的平均认同度为3.84,显著高于中间值3($t = 8.624$,$df = 111$,$p < 0.001$),这表明实验所模拟的情境具有较强的普遍性。

(二) 描述性统计结果

在不同的组合实验情境下,不同小组被试马基雅弗利主义行为倾向的平均数与标准差如表7-1所示。

表7-1 实验描述性统计结果 ($N = 112$)

人格特质	制度环境	利益诱惑	N	M	SD
低马氏人格	制度环境差	无利可图	14	1.53	0.725
		有利可图	14	3.62	0.861
	制度环境好	无利可图	14	1.07	0.427
		有利可图	14	2.14	0.738
高马氏人格	制度环境差	无利可图	14	1.68	0.729
		有利可图	14	4.82	0.538
	制度环境好	无利可图	14	1.12	0.526
		有利可图	14	4.12	0.712

（三）假设检验

采用方差分析来检验研究假设，处理结果如表 7 - 2 所示。

表 7 - 2   方差分析的结果 （N = 112）

变量	SS	Df	MS	F	Sig
马氏人格（A）	27.315	1	27.315	61.107	0.000
制度环境（B）	21.633	1	21.633	48.396	0.000
利益诱惑（C）	103.638	1	103.638	231.852	0.000
A × B	0.329	1	0.329	0.736	0.428
A × C	14.226	1	14.226	31.826	0.000
B × C	0.329	1	0.329	0.736	0.428
A × B × C	0.117	1	0.117	0.262	0.603
误差	46.523	104	0.447		
总计	214.11	111			

从表 7 - 2 中可以看出，马基雅弗利主义人格的主效应显著（$F = 61.107$，$df = 1$，$p < 0.001$），研究假设 H1 得到验证。制度环境的主效应显著（$F = 48.396$，$df = 1$，$p < 0.001$），研究假设 H2 得到验证。利益诱惑的主效应显著（$F = 231.852$，$df = 1$，$p < 0.001$），研究假设 H3 得到验证。马基雅弗利主义人格与制度环境交互作用不显著（$F = 0.736$，$df = 1$，$p > 0.001$），研究假设 H4 未得到验证。马基雅弗利主义人格与利益诱惑交互作用显著（$F = 31.826$，$df = 1$，$p < 0.001$），研究假设 H5 得到验证。制度环境与利益诱惑交互作用不显著（$F = 0.736$，$df = 1$，$p > 0.001$），研究假设 H6 未得到验证。马基雅弗利主义人格、制度环境与利益诱惑三重交互作用不显著（$F = 0.262$，$df = 1$，$p > 0.001$），研究假设 H7 未得到验证。

为进一步探讨马基雅弗利主义人格与利益诱惑的交互作用，通过 SPSS 软件的 Syntax 窗口键入相应的语法命令进行简单效应分析，处理结果如图 7 - 1 所示。

由进一步的简单效应分析可知，在无利可图的环境条件下，高马基

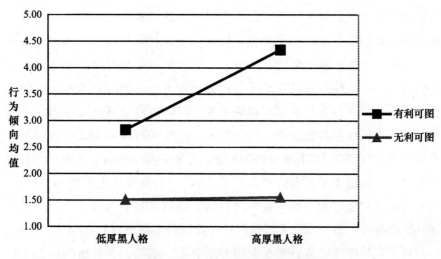

图 7-1　马基雅弗利主义人格与利益诱惑的交互作用

雅弗利主义人格被试的行为选择倾向（$M = 1.56$）与低马基雅弗利主义人格被试的行为选择倾向（$M = 1.51$）没有显著差异，$F(1, 104) = 0.01$，$p = 0.927$；但是在有利可图的环境条件下，高马基雅弗利主义人格被试的行为选择倾向（$M = 4.34$）要显著高于低马基雅弗利主义人格被试的行为选择倾向（$M = 2.83$），$F(1, 104) = 67.33$，$p = 0.000$。也就是说，对于高马基雅弗利主义人格的公务员被试而言，当利益诱惑上升时，其马基雅弗利主义行为选择倾向的程度就显著增加；而对于低马基雅弗利主义人格的公务员被试则没有这种效应。

（四）讨论

研究中的特质变量即马基雅弗利主义人格的主效应显著，人格作为个体所具有独特而稳定的思维方式和行为风格，马基雅弗利主义人格对个体的厚黑行为有着显著的影响，在翻云覆雨、鱼龙混杂的名利场中，低马基雅弗利主义人格者有可能勉强做到出淤泥而不染，而高马基雅弗利主义人格者往往是主动迎合、同流合污，甚至自甘堕落，就是所谓"清者自清，浊者自浊"了。

研究中的情境变量即制度环境、利益诱惑的主效应也是显著的，制度环境和利益诱惑都对马基雅弗利主义行为有着显著的影响，时下社会中厚黑行为增多，与市场经济条件下利益诱惑增多和相应的制度建设力度不够是密切相关的，天下熙熙，皆为利来，天下攘攘，皆为利往，在经济发展、竞争加剧的时代背景下，人们所面对的利益诱惑不是减少了而是增加了，而在当代商品经济活跃的环境下，这些外在的利益都是直接决定个体生存与发展质量的稀缺资源，因此即使是低马基雅弗利主义人格的被试，在利益诱惑增大的条件下，其马基雅弗利主义行为倾向也有所提高（M 值从 1.51 增加到 2.83），就更不用提高马基雅弗利主义人格被试了，这也正是所谓的"无利不起早""有钱能使鬼推磨"。但另一个极为重要却常常被忽视的是制度环境，坏制度使好人变坏人，好制度使坏人变好人。但一直以来，我们不仅低估制度环境对社会个体的影响，还忽视了对制度环境进行建设和提升的努力。事实上，在市场经济条件下我们很难减少和控制经济发展和竞争环境对个体所产生的利益诱惑，却可以在制度建设上有更大的作为，我们应努力营造一个有章可循、有章必依、人人守则、违者必究的行为环境，加大守法奖励，提高犯法成本，一方面要对践行规则的个体进行必要的鼓励，保障他们的应有收益与奖酬，另一方面要对破坏规则的个体进行相应的惩处，让其付出应有的成本与代价，只有"惩恶扬善"的主旨贯彻到每一制度中去，才能让制度之善保证人性之善。①

研究发现特质变量与情境变量存在交互作用，即马基雅弗利主义人格与利益诱惑存在交互作用，在无利可图的情境下，高马基雅弗利主义人格与低马基雅弗利主义人格个体的马基雅弗利主义行为倾向无显著差别；而在有利可图的情境下，高马基雅弗利主义人格与低马基雅弗利主义人格个体的马基雅弗利主义行为倾向差别显著。这样的交互作用可以形象地称为"潜伏效应"。在无利可图的情境下，高马基雅弗利主义人格的个体作为理性的人，毫无疑问，他最明智的选择就是同低马基雅弗利主义人格的人一样，不动静、不声张，将自己潜伏起来。虽然狐狸是狡猾的，但狐狸的尾巴终究是要露出来的，等到了有利可图的情境中，高马基雅弗利主义人格者就会撕下伪装，不顾手段直奔利益而去了。

---

① 汤舒俊、刘亚、郭永玉：《中国人马基雅弗利主义行为影响因素的实验研究》，《教育研究与实验》2014 年第 4 期。

在此，我们也由情境变量衍生到情境、从特质变量衍生到人际中去讨论，个体出现马基雅弗利主义行为、社会出现道德滑坡甚至道德危机，离不开社会转型这样一个大情境。比如，社会转型直接造成制度漏洞，其中的有机可乘、有利可图直接诱发相关个体的马基雅弗利主义行为，社会转型直接改变了个体的社会网络，将曾经所在的"熟人社会"，变成了当下的"陌生人社会"，社会转型改变了人们的价值观念，市场经济等价交换的原则渗透到社会网络之中，集体主义和利他精神受到抑制，当下社会主义市场经济的发展，更使得人们物欲膨胀，个人主义和利己主义抬头。毫不夸张地说，社会转型是马基雅弗利主义行为盛行的最大情境变量。同时，我们还应充分考虑中国文化背景下中国人独特的行为处世之道，中国人的差序格局的人际网络决定了人际交往互动也一定有着"亲疏远近"。在这里，我们要探讨一下马基雅弗利主义行为的行为主体在实行马基雅弗利主义行为之前，也一定会对行为对象有所考虑，如下一些问题可能会浮现出来，比如"他是什么来头，有什么背景吗?""他与我有什么利益关系吗?""他是哪个圈子里的?""谁是他的后台?"，很显然，如果行为对象是"我们的人"或者"与我们有着某种关系"，这意味着马基雅弗利主义行为实施者要三思而后行了，因为"我们的人"或者"与我们有着某种关系"意味着这种人际互动不是陌生人关系，而是一种熟人关系，因而不能采用陌生人法则，不管不顾，实施可能的马基雅弗利主义行为，而要采用适用熟人关系的"人情交换法则"，因为在熟人关系中，败德行为成本和代价高昂，而在陌生人关系中，败德行为成本和代价则相对较低。[①]

五　结论

(1)马基雅弗利主义人格对个体的马基雅弗利主义行为有着显著影响，即高马基雅弗利主义人格得分的被试更倾向于实施马基雅弗利主义行为，而低马基雅弗利主义得分的被试更倾向于放弃马基雅弗利主义

---

① 崔雪茹、黄汉杰:《社会转型期道德冷漠的原因及其制度规范》，《河北大学学报》(哲学社会科学版) 2014 年第 4 期。

行为。

（2）制度环境对个体的马基雅弗利主义行为有着显著影响，即在制度失范、行为无序的情境下被试更倾向于实施马基雅弗利主义行为，而在制度规范、行为有序的情境下被试更倾向于放弃马基雅弗利主义行为。

（3）利益诱惑对个体的马基雅弗利主义行为有着显著影响，即在利益诱惑大的情境下被试更倾向于实施马基雅弗利主义行为，而利益诱惑小的情境下被试更倾向于放弃马基雅弗利主义行为。

（4）马基雅弗利主义人格与利益诱惑具有交互作用。高马基雅弗利主义人格者在不同利益诱惑条件下会表现出"潜伏效应"。

第 八 章

焦虑与冲突：两难情境下马基雅弗利主义与道德的交锋（研究五）

一　研究目的

厚黑学/马基雅弗利主义不仅是一种人格特质，同时也是一种价值观。马基雅弗利主义不仅影响着个体与他人的关系，同时也影响着个体与自我的关系。研究四探讨的是在道德与名利博弈之下，特质与情境对被试马基雅弗利主义行为抉择的影响，最后的落脚点是模拟情境下个人与他人之间的关系，本研究则试图探讨被试面对两难情境时，马基雅弗利主义与道德带给个体内部的心理冲突与体验，最后的落脚点则是模拟情境下个人与自我的关系。

价值观是个体关于周围客观事物对其价值的总体看法和根本观点。价值观体现了主体关于客体的效用性和意义性的基本立场，它要回答诸如"它对我来说是什么""它能带给我什么""我要为它去做什么"这样的问题，从而为主体评价、取舍和选择提供立足点与最终标准。只有在价值观的基础上，人们才能对各种现象或关系进行是非、得失、善恶、荣辱、美丑、对错、正邪、轻重、缓急等方面的评价或判断。① 改革开放和社会转型带领我们进入到一个价值多元的时代，传统的与现代的并存、本土的与外来的同在，每个人都有自己的价值观，一个人也可能受到多种价值观的共同作用与影响。人们的各种价值观念

---

① 　吴新文：《社会主义核心价值观》，重庆出版社 2009 年版，第 5 页。

是以相互联系的方式共存于一个大的价值观系统中的，因此，任何单一的价值观念只有被置于此系统中来理解才更有意义，才有助于人们了解其本质。①②

　　Schwartz 提出的价值观环状模型（Schwartz's Circumplex Model of Values），清楚地阐明了各种类型价值观之间的结构关系，如图 8 - 1 所示。

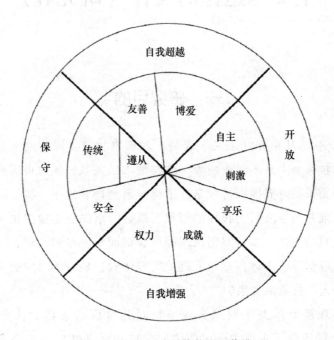

图 8 - 1　Schwartz 的价值观环状模型

　　Schwartz 通过跨文化研究发现了自主、博爱、友善、传统、遵从、安全、权力、成就、享乐、刺激 10 种类型的价值观，Schwartz 将这 10 种价值观置于一个环状模型中，并通过自我增强—自我超越（自我指向—他人指向）、开放—保守这两个维度对这些价值观进行区分排列，模型中位

　　① Rokeach, M. A., *The Nature of Human Values*, New York: Free Press, 1973, p. 160.

　　② Schwartz, S. H., "Universals in the content and structure of values: Theoretical advances and empirical tests in 20 countries", In M. P. Zanna（ed.）, *Advances in Experimental Social Psychology*, San Diego, CA, US: Academic Press, 1992, pp. 1 - 65.

置相邻的价值观之间是互补、协调的关系，而位置相对的价值观之间是对立、冲突的关系。Schwartz 认为，对每种类型价值观的追求都会有相应的心理与社会结果，这种结果与追求其他类型价值观的结果可能是协调的，也可能不是协调的，甚至是冲突的。[①] 比照这个模型，马基雅弗利主义位于接近自我增强（自我指向）的价值观如成就和权力的位置，而与自我超越（他人指向）的价值观如友善和博爱的位置刚好相对。Schwartz 认为如果个体同时拥有两种相互竞争的（competing）或方向相反的（oppositional）价值观，个体会从中体验到大量的心理紧张。[②]

毋庸置疑，马基雅弗利主义是一种与人为恶的价值观，而道德是人们共同的行为准则规范，代表着社会的正面价值取向，提倡与人为善，马基雅弗利主义与道德是相背离的。本研究拟采用情境测验法，将被试置于基于价值观冲突的模拟两难情境中，考察马基雅弗利主义和道德对个体心理紧张或焦虑的交互影响。

二　研究假设

本研究的具体研究假设如下：

H1：在两难情境下，马基雅弗利主义对被试的心理紧张或焦虑有着显著的影响。即个体的马基雅弗利主义水平越低，其感受到的心理紧张或焦虑越强。

H2：在两难情境下，道德对被试的心理紧张或焦虑有着显著的影响。即个体的道德认同水平越高，其感受到的心理紧张或焦虑越强。

H3：马基雅弗利主义与道德会交互地影响被试的心理紧张或焦虑。

---

① Schwartz, S. H., "Are there Universal Aspects in the Structure and Content of Human Values?", *Journal of Social Issues*, Vol. 50, 1994, pp. 19－45.

② 杨宜音:《社会心理领域的价值观研究述要》,《中国社会科学》1998 年第 2 期。

三　两难情境下马基雅弗利主义与道德的交锋：来自行为学的证据

（一）研究设计

采用 2×2 的组间设计，第一个组间自变量为马基雅弗利主义，分为高分组、低分组 2 个水平，第二个组间自变量为道德认同，分为高分组、低分组 2 个水平。测量的因变量为被试面临价值观冲突两难情境自我报告的内心紧张或焦虑程度。

（二）被试

被试来自湖北某地级市市直机关。本研究采用中国人马基雅弗利主义人格问卷测试了 225 名公务员，按照中国人马基雅弗利主义人格问卷得分高低顺序排列，取得分最高的 27% 作为高马基雅弗利主义人格组（共 60 名，其中男性 42 名，女性 18 名，平均分为 58.37 ± 8.42），取得分最低的 27% 作为低马基雅弗利主义人格组（共 60 名，其中男性 41 名，女性 19 名，平均分为 41.83 ± 6.29），两组被试马基雅弗利主义人格得分差异显著（$t = 6.266$，$p < 0.000$）。根据对被试同步施测的道德认同量表分数，以中数为界，对被试进行再次划分低道德认同组和高道德认同组，最终形成四个不同组合条件下的测验被试，即高马基雅弗利主义与高道德认同 22 人、高马基雅弗利主义与低道德认同 36 人、低马基雅弗利主义与高道德认同 28 人、低马基雅弗利主义与低道德认同 34 人。

（三）测量工具和实验材料

（1）自编的中国人马基雅弗利主义人格问卷，共 15 个项目（见附录 2）。

（2）道德测量采用迟毓凯改编自国外的道德认同量表（见附录 8），[①]共包含 10 个项目，2 个测量维度，其中 5 个项目是关于道德认同内化维

---

① 迟毓凯：《亲社会行为启动效应研究——慈善捐助的社会心理学探索》，广东人民出版社 2009 年版，第 254—255 页。

度的测量,5 个项目是关于道德认同象征维度的测量。本研究中道德认同量表的内部一致性信度为 0.81。

(3) Marlowe-Crowne 社会赞许性量表简版 (Marlowe-Crowne Social Desirability Scale, MCSD) (见附录 5),共 10 个项目,采用 1、0 计分法,总分为 0—10 分,得分越高,表示社会赞许性越高。本研究中 MCSD 量表的内部一致性信度为 0.79。

(4) 自编的反映马基雅弗利主义与道德冲突的两难情境,共五个(见附录 7),所有这五个冲突情境都是通过先行访谈公务员被试群体、源于公务员工作生活实际创作而成的仿真案例。之所以设置五个情境而非单一的情境,主要是为了增加情境的代表性,防止情境太少而增加测量的误差。为了检验两难冲突情境的真实性与有效性,在正式实验之前,请 3 名心理学博士对所编制的情境进行评定。具体方法是在一个 7 点量表上 (1 表示毫不涉及,7 表示完全涉及,其余类推) 评价每个情境分别从多大程度上涉及了与厚黑学/马基雅弗利主义相关的问题 (如为达目的不择手段,操纵他人谋取利益等),以及从多大程度上涉及了与道德相关的问题 (如强调道德、仁爱之心,看重人与人之间的感情与和谐关系等)。对搜集的评定数据进行相关样本 t 检验,结果发现 5 种情境所涉及的马基雅弗利主义的程度与道德认同程度的平均分均高于 4 分,且均没有显著性差异 ($M_{厚黑1} = 4.36$,$M_{道德1} = 4.98$,$p_1 > 0.05$;$M_{厚黑2} = 4.67$,$M_{道德2} = 5.21$,$p_2 > 0.05$;$M_{厚黑3} = 5.41$,$M_{道德3} = 5.72$,$p_3 > 0.05$;$M_{厚黑4} = 4.92$,$M_{道德4} = 5.33$,$p_4 > 0.05$;$M_{厚黑5} = 5.17$,$M_{道德5} = 5.28$,$p_5 > 0.05$),差异显著性检验的结果表明自行编制创作反映马基雅弗利主义与道德冲突的两难情境都能够同等程度地涉及马基雅弗利主义与道德。

(5) 自编的状态焦虑量表 (见附录 9,与仿真冲突两难情境绑定),共 7 个项目。由 Spirlberger 等人编制的状态焦虑问卷 (State Anxiety Inventory, STAI) 中文版改编而成,研究表明 STAI 中译本信效度满意,适用于中国被试。[1] 根据本研究的需要,从中选取了部分项目,对个别项目进行修改。此量表用于在五种两难情境条件下分别对被试进行施测,采用 4

―――――――――

[1]　汪向东、王希林、马弘:《心理卫生评定量表手册》,《中国心理卫生杂志》1999 年增刊,第 238—241 页。

点计分方法，1 表示完全没有，2 表示有些，3 表示中等程度，4 表示非常明显。五种情境下该量表的内部一致性信度分别为：0.81、0.77、0.85、0.79、0.89。

（四）研究程序

模拟情境测验分两步在某市直机关单位会议室进行施测。第一步将中国人马基雅弗利主义人格问卷、道德认同量表和社会赞许性量表作为一个测试组合发给被试，为掩饰研究目的，告诉被试填写此批问卷的目的是为了了解他们自己的个性特点和处世风格。第二步是发给被试两难情境冲突测验组合材料，同样为掩饰研究目的，告诉被试接下来所进行的是公务员对工作生活中人际关系问题状况的调查。两难情境冲突测验组合材料包括三部分内容：五个马基雅弗利主义与道德相冲突的情境、诱导性问题和自编的状态焦虑量表。材料中每一个马基雅弗利主义与道德冲突的两难情境之后，都尾随需要被试根据情境作答的两个问题："（1）面对此情境，你最终会做出怎样的决定？（让被试选择在预设的两个备选项中做出选择）（2）描述你在做出此决定过程中的内心感受。"描述的方法是让被试在状态焦虑量表上进行 4 点等级的评价。设计第一个问题旨在引导被试深度卷入测验中的情境，并对呈现的情境进行深层次的思考和加工，而被试作答的结果并不做统计分析检验。实验真正所需的数据是第二个问题上被试的反应得分，即被试在状态焦虑量表上的得分。第二次施测材料共包含五个马基雅弗利主义与道德相冲突的情境，问题的设计方式如上所述（详细的情境测量材料见附录9）。

（五）数据的统计方法

采用 SPSS 17.0 对所收集的测量数据进行描述性统计分析和协方差分析。

（六）结果与分析

1. 描述性统计结果与分析

在不同的测验情境下，不同小组被试的状态焦虑的平均数与标准差如表 8 - 1 所示。

表 8 - 1   情境测验的描述性统计结果 ($N = 120$)

马基雅弗利主义	道德认同	N	M	SD
高马基雅弗利主义	高道德认同	22	13.68	2.34
	低道德认同	36	14.00	2.25
低马基雅弗利主义	高道德认同	28	10.23	1.89
	低道德认同	34	12.95	2.53

从上表可知,高马基雅弗利主义与高道德认同小组被试报告的状态焦虑最高 (13.68 ± 2.34)、而低马基雅弗利主义与高道德认同小组被试报告的状态焦虑最低 (10.23 ± 1.89)。

2. 假设检验

采用协方差分析来检验研究假设。以被试在面临五个两难情境下状态焦虑的平均值为因变量,以马基雅弗利主义和道德认同为组间自变量,以社会赞许性为协变量进行协方差分析,统计结果如表 8 - 2 所示。

表 8 - 2   协方差分析的结果 ($N = 120$)

变 量	SS	Df	MS	F	Sig
社会赞许性	6.749	1	6.749	1.682	0.134
马基雅弗利主义 (A)	87.624	1	87.624	21.840	0.000
道德认同 (B)	93.478	1	93.478	23.299	0.000
A × B	180.520	1	180.520	44.995	0.000
误差	461.373	115	4.012		
总计	829.744	119			

从上表可以看出,马基雅弗利主义的主效应显著,$F(1, 115) = 21.840$,$p = 0.000$,可见在两难情境下,马基雅弗利主义对被试的心理紧张或焦虑有着显著的影响,研究假设 H1 得到验证。道德认同的主效应显著,$F(1, 115) = 23.299$,$p = 0.000$,可见在两难情境下,道德认同对被试的心理紧张或焦虑有着显著的影响,研究假设 H2 得到验证。马基雅弗利主义与道德认同的交互作用也显著,$F(1, 115) = 44.995$,$p = 0.000$,如图 8 - 2 所示。

　　进一步采用简单效应分析来探讨马基雅弗利主义与道德认同的交互作用，结果表明，在低道德认同的条件下，高马基雅弗利主义被试的状态焦虑程度（$M = 14.21$）与低马基雅弗利主义被试的状态焦虑程度（$M = 13.34$）没有显著差异，$F (1, 115) = 0.79$，$p = 0.373$；但是在高道德认同的条件下，高马基雅弗利主义被试的状态焦虑程度（$M = 13.82$）要显著高于低马基雅弗利主义被试的状态焦虑程度（$M = 10.76$），$F (1, 115) = 14.82$，$p = 0.000$。也就是说，对于高道德认同的被试而言，当其马基雅弗利主义水平上升时，其心理紧张或焦虑的程度就显著增加；而对于低道德认同的被试则没有这种效应，研究假设 H3 得到验证。

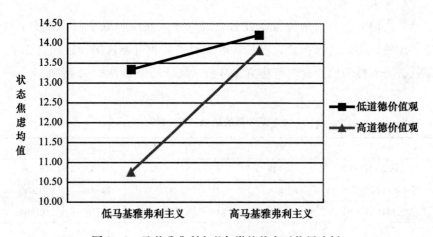

图 8 - 2　马基雅弗利主义与道德的交互作用分析

3. 社会赞许性分析

　　由于社会赞许性历来都是价值观调查的重要污染源，加之国外的 Mach-IV 受社会赞许性影响的前车之鉴，本研究在操作中除了采用匿名作答、在问卷指导语中加入认真作答的提醒、在问卷施测过程中鼓励被试的配合、将社会赞许性得分高的问卷删除等前期预防性措施后，还通过相关分析来检验社会赞许性反应偏见是否存在。结果显示，社会赞许性水平与马基雅弗利主义及道德的相关均不显著（$r_{马基雅弗利主义 - 赞许性} = 0.109$，$p = 0.156$；$r_{马基雅弗利主义 - 赞许性} = 0.112$，$p = 0.235$），表明在本研究中社会赞许性并没有影响被试对马基雅弗利主义和道德认同这两个量表项目的反应。

数据统计分析时，将社会赞许性作为协变量进行协方差分析，进一步将社会赞许性对结果变量的影响排除。

四　两难情境下马基雅弗利主义与道德的交锋：来自电生理的证据

（一）研究设计

采用 2×2 的组间设计，第一个组间自变量为马基雅弗利主义，分为高分组、低分组 2 个水平，第二个组间自变量为道德认同，分为高分组、低分组 2 个水平。测量的因变量为被试面临价值观冲突两难情境时所测定的皮电值。

（二）被试

被试是来自湖北某地级市市直机关的 120 名公务员，分批次集体施测中国人马基雅弗利主义人格问卷、社会赞许性简版量表和道德认同量表，剔除未答完、未认真作答和社会赞许性得分偏高的无效被试 12 人，得到有效被试 108 人，所有有效被试 108 人分别按照中国人马基雅弗利主义人格问卷和道德认同量表得分高低顺序排列，取得分最高的 27% 作为高分组，取得分最低的 27% 作为低分组，交叉组合，最终形成四个不同组合条件下的测验被试 58 人，即高马基雅弗利主义与高道德认同被试 12 人、高马基雅弗利主义与低道德认同被试 16 人、低马基雅弗利主义与高道德认同被试 14 人、低马基雅弗利主义与低道德认同被试 16 人。

（三）测量工具和实验材料

（1）自编的中国人马基雅弗利主义人格问卷，共 15 个项目（见附录 2）。

（2）道德认同量表采用迟毓凯改编自国外的量表（见附录 8），[1] 共

---

① 迟毓凯：《亲社会行为启动效应研究——慈善捐助的社会心理学探索》，广东人民出版社 2009 年版，第 254—255 页。

包含 10 个项目，2 个测量维度，其中 5 个项目是关于道德认同内化维度的测量，5 个项目是关于道德认同象征维度的测量。本研究中该量表的内部一致性信度为 0.81。

（3）Marlowe-Crowne 简版社会赞许性量表（Marlowe-Crowne Social Desirability Scale，MCSD，见附录 5），共 10 个项目，采用 1、0 计分法，总分为 0—10 分，得分越高，表示社会赞许性越高。本研究中该量表的内部一致性信度为 0.79。

（4）自编的反映马基雅弗利主义与道德冲突的两难情境，共五个（见附录 10），同上。但是情境呈现与测验的方式与行为测试不同。对这五个模拟情境，采用探索性测试法分别将每一个情境编制成一系列的问题（模仿测谎题的题目），对于每个两难情境下设置的四个问题，有两个是马基雅弗利主义导向的行为，另外两个是道德导向的行为。设置这些问题的目的是为了引起被试对两难情境深层次的思考和反应，促成被试对两难情境的深度卷入，至于其最终做出何种选择、回答"是"还是"不是"，并不是研究关注的重点。我们关注的是被试在对每个问题做出抉择的过程中内心的冲突状况，如果有冲突，被试表现出紧张或焦虑，就会通过皮电等生理指标体现出来。现将情境测验的项目与流程示范如表 8-3 所示，整个情境呈现与测验项目详见附录 10。

表 8-3　　　　　　　　　情境的测验项目与流程

	编号	内　　容
	情境（S1）	假定你是一个异地恋的主角，你与女友相恋多年，但因为工作调动困难，你和女友却一直分属两地工作，交通不便，感情交流不畅。你的同事给你介绍了一个同城的姑娘，家庭经济条件十分优越，你比较动心。但女友打算辞职到你所工作的城市，别觅职业，也与你共续恋情，你会利用这段萌发的新感情来逼女友分手吗？
	情境（S2）	同上
第一遍	Q1	你会选择物质而放弃爱情吗？
	Q2	你会选择爱情而放弃物质吗？
	Q3	你会放弃爱情而选择物质吗？
	Q4	你会放弃物质而选择爱情吗？

续表

	编号	内　容
第二遍	Q2	你会选择爱情而放弃物质吗?
	Q1	你会选择物质而放弃爱情吗?
	Q4	你会放弃物质而选择爱情吗?
	Q3	你会放弃爱情而选择物质吗?

测验中的情境是为了引导被试进入模拟的工作或生活两难，让被试听两遍是为了让被试听得更清楚、意思把握得更明晰，使被试的思维更好地卷入到这个情境之中，以便于被试在后面答题过程中相应生理指标的采集。情境自带的问题不用回答，其生理反应也不参与系统评分。尾随情境之后的问题用"是"或"不是"来回答，为了检验被试生理反应指标的稳定性，每个问题以不同的顺序测试两遍。

(5) 自编的状态焦虑量表（见附录 9），共 7 个项目。由 Spielberger 等人编制的状态焦虑问卷（State Anxiety Inventory, STAI）中文版改编而成，研究表明 STAI 中译本信效度满意，适用于中国被试。[①] 根据本研究的需要，从中选取了部分项目，对个别项目有所修改。此量表用于在五种两难情境条件下分别对被试进行施测，采用 4 点计分方法，1 表示完全没有，2 表示有些，3 表示中等程度，4 表示非常明显。五种情境下该量表的内部一致性信度分别为：0.78、0.83、0.87、0.85、0.88。

(6) PG—10A 型六道心理测试仪 1 台，由中国科学院自动化研究所心理测试工程中心研制生产的一种指针式电阻测量仪表，设有皮电、胸呼吸、腹呼吸、指脉、血压、动作共六道生理参量接口，实验中用它主要来测量被试的皮电。联想品牌台式电脑 1 台，CPU 主频 1.6GHz，17 英寸 CRT 纯平显示器，屏幕的分辨率为 800×600，刷新率为 120Hz，操作系统为 Windows XP。

(四) 研究程序

每次实验都提前预约 1 名被试，实验安排在实验室进行，实验室保

---

① 汪向东、王希林、马弘:《心理卫生评定量表手册》,《中国心理卫生杂志》1999 年增刊, 第 238—241 页。

持室内的整洁和安静，实验采用主试和被试一对一的方式单独进行，实验进行过程中谢绝与实验无关的其他人员。在实验正式开始前，向被试宣读指导语如下：

　　您好，欢迎参加我们的实验！在实验过程中，我会向您描述 5 个工作生活情境，在每个工作生活情境后都会有 8 个小问题等着您，这 8 个小问题可能会在提问过程中部分地重复，请您耐心倾听，如实作答。您身边的这台心理多导测试仪是我们今天要用的实验设备，在我问您问题的同时，我会使用这台心理多导测试仪来测量记录您的呼吸、排汗等生理活动，因而需要在您的身上套戴一些传感器来记录您的生理活动指标。这台心理多导测试仪是经过专业机构检验的，绝对安全健康，也不会给您的身体带来任何痛苦。实验中我所问您的这些问题都很简单，只需要您用"是"或者"不是"来回答。每次我提问结束之后，您要尽快反应作答。如果问题符合您内心的真实想法，您就回答"是"；如果问题不符合您内心的真实想法，您就回答"不是"，不需要您解释也不需要您用其他话来回答，我所问您的全部问题都没有标准答案，回答"是"或"不是"并没有好坏、对错之分，对您无任何不良影响，您的作答我会进行保密，所以请您答题时不要有任何顾虑。最后需要提醒您的是在整个实验过程中请保持安定，身体手脚不要摆动，头不要晃动，眼睛正视前方。

通过指导语主试向被试简单地介绍实验过程、任务要求以及注意事项，让被试明白自己的角色与任务。介绍完毕后，让被试坐在一张扶手椅上，左右下臂自然垂放在扶手之上，将 PG—10A 型六道心理测试仪的呼吸传感器佩戴于其胸部和腹部，测量呼吸频率及深浅程度，将皮电传感器戴在被试两个相邻手指之间，测量阻值相对变化率。引导被试做深呼吸，让被试尽可能地放松，根据电脑屏幕上提示的各通道波形图对传感器进行适当调整，直至被试生理基线逐渐稳定，开始正式实验测试。主试向被试描述情境并提问，主试发问时吐词清晰、语速平缓，被试用"是"或"否"来回答。主试发问时题目与题目之间保持 15 秒的间隔，由 PG—10A 型六道心理测试仪数据系统自动记录被试的各项生理指标。

第一遍发问结束后,为了检验被试皮电反应的稳定性,实验继续进行第二遍发问,但每组问题是按照不同的顺序再测试一遍(具体见附录10),全部测试完毕之后,测试结束,将皮电传感器从被试手指上摘下,请被试放松休息一下,简要地对被试的测试结果进行适当解释,感谢被试的参与,并在被试离开时向被试赠送精美小礼品一份作为参与研究的报酬。每次实验大约需要30分钟。

(五)数据的统计方法

采用 SPSS 17.0 对所收集的测量数据进行描述性统计分析和协方差分析。

(六)结果与分析

1. 被试作答的一致性分析

为了检验被试作答的真实性与一致性,我们对每一个情境下设的4个问题都以不同的顺序再重复询问了一遍,被试以"是"或"不是"作答,我们将"是"计为1,将"不是"计为0,对被试在前后两个问题上的作答计分并计算皮尔逊相关系数,统计结果如表8-4所示。

表8-4　　　　　　　被试前后两次作答的相关分析结果 ($N = 58$)

情境	问题	两次测试的相关系数	情境	问题	两次测试的相关系数
情境1	Q1	0.71 ***		Q3	0.83 ***
	Q2	0.83 ***		Q4	0.81 ***
	Q3	0.92 ***	情境4	Q1	0.87 ***
	Q4	0.76 ***		Q2	0.89 ***
情境2	Q1	0.73 ***		Q3	0.90 ***
	Q2	0.75 ***		Q4	0.92 ***
	Q3	0.81 ***	情境5	Q1	0.87 ***
	Q4	0.79 ***		Q2	0.83 ***
情境3	Q1	0.78 ***		Q3	0.84 ***
	Q2	0.80 ***		Q4	0.86 ***

注: *** 表示 $p < 0.001$。

由表 8 - 4 可知，被试对 5 个两难情境中的 20 个项目的两次作答相关非常显著，相关系数 r 数值很高，都在 0.71—0.92 之间，被试两次作答的高相关表明被试在实验中多认真作答，一致性和真实性较好。

2. 皮电强度值分析

PG—10A 型六道心理测试仪带有自动评分系统，通过系统自带模块菜单中的"强度分析"选项，即可得到实验中被试呼吸和皮电的强度分析结果。强度值的计算是以问话结束以后，被试 5 秒钟之内的反应作为这个问题刺激所引起的心理生理反应，它是以提问之前被试恒定的生理基线值为基准并相减得出的差值。强度值越高，表示反应值与生理基线值越大，被试回答这个问题的时候冲突越严重。5 个两难情境下各有 4 个问题，都按照不同的排列次序测试了两遍，每个问题对应一个综合测试的呼吸和皮电强度值。通常认为，由于人的手指及手掌的汗腺对交感神经兴奋特别敏感，故在紧张、焦虑的情况下会出现精神性发汗，导致皮肤电阻的降低，[①] 故皮电是反映精神紧张度的最直接、最敏感的指标。[②] 而呼吸则容易受到被试有意识的控制和影响（比如屏住呼吸、咳嗽、深呼吸等）而不够精准，在本实验进行中主试确实也发现有部分被试有意识地控制呼吸而影响生理记录数据，因此为了保证因变量指标的准确性，我们只采用皮电指标进行统计分析。

我们把每个两难情境下的 4 个问题各自综合测试所得皮电强度值的总分作为被试在面临一个两难情境时心理紧张或焦虑程度的指标。本实验共有 5 个类似的两难情境，故因变量的得分就是被试在 5 个情境下皮电强度的平均值。以马基雅弗利主义和道德认同为组间自变量，以性别为协变量进行协方差分析。结果如表 8 - 5 所示。

---

① 常青、岩松、周梅：《皮电生物反馈训练前后被试皮电反应参数的变化》，《中国行为医学科学》1996 年第 2 期。

② 陈方华、柯文棋、顾卫国、常小海、章建程、赵敏：《皮电生物反馈训练对被试者生理及心理影响的研究》，《海军医学杂志》2005 年第 2 期。

表 8 – 5 协方差分析的结果 （N = 58）

变量	SS	Df	MS	F	Sig
性别	1.849	1	1.849	0.308	0.326
马基雅弗利主义（A）	16.218	1	16.218	2.701	0.112
道德认同（B）	19.711	1	19.711	3.283	0.094
A × B	112.357	1	112.357	18.714	0.000
误差	318.237	53	6.004		
总计	468.372	57			

从表 8 – 5 中可以看出，马基雅弗利主义的主效应不显著，$F_{(1, 53)} = 2.701$，$p = 0.112$，可见在两难情境下，马基雅弗利主义对被试的心理紧张或焦虑并没有显著的影响，研究假设 H1 未得到验证。道德认同的主效应不显著，$F_{(1, 53)} = 3.283$，$p = 0.094$，可见在两难情境下，道德认同对被试的心理紧张或焦虑没有显著的影响，研究假设 H2 未得到验证。但是最重要的马基雅弗利主义与道德认同的交互作用显著，$F_{(1, 53)} = 18.714$，$p = 0.000$，如图 8 – 3 所示。

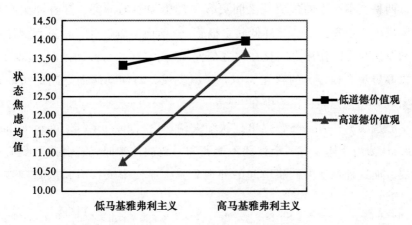

图 8 – 3　马基雅弗利主义与道德的交互作用分析

用进一步的简单效应分析来探讨马基雅弗利主义与道德认同的交互作用，进一步的分析结果表明，在低道德认同的条件下，高马基雅弗利主义被试的状态焦虑程度（$M = 13.96$）与低马基雅弗利主义被试的状态焦虑程度（$M = 13.32$）没有显著差异，F（1，53）$= 0.73$，$p = 0.382$；但是在高道德认同的条件下，高马基雅弗利主义被试的状态焦虑程度（$M = 13.65$）要显著高于低马基雅弗利主义被试的状态焦虑程度（$M = 10.78$），F（1，53）$= 13.46$，$p = 0.000$。也就是说，对于高道德认同的被试而言，当其马基雅弗利主义水平上升时，其心理紧张或焦虑的程度就显著增加；而对于低道德认同的被试则没有这种效应，研究假设 H3 得到验证。

五　讨论

马基雅弗利主义和道德在被试面临价值观冲突的两难情境时，个体自我内部会产生心理冲突，表现为内心状态焦虑的上升，而且得到了行为学指标和电生理指标的支持，这是两难情境下厚德还是厚黑的抉择，[①]与 Schwartz 的研究发现一致。其他研究价值观冲突的学者也通过各自的实证研究得出类似的观点，如 Rokeach 和 Ball-Rokeach 认为，如果个人价值观体系中存在矛盾，就会降低其自我满足感。[②] Burroughs 和 Rindfleisch 认为，两种基本对立的价值观之间更容易产生强烈的冲突，这种冲突会使个体产生心理紧张，从而降低其幸福感。[③] 国内学者许叶萍也发现儒家观念和厚黑观念的作用之间存在"互倚性"，儒家观念与冲动倾向之间的关联以厚黑观念和行为的存在为中介，厚黑观念与冲动倾向之间的关联以儒家观念和行为的存在为中介。[④]

心理学家 Festinger 曾提出过认知失调理论（cognitive dissonance theory），认为当个体具有两个彼此不能调和一致的认知时，就会感觉到心理冲突，而这种认知失调所引起的冲突紧张会促使个人行为和认知调整改

---

① 汤舒俊：《两难情境下的厚德与厚黑——大学生马基雅弗利主义与道德价值观的冲突研究》，《中国青年研究》2015 年第 9 期。

② Rokeach, M. A., & Ball-Rokeach, S. J., "Stability and Change in American Value Priorities", *American Psychologist*, Vol. 44, 1989, pp. 775 – 784.

③ Burroughs, J. E., & Rindfleisch, A., "Materialism and Well-being: A Conflicting Values Perspective", *Journal of Consumer Research*, Vol. 29, 2002, pp. 348 – 370.

④ 许叶萍：《儒家观念与厚黑学对青少年教育与社会和谐影响的研究》，《中国青年研究》2006 年第 2 期。

变的原动力,借以消除失调,恢复协调。①

如果将价值观作为核心概念迁移到认知失调理论中来,那么我们也可以假定当人们体验到由价值观冲突引发的紧张和压力时,随着时间的推移,个体会试图减弱其中一种价值观的强度,对这些价值观进行重新排序以减少这种不适,但价值观重新排序作为应对价值观冲突的方式的一种方式,与其说是一种结果,不如说是一种过程,因为价值观是个体随着其知识的增长和生活经验的积累逐步确立起来的,而且个人的价值观一旦确立,便具有相对稳定性,很难轻易改变。② 显然,如果个体同时具有马基雅弗利主义和道德,在价值观重新排序完成之前,个体可能在相当一段时间内持续拥有不协调的价值观,而内心的冲突体验也在所难免,为了避免这种无谓的内心冲突与紧张,我们应对个体价值观重新排序有所作为,引导他们进行不同价值观的正确认知与评价,重新确定价值观的优先层级。公务员群体是社会主义核心价值观的践行者和示范者,我们一定要加强对公务员群体的信仰引导和人文关怀,用主流的社会主义核心价值观来引导他们做一个高尚的人,做一个纯粹的人,勉励他们要厚德、厚道,以减少无谓的心理冲突,维护他们的心理健康。

六 结论

(1)在两难情境下,马基雅弗利主义与道德的冲突有着行为学证据,个体的马基雅弗利主义水平对被试的心理紧张或焦虑有着显著的影响。即个体的马基雅弗利主义水平越低,其感受到的心理紧张或焦虑越高。道德认同对被试的心理紧张或焦虑有着显著的影响。即个体的道德认同水平越高,其感受到的心理紧张或焦虑越高。马基雅弗利主义与道德会交互地影响被试的心理紧张或焦虑。对于高道德认同的被试而言,随着马基雅弗利主义水平的升高,其心理紧张或焦虑的程度会显著增加;而

---

① 张春兴:《现代心理学——现代人研究自身问题的科学》,上海人民出版社1994年版,第610页

② Burroughs, J. E., & Rindfleisch, A., "Materialism and Well-being: A Conflicting Values Perspective", *Journal of Consumer Research*, Vol. 29, 2002, pp. 348 - 370.

对于低道德认同的被试则没有这种效应。

（2）在两难情境下，马基雅弗利主义与道德的冲突有着电生理证据，马基雅弗利主义与道德认同会交互地影响被试的心理紧张或焦虑。对于高道德认同的被试而言，随着马基雅弗利主义水平的升高，其心理紧张或焦虑的程度会显著增加；而对于低道德认同的被试则没有这种效应。

第 九 章

教化与升华：因果报应和道德启动
对马基雅弗利主义行为的抑制（研究六）

一　研究目的

厚黑学/马基雅弗利主义对内导致内心的紧张与焦虑，对外诱发人际关系的冲突与争斗，从个体层面来看，它是个体身体健康的隐忧，从社会层面来看，它是主流价值观外的异数，因此无论是基于个人关怀、文明发展、法制进步还是基于社会管理，都很有必要探讨如何对马基雅弗利主义的观念与行为进行抑制。如前所述，中国瑰丽的思想文化宝库中隐藏着珍宝，有着与厚黑学针锋相对的文化基因，有着抑制马基雅弗利主义的世俗观念，这就是中国儒家文化熏陶和道德塑造下所孕育着的厚黑学/马基雅弗利主义的抗体，一是传统儒家道德，一是因果报应观念。

因果报应观念融合于东汉时期佛教与中国传统文化的对接中，发展成为对中国影响年代最久、影响范围最广的宗教人生理论。[①] 因果报应观念在中国有着深厚的民间基础，无论是数量众多的传说故事，还是众口相传的民间词谣，其中惩恶扬善、好人好福的主题与内容都彰显出中国社会各阶层对因果报应的认同与接纳。而中国人乐善好施，积德行善，排除秉性善良的内因之外，一个重要的外因就在于对因果报应观念的信奉，如同民间的口谣所讲的"种瓜得瓜，种豆得豆"，"善有善报，恶有

---

① 郭征宇：《简论佛教的因果报应说》，《晋阳学刊》2005 年第 4 期。

恶报，不是不报，时候未到，时辰一到，马上就报"。因果报应观念深刻地影响国人生活的方方面面，直到今日，毫不夸张地说，因果报应观念仍是人们的宗教愿望和情绪表达。

道德是人类社会的一种重要意识形态，是由人们在社会生活实践中形成的并由经济基础决定的，以善恶为评价形式，依靠社会舆论、传统习俗和内心信念，用以调节人际关系的心理意识、原则规范、行为活动的总和。在现实生活中，道德或被具体化为做人的品质，或被表象化为人在社会中的规范准则。事实上，道德不仅仅是一种人的道德品质的规定，也不仅仅是一种和其他社会规范并列的道德视角的规范。道德作为人类的理性，它是一种关于人类应当怎样的智慧。它表达并设定一定的社会价值取向和理想目标，引导社会发展方向，规定社会发展目标，把握和调整着社会各个方面的善及其合理性。这些价值取向和理想目标深深渗透在政治、法律和经济生活等各个领域，无处不在地发生着作用。①

因果报应观念和道德都近似无形，但都深刻地影响着今天的中国人。从心理学的视角，社会行为的启动效应也是人格与社会心理学的一大热点。许多研究发现，特质概念、刻板印象等知识结构的激活不仅对社会认知产生影响，②而且直接激活可能的社会行为，使被试的某些行为发生改变。③本研究拟采用实验法，分别研究在因果报应观念启动条件和道德启动条件下，不同的启动方式、不同的启动内容、不同的马基雅弗利主义人格水平对被试马基雅弗利主义行为的影响，以检验因果报应观念和道德启动对马基雅弗利主义行为的抑制效用。

---

① 葛晨虹:《道德是什么及其在社会功能中的功能体现》,《西北师大学报》(社会科学版) 2004 年第 6 期。

② Bargh, J. A., Gollwitzer, P. M., Lee-Chai, A., & Barndollar, K., "The Automated Will: Nonconscious Activation and Pursuit of Behavioral Goal", *Journal of Personality and Social Psychology*, Vol. 81, 2001, pp. 1014 – 1027.

③ Ferguson, M. J., & Bargh, J. A., "How Social Perception Can Automatically Influence Behavior", *Trends in Cognitive Science*, Vol. 9, 2004, pp. 159 – 170.

二　研究假设

本研究的具体研究假设如下:

H1:被试的马基雅弗利主义人格对马基雅弗利主义行为的抑制有显著影响,在启动条件下,低马基雅弗利主义人格被试的马基雅弗利主义行为更易于得到抑制,高马基雅弗利主义人格被试的马基雅弗利主义行为则较难得到控制。

H2a:因果报应启动内容对马基雅弗利主义行为的抑制有显著影响,即因果报应词汇启动能抑制马基雅弗利主义行为,而中性词汇启动则不能抑制马基雅弗利主义行为。

H2b:道德启动内容对马基雅弗利主义行为的抑制有显著影响,即道德相关词汇启动能抑制马基雅弗利主义行为,而中性词汇启动则不能抑制马基雅弗利主义行为。

H3a:因果报应启动方式对马基雅弗利主义行为的抑制有显著影响,即阈上启动能抑制马基雅弗利主义行为,而阈下启动则不能抑制马基雅弗利主义行为。

H3b:道德启动方式对马基雅弗利主义行为的抑制有显著影响,即阈上启动能抑制马基雅弗利主义行为,而阈下启动则不能抑制马基雅弗利主义行为。

H4a:马基雅弗利主义人格与因果报应启动方式会交互地影响对被试马基雅弗利主义行为的抑制。

H4b:马基雅弗利主义人格与道德启动方式会交互地影响对被试马基雅弗利主义行为的抑制。

H5a:马基雅弗利主义人格与因果报应启动内容会交互地影响对被试马基雅弗利主义行为的抑制。

H5b:马基雅弗利主义人格与道德启动内容会交互地影响对被试马基雅弗利主义行为的抑制。

H6a:因果报应的启动方式与因果报应的启动内容会交互地影响对被试马基雅弗利主义行为的抑制。

H6b:道德的启动方式与道德的启动内容会交互地影响对被试马基雅

弗利主义行为的抑制。

H7a：马基雅弗利主义人格、因果报应的启动方式、因果报应的启动内容会交互地影响对被试马基雅弗利主义行为的抑制。

H7b：马基雅弗利主义人格、道德的启动方式、道德的启动内容会交互地影响对被试马基雅弗利主义行为的抑制。

三　因果报应观念启动对厚黑行为的抑制

（一）实验设计

研究采用 $2 \times 2 \times 2$ 实验设计，包含三个自变量，第一个自变量为被试的马基雅弗利主义人格，分为高马基雅弗利主义人格和低马基雅弗利主义人格两个水平；第二个自变量为启动内容，分为因果报应启动词汇和中性启动词汇两个水平；第三个自变量为启动方式，分为阈上启动和阈下启动两个水平。本研究的因变量是被试在不同启动组合情境下的马基雅弗利主义行为意向。

（二）被试

被试来自湖北省某地级市市直机关。本研究用用中国人马基雅弗利主义人格问卷测试了 225 名公务员，按照中国人马基雅弗利主义人格问卷得分高低顺序排列，取得分最高的 27% 作为高马基雅弗利主义人格组（共 60 名，其中男性 42 名，女性 18 名，平均分为 58.37 ± 8.42），取得分最低的 27% 作为低马基雅弗利主义人格组（共 60 名，其中男性 41 名，女性 19 名，平均分为 41.83 ± 6.29），两组被试马基雅弗利主义人格得分差异显著（$t = 6.266$，$p < 0.000$）。

筛选出的 120 名公务员被试均接受了模拟实验邀请，并在实验结束后领取精美小礼品一份。

（三）实验材料和仪器

1. 实验材料

阈下因果报应启动的词汇的确定。对湖北省某高校汉语言文学专业 30 位同学进行因果报应词汇征集的开放式问卷调查，要求罗列与因果报应相关的四字词语，研究者对所收集的词条进行分类合并、综合整理，根据所列频次最后确定因果报应的启动词汇:好人好报、坏人坏报、好人好命、罪有应得、投桃报李、种豆得豆、种瓜得瓜、善有善报、恶有恶报、惩恶扬善。

阈下中性启动词汇的确定。对湖北省某高校汉语言文学专业30位同学进行自然风光相关词汇征集的开放式问卷调查,要求罗列描写大自然景物景观的四字名词词组(或成语),研究者对所收集的词条进行分类合并、综合整理,根据所列频次最后确定阈下中性启动词汇:天南地北、海阔天空、白云绿水、蓝天白云、万紫千红、天涯海角、青山碧水、日月星辰、千山万水、五光十色。

2. 实验仪器

阈下启动采用 E-prime 软件自编程序在计算机上实现。相应的硬件为联想品牌台式机,CPU 主频 1.6GHz,17 英寸 CRT 纯平显示器,屏幕的分辨率为 800×600,刷新率为 120Hz,操作系统为 Windows XP。

(四)实验的操纵与程序

1. 阈上启动的操纵

阈上因果报应启动通过被试回忆并在纸上撰写与因果报应主题相关的故事来完成,使被试在意识层面对因果报应观念进行深度加工,写作任务的要求如下:

> 我国漫长的历史过程中有很多"因果报应"的故事,请仔细回忆,并写出一个古代的因果报应故事,如果回忆古代的有困难,你所经历或观察到的因果报应故事也可以,故事要求讲述详尽,字数在 150 个字以上。

阈上中性材料启动则通过被试回忆施测日前一天的全部活动并撰写来完成,写作任务的要求如下:

> 请仔细地回忆一下你昨天都做了哪些事,努力追忆出来并以流水账的方式写在纸上,要求尽量详尽并且字数不少于 150 个字。

为掩饰实验目的，对接收阈上启动被试进行的任务都以"记忆力能力测试"的名义进行。

2. 阈下启动的操纵

阈下启动隐藏在奇偶数字判定任务中，为掩饰实验目的，告知被试他们所参加的是一项数字判定任务，在计算机屏幕的正中央会依次快速呈现 30 个阿拉伯数字，要对这些数字的奇偶性做出判断，如果是奇数，则按键盘上的 F 键，如果是偶数，则按键盘上的 J 键，要求被试根据屏幕上所呈现的数字尽可能快速而且准确地做出按键反应。实验所用的数字是大小介于 11—99 之间的两位数，其中奇数 15 个，偶数 15 个，各占一半，在每次词汇判断任务之前，都会出现阈下启动词。

在被试上机操作的过程中，首先在屏幕上呈现"欢迎你的到来，现在开始进入正式实验"，然后在屏幕上呈现出实验的指导语，接着是实验练习，一共 5 个 trials，被试练习中如果出现错误，就再练习一次，一般被试经历 1 至 3 次练习后，就掌握了实验的要求，可正式进入实验了。正式实验中每一个 trial 的顺序是这样的：每次词汇判断任务都从一个红色的"＋"号注视点开始，"＋"号呈现时间为 1000ms，接着呈现启动刺激 15ms，再呈现掩蔽，掩蔽呈现 21ms 后呈现数字，数字的呈现时间为 2000ms，以等待被试做出判断，只要被试按 F 键或 J 键做出反应或在 1500ms 内无反应，则自动进入下一个 trial。所有的呈现的"＋"号为红色，宋体一号，启动词汇和数字都是黑色，宋体二号，背景全部为白色。本实验中阈下启动的刺激参数参考 Joseph 和 Jason 阈下启动实验而设定。[1]

3. 因变量的测定

因变量是被试在模拟两难情境下的马基雅弗利行为意向。所有被试在接收不同内容和形式的因果报应启动之后，全部立即接收一个相同的纸质版马基雅弗利主义行为意向测验（见附录 11），该测验是针对公务员被试群体在先行访谈基础上量身定制的情境测验，用以测量因果报应启动所带给被试的抑制效果。马基雅弗利主义情境测验中所提供的五个不

---

① Joseph C. , & Jason E. , "Automatic Social Behavior as Motivated Preparation to Interact", *Journal of Personality and Social Psychology*, Vol. 90, 2006.

同选项"(1)心态平和、顺其自然,不作为;(2)一直在考虑要不要写举报信,怎么写,但最终放弃;(3)唆使单位上与李某关系不太好的同事写信反映问题;(4)自己向组织部匿名写举报信,信中如实地反映李某工作中的疏忽之处与欠缺不足;(5)自己向组织部匿名写举报信,信中编造事实,诬陷李某的工作生活作风问题",都是根据马基雅弗利主义实际行为表现的不同程度进行的分级,采用行为锚定评判,依次计1分到5分。

实验结束之后,为探测被试对启动程序和马基雅弗利主义情境测验关系是否有怀疑,对接受阈上启动处理的被试进行意识排查,询问其是否了解实验的目的。对接受阈下启动处理的被试询问其是否看见阈下启动词,最后向所有参加实验的被试表示感谢,并解释实验者的意图与目的。

(五)统计方法

主要运用 SPSS17.0 对数据进行方差分析和部分描述统计分析,并进行实验假设检验。

(六)结果与分析

1. 实验操纵检验

接受阈上启动处理被试的意识排查结果表明,参加阈上启动处理的被试都不了解实验的目的;接受阈下启动处理被试的口头询问结果表明,参加阈下启动处理的被试都表示没有看见阈下启动词。表明没有被试发现指定任务之外的启动特质,没有怀疑实验中启动程序和行为测验的相关关系,也没有导致被试对马基雅弗利主义心理与行为有意识的思考而影响其真实作答,无论接受阈上启动的被试,还是接受阈下启动的被试,都得到了有效的实验操纵。

2. 描述性统计分析

在各种实验条件组合下,不同小组被试马基雅弗利主义行为意向的平均数与标准差如表 9 - 1 所示。

表9-1   实验描述性统计结果（$N=120$）

马基雅弗利主义人格	启动内容	启动方式	N	M	SD
低马氏人格	因果报应材料	阈上启动	15	1.17	0.434
		阈下启动	15	1.21	0.417
	中性材料	阈上启动	15	2.31	0.645
		阈下启动	15	1.68	0.723
高马氏人格	因果报应材料	阈上启动	15	1.91	0.713
		阈下启动	15	1.72	0.692
	中性材料	阈上启动	15	4.52	1.218
		阈下启动	15	4.23	1.315

3. 假设检验

采用方差分析来检验研究假设，统计处理结果如表9-2所示。

表9-2   方差分析的结果（$N=120$）

变量	SS	Df	MS	F	Sig
马氏人格（A）	67.125	1	67.125	140.429	0.000
启动内容（B）	79.246	1	79.246	165.787	0.000
启动方式（C）	1.527	1	1.527	3.190	0.235
A×B	35.238	1	35.238	73.720	0.000
A×C	1.091	1	1.091	2.282	0.336
B×C	0.887	1	0.887	1.856	0.382
A×B×C	0.923	1	0.923	1.931	0.433
误差	53.538	112	0.478		
总计	239.575	119			

从上表可以看出，马基雅弗利主义人格的主效应显著，$F(1, 112) = 140.429$，$p < 0.01$，研究假设 H1 得到验证。因果报应启动内容主效应显著，$F(1, 112) = 165.787$，$p < 0.01$，研究假设 H2a 得到验证。因果报应启动方式主效应不显著，$F(1, 112) = 3.190$，$p > 0.05$，研究假设 H3a 未得到验证。马基雅弗利主义人格与因果报应启动内容交互作用显著，$F(1, 112) = 73.720$，$p < 0.01$，研究假设 H4a 得到验证。马基雅弗利主义人格与因果报应启动方式交互作用不显著，$F(1, 112) = 2.282$，$p > 0.05$，

研究假设 H5a 未得到验证。因果报应的启动内容与启动方式交互作用不显著，$F(1, 112) = 1.856$，$p > 0.05$，研究假设 H6a 未得到验证。马基雅弗利主义人格、因果报应的启动内容与启动方式三重交互作用不显著，$F(1, 112) = 1.931$，$p > 0.05$，研究假设 H7a 未得到验证。

通过 SPSS 软件的 Syntax 窗口键入相应的语法命令进行简单效应分析，来进一步探讨马基雅弗利主义人格与因果报应启动内容的交互作用，生成结果如图 9 - 1 所示。

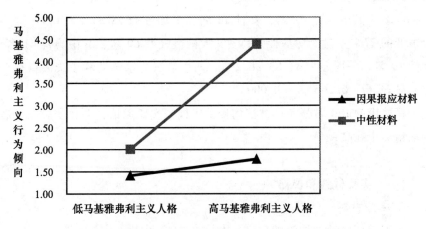

图 9 - 1　厚黑人格与因果报应启动内容的交互作用

通过简单效应分析可知，在因果报应材料的启动下，高马基雅弗利主义人格被试的行为选择倾向（$M = 1.78$）与低马基雅弗利主义人格被试的行为选择倾向（$M = 1.41$）有显著差异，$F(1, 112) = 5.56$，$p = 0.021$；在中性材料的启动下，高马基雅弗利主义人格被试的行为选择倾向（$M = 4.39$）要显著高于低马基雅弗利主义人格被试的行为选择倾向（$M = 2.01$），$F(1, 112) = 179.42$，$p = 0.000$。

四　道德启动对马基雅弗利主义行为的抑制

（一）实验设计

研究采用 2×2×2 实验设计，包含三个自变量，第一个自变量为被试的马基雅弗利主义人格，分为高马基雅弗利主义人格和低马基雅弗利主义人格两个水平；第二个自变量为启动内容，分为道德词汇启动和中性词汇启动两个水平；第三个自变量为启动方式，分为阈上启动和阈下启动两个水平。本研究的因变量是被试在不同启动组合情境下的马基雅弗利行为意向。

（二）被试

被试来自湖北省某地级市市直机关。本研究采用中国人马基雅弗利主义人格问卷测试了 225 名公务员，按照中国人马基雅弗利主义人格问卷得分高低顺序排列，取得分最高的 27% 作为高马基雅弗利主义人格组（共 60 名，其中男性 42 名，女性 18 名，平均分为 58.37 ± 8.42），取得分最低的 27% 作为低马基雅弗利主义人格组（共 60 名，其中男性 41 名，女性 19 名，平均分为 41.83 ± 6.29），两组被试马基雅弗利主义人格得分差异显著（$t = 6.266$，$p < 0.000$）。

筛选出的 120 名公务员被试均接受了模拟实验邀请，并在实验结束后领取精美小礼品一份。

（三）实验材料和仪器

1. 实验材料

阈下道德启动的词汇的确定。对湖北省某高校汉语言文学专业 30 位同学进行道德相关的形容词词汇征集，以开放式问卷的方式进行，要求罗列反映人物道德高尚的四字形容词（或成语），研究者对所收集的词条进行分类合并、综合整理，根据所列频次最后确定道德相关的启动词汇：大公无私、洁身自好、高风亮节、舍生取义、光明正大、冰清玉洁、责先利后、赤胆忠心、高山仰止、岁寒松柏。

阈下中性启动词汇的确定。对湖北省某高校汉语言文学专业 30 位同学进行自然风光相关词汇征集的开放式问卷调查，要求罗列描写大自然景物景观特征的四字名词词组（或成语），研究者对所收集的词条进行分类合并、综合整理，根据所列频次最后确定阈下中性启动词汇：天南地北、海阔天空、白云绿水、蓝天白云、万紫千红、朝云暮雨、青山碧水、日月星辰、千山万水、五光十色。

2. 实验仪器

阈下启动采用 E-prime 软件自编程序在计算机上实现。相应的硬件为联想品牌台式电脑，CPU 主频 1.6GHz，17 英寸 CRT 纯平显示器，屏幕的分辨率为 800×600，刷新率为 120Hz，操作系统为 Windows XP。

（四）实验的操作与程序

1. 阈上启动的操作

阈上启动采用组合句子测验（scrambled-sentence test）任务来启动，用混杂的顺序呈现若干个词汇，要求被试利用其中的部分词汇组成一个符合语法和内容都通畅的句子，这是一种阈上启动技术，被试在句子组合中是在意识层面对相应的特质进行加工的。[①]

研究中阈上道德启动的组合句子测验（见附录 12），共包含 30 个句子组合测试项目，每个项目都包含五个词汇，要求被试根据所给词汇，只使用其中的四个词汇组成一个语法和内容都十分通畅的句子，并将其写在后面提供的空白横线上，其中 15 个项目是道德特质启动，15 个项目为自然景观或现象描述。

研究中阈上中性启动的组合句子测验（见附录 13），共包含 30 个句子组合测试项目，每个项目都包含五个词汇，要求被试根据所给词汇，只使用其中的四个词汇组成一个语法和内容都十分通畅的句子，并将其写在后面提供的空白横线上。30 个项目全部都是自然景观或现象的描述。

为掩饰实验目的，道德启动和中性启动的测试任务在呈现给被试时都标识为"语言理解测验"。

2. 阈下启动的操作

阈下启动隐藏在奇偶数字判定任务中，为掩饰实验目的，告知被试他们所参加的是一项数字判定任务，在计算机屏幕的正中央会依次快速呈现 30 个阿拉伯数字，要对这些数字的奇偶性做出判断，如果是奇数，则按键盘上的 F 键，如果是偶数，则按键盘上的 J 键，要求被试根据屏幕上所呈现的数字尽可能快速而且准确地做出按键反应。实验所用的数字是大小介于 11—99 之间的两位数，其中奇数 15 个，偶数 15 个，各占一

---

① Bargh, J. A., Chen, M., & Burrows, L., "The Automaticity of Social Behavior: Direct Effects of Trait Concept and Stereotype Activation on Action", *Journal of Personality and Social Psychology*, Vol. 49, 1996, pp. 1129–1146.

半，在每次词汇判断任务之前，都会出现阈下启动词。

在被试上机操作的过程中，首先在屏幕上呈现"欢迎你的到来，现在开始进入正式实验"，然后在屏幕上呈现出实验的指导语，接着是实验练习，一共 5 个 trials，被试练习中如果出现错误，就再练习一次，一般被试经历 1 至 3 次练习后，就掌握了实验的要求，可正式进入实验了。正式实验中每一个 trial 的顺序是这样的：每次词汇判断任务都从一个红色的"＋"号注视点开始，"＋"号呈现时间为 1000ms，接着呈现启动刺激 15ms，再呈现掩蔽，掩蔽呈现 21ms 后呈现数字，数字的呈现时间为 2000ms 以等待被试做出判断，只要被试按 F 键或 J 键做出反应或在 1500ms 内无反应，则自动进入下一个 trial。所有呈现的"＋"号为红色，宋体一号，启动词汇和数字都是黑色，宋体二号，背景全部为白色。本实验中阈下启动的刺激参数同样参考 Joseph 和 Jason 阈下启动实验而设定。①

3. 因变量的测定

因变量是被试在两难情境下的马基雅弗利行为意向。所有被试在接收不同内容和形式的道德启动之后，都会接收一个相同的纸质版马基雅弗利主义行为意向测验（见附录 11），以测量道德启动所带来的抑制效果。

实验结束之后，对接受阈上启动处理的被试进行意识排查，询问其是否了解实验的目的。对接受阈下启动处理的被试询问是否看见阈下启动词，向所有参加实验的被试均表示感谢，并解释实验者的意图与目的。

（五）统计方法

主要运用 SPSS17.0 对数据进行方差分析和部分描述统计分析，并进行实验假设检验。

（六）结果与分析

1. 实验操作检验

接受阈上启动处理被试的意识排查结果表明，参加阈上启动处理的被试都不了解实验的目的；接受阈下启动处理被试的口头询问结果表明，

---

① Joseph C., & Jason E., "Automatic Social Behavior as Motivated Preparation to Interact", *Journal of Personality and Social Psychology*, Vol. 90, 2006.

参加阈下启动处理的被试都表示没有看见阈下启动词。表明没有被试发现指定任务之外的启动特质，没有怀疑实验中启动程序和行为测验的相关关系，也没有导致被试对马基雅弗利主义心理与行为有意识的思考而影响其真实作答，无论接受阈上启动的被试，还是接受阈下启动的被试，都得到了有效的实验操纵。

2. 描述性统计分析

在各种实验条件组合下，不同小组被试马基雅弗利主义行为意向的平均数与标准差如表 9 - 3 所示。

表 9 - 3　　　　道德启动实验描述性统计结果 （$N = 120$）

马基雅弗利主义人格	启动内容	启动方式	N	M	SD
低马氏人格	道德相关材料	阈上启动	15	1.651	0.523
		阈下启动	15	1.832	0.712
	中性材料	阈上启动	15	2.583	0.512
		阈下启动	15	2.769	0.448
高马氏人格	道德相关材料	阈上启动	15	1.843	0.643
		阈下启动	15	2.527	0.667
	中性材料	阈上启动	15	4.321	0.726
		阈下启动	15	4.109	0.811

3. 假设检验

采用方差分析来检验研究假设，处理结果如表 9 - 4 所示。

表 9 - 4　　　　方差分析的结果 （$N = 120$）

变量	SS	df	MS	F	Sig
马氏人格 （A）	31.913	1	31.913	76.714	0.000
启动内容 （B）	70.272	1	70.272	168.923	0.000
启动方式 （C）	2.249	1	2.249	5.406	0.237
A × B	11.406	1	11.406	27.418	0.000
A × C	0.342	1	0.342	0.823	0.459
B × C	1.128	1	1.128	2.712	0.123

续表

变量	SS	df	MS	F	Sig
A × B × C	0.158	1	0.158	0.379	0.496
误差	46.545	112	0.416		
总计	164.013	119			

从上表可以看出，马基雅弗利主义人格的主效应显著，$F(1, 112) = 76.714$，$p < 0.01$，研究假设 H1 得到验证。道德启动内容主效应显著，$F(1, 112) = 168.923$，$p < 0.01$，研究假设 H2b 得到验证。道德启动方式主效应不显著，$F(1, 112) = 5.406$，$p > 0.05$，研究假设 H3b 未得到验证。马基雅弗利主义人格与道德启动内容交互作用显著，$F(1, 112) = 27.418$，$p < 0.01$，研究假设 H4b 得到验证。马基雅弗利主义人格与道德启动方式交互作用不显著，$F(1, 112) = 0.823$，$p > 0.05$，研究假设 H5b 未得到验证。道德启动内容与启动方式交互作用不显著，$F(1, 112) = 2.712$，$p > 0.05$，研究假设 H6b 未得到验证。马基雅弗利主义人格、道德启动的内容与启动方式三重交互作用不显著，$F(1, 112) = 0.379$，$p > 0.05$，研究假设 H7b 未得到验证。

通过 SPSS 软件的 Syntax 窗口键入相应的语法命令进行简单效应分析，以进一步探讨马基雅弗利主义人格与道德启动内容的交互作用，软件生成结果如图 9 - 2 所示。

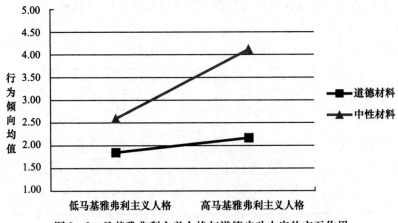

图 9 - 2　马基雅弗利主义人格与道德启动内容的交互作用

进一步的简单效应分析可知，在因果报应材料的启动下，高马基雅弗利主义人格被试的行为选择倾向（$M = 2.17$）与低马基雅弗利主义人格被试的行为选择倾向（$M = 1.85$）有显著差异，$F(1, 112) = 30.83$，$p = 0.000$；在中性材料的启动下，高马基雅弗利主义人格被试的行为选择倾向（$M = 4.11$）与低马基雅弗利主义人格的行为选择倾向（$M = 2.59$）有显著差异，$F(1, 112) = 156.26$，$p = 0.000$。

五 结论

（1）被试的马基雅弗利主义人格对马基雅弗利主义行为的抑制有显著影响，在启动条件下，低马基雅弗利主义人格被试的马基雅弗利主义行为更易于得到抑制，高马基雅弗利主义人格被试的马基雅弗利主义行为则较难得到控制。

（2）因果报应材料的启动对马基雅弗利主义行为的抑制有显著影响，中性材料的启动则不能抑制马基雅弗利主义主义行为。马基雅弗利主义人格与因果报应启动的内容对马基雅弗利主义行为具有交互效应，因果报应启动能更显著地抑制高马基雅弗利主义人格被试的马基雅弗利主义行为。

（3）道德相关材料启动对马基雅弗利主义行为的抑制有显著影响，中性材料的启动则不能抑制马基雅弗利主义行为。马基雅弗利主义人格与因果报应启动的内容对马基雅弗利主义行为具有交互效应，因果报应启动能更显著地抑制高马基雅弗利主义人格被试的马基雅弗利主义行为。

第 十 章

综合讨论与展望

一　政治精英在社会转型期责任更加重大

　　研究一中的张居正和袁世凯都是中国历史长河中社会转型期的马基雅弗利主义典型政治人物，他们在各自所处的时代都用各自的事功留下了浓厚的历史印记，他们的功过声名，都应当放到他们各自所处时代由历史评说。我们不能用今天的评价标准去苛求古人，毕竟当下的中国已不是一百年前的中国，更不是五百年前的中国，当下中国的社会转型在政治制度、经济体制、文化氛围、民众需求上都呈现出截然不同的时代特征，但今天人民大众对转型时期政治精英的期盼与明清两朝的天朝子民对张居正和袁世凯的希冀并无本质区别，政治精英在不同的社会转型期都被寄予厚望，普通民众都期望转型期的政治精英能够顺应时代、积极作为、为民谋利。

　　改革开放三十多年来，中国社会发生了沧海桑田的变化，经济形态由传统的计划经济向社会主义市场经济成功转型，市场在资源配置中发挥着主导作用；社会阶层逐渐分化，出现了私营业主、自由职业者等新兴社会阶层和利益群体，不同阶层与利益群体之间的行为模式与价值追求差异显著；社会公众思想的独立性、自主性和选择性日益突出，对政治文明、公平正义期盼愈甚。这就是当下中国的社会转型，上述这些变化用"三千年未有之大变局"来形容有过之而无不及，正如习近平总书记所言，人民的期许就是政府努力的方向，就是政治精英义不容辞的责任。

　　当下中国社会转型，政治精英应当顺应时势、以变应变。社会转型意味着情境、形势和状态的改变与变化，显然当面临的问题变化了，问题的解决思路与解决方法也应当相应地调整变化。如果应对新问题还是使用旧观念、老办法，结果所作所为必然是落后于社会诉求而引发冲突、加剧矛盾，因此以变应变才是解决新问题的正确思路，如同明朝中后期土地兼并严重，税基流失严重，张居正顺应中国封建社会商品经济发展的大趋势，改革税制，推行"一条鞭法"，把各州县的田赋、徭役以及其他杂征总为一条，按亩折算，合并征纳银两。"一条鞭法"大大简化了税制，方便征收税款，同时也使地方官员难于作弊徇私，进而增加中央政府财政收入。当下中国社会的内容形态远比明朝中晚期更加丰富多样，问题也具鲜明的时代气息，这就更需要顺势而为，以变应变，以图最终解决。比如，在信息化社会的中国社会，社会群体间的利益协调问题日益突出，一些政府工作人员工作思路与工作方法还没有随之发生变化，仍然停留在过去的经验之中，仍以为社会"清一色"，热衷于"一言堂""一刀切"，不能多方听取民意、不能深入倾听民情，也不善于以真诚交流沟通来求得理解支持、缓和化解矛盾，出了问题有人仍然想捂盖子，这种"以旧应变"必然会碰壁和失败，激发民众的反感和抵触，要想解决问题与矛盾，还必须转换到"以变应变"的思路上来。

当下中国社会转型，政治精英应当积极而为、建立事功。政治事功往往是传统政治精英树立声名的基础，成就地位的手段。可以说"万历新政""一条鞭法"成就了张居正"改革宰相"的盛名，袁世凯顺应时代潮流，劝退清帝、拥立共和则助其成为中华民国首任大总统。没有事功，就如同树木没有开花结果，虚无业绩的个体就很难建立声名、基业常青。当下中国社会转型，形势更艰，任务更重，问题更多，需要政府工作人员积极主动地去谋事、管事和做事，要强化公共服务的意识，加大公共服务的力度、扩大公共服务的范围，要提供全方位、多层面的公共服务，着力解决社会问题。群众有合理的需求就要去满足，社会有管理的空白就应去填补，制度有建设的空间就应去完善。绝不能认为建立了社会主义市场经济体制，一切让市场发挥其应有"功能"，政府部门就可以放松当"甩手掌柜"，该支持产业不去落实，该发展教育不去投入，该绿化生态而不去建设，该发展民生却袖手旁观。无所作为的结果，就是一些地方问题越积越多、矛盾愈演愈烈。

当下中国社会转型，政治精英应当践行比普通民众更高的价值标准与行为规范。社会转型必然包含变化，也意味着一些既有的制度可能随着条件和情境的变化变得不管用了，而新的制度却没来得及制定，旧的价值评判标准随着条件和情境的变化不管用了，而新的价值评判却还没有成形，于是不免出现暂时的制度空白与价值紊乱。在社会转型、行为失范的大背景下，政治精英站在权力的高端，因为手握公共权力，所以最有条件也最有可能去利用规则的模糊地带，去钻现有制度的漏洞，去逃避法律的问责，而这是马基雅弗利主义的价值与行为。政治精英要成为精英，就要有精英的标准与要求，就要践行比普通民众更高的价值标准与行为规范，而不是相反，政治精英要自觉自律并接受各方监督，成为维护制度、信守规则、依法行政的表率。如果政治精英在品行、学识、能力才干和理想信念等方面低标准要求自己，名利心重，名节心弱，功利心重，事业心弱，个人享乐心重，天下忧乐心弱，这就无法匹配国家与人民所赋予的精英身份。

二 厚黑学/马基雅弗利主义在中国应该限行

研究二采用自编的马基雅弗利主义人格问卷对中国分华东、华南、华中、华北和西南五个大区进行采样施测，在 10 个省、区、市抽取 2318 名调查样本，结果发现问卷得分中等偏上，换而言之，中国人的马基雅弗利主义人格在总体上是偏高的，这与现实生活中的情境相互验证。当前，马基雅弗利主义日益侵入我们的社会与生活，从地摊走贩的掺假使杂、短斤少两到政商名流的损公肥私、贪污受贿，从地震灾区的诈捐善款，到长江江心的挟尸要价。国人为求自利而不惜损人，为求上位而不惜越位。在名利的驱使之下，厚黑学不再是人们所禁忌的策略，马基雅弗利主义在我们身边大行其道。

马基雅弗利主义在中国为何方兴未艾？

第一，这是道德钳制之后的报复性下跌。新中国成立之后，我们大力倡导的就是红色道德，"革命一块砖、哪里需要哪里搬""大公无私、公而忘私""毫不利己、专门利人"，都是那个时代曾流行的口号和标语。显然，红色道德以革命至上漠视了个体的独立自由，以追求崇高否认了个体的正当利益，尽管这些自我利益和自我诉求都是个体正当的、应有的和必需的。加上当时的"运动"不断、政治内斗不止，国人经历了有史以来最为严苛的道德钳制。但随着改革开放的进行和对社会主义市场经济的探索，整个社会环境变得相对自由和宽松，曾经备受压抑的自我利益和自我诉求开始复苏和觉醒。在现实利益的冲击下，无私不计较、奉献不索取、服从不反思受到人们的普遍质疑，在遭遇了利益冲突的尴尬之后，道德的理想主义破灭，开始为道德虚无主义所替代，人们开始以更现实、更实用的方式来寻求自我利益的补偿和张扬。

第二，这是新闻媒介错误导向的恶劣影响。新闻媒介曾一度过于聚焦传统文化中的厚黑元素，书刊报纸中与厚黑学相关的内容曾经泛滥，讲述的都是阴险狡诈的权谋之变和虚伪无耻的为官之道，影视媒介则大肆传播宫闱秘史，醉心于帝王之道的阴谋权术，这在本质上都是将人性的弱点无限放大，将人性恶的一面形象化、艺术化甚至美学化，新闻媒介没有把握好舆论导向，不是在教人以善，相反却是在教人以恶，使其自身成为马基雅弗利主义效应放大的公共空间。

第三，这是制度缺失的必然结果。在社会转型的背景下，新形势、新情况、新问题不断涌现，旧有的制度或原本缺失，或失效废弛，新的制度往往来不及补充更新，这样的时间差事实上造成制度的漏洞。在世俗名利的驱使之下，一旦胆大妄为者为牟利借助于马基雅弗利主义，违规违章，往往是违规得不到应有的惩处，反而收效甚高，这种投机取巧者得利而遵规循矩者吃亏的错象，在正向强化违规者的同时也负向强化了守规者，由此衍生的示范效应和反面效应，会使得利者更加肆无忌惮，而吃亏者必然模仿追随。

不少人迷信马基雅弗利主义，奉若神明，就是相信其能够助人一臂之力，能够化腐朽为神奇。马基雅弗利主义真能助人吗？功效又真正有几何呢？美国学者在会计师、银行和商业流通等不同领域内调查马基雅弗利主义与社会经济成功的关系，①②③ 结果却是马基雅弗利主义与社会经济成功是无关的，甚至负相关，讲究严格自律和高度职业操守的会计师行业甚至直白地表达出了对马基雅弗利主义的排斥。《威尼斯商人》中唯利是图、冷酷无情的高利贷者夏洛克，其最后的结局是害人不成反而失去了财产。如果说这样的情节安排还仅是莎士比亚的一种刻意虚拟，那么现实版的夏洛克出局或被终结却频繁且真实地在我们的生活中上演，无论是商界巨贾黄光裕的锒铛入狱，还是警界高官文强的注射死刑，现实中用诬陷、诽谤、栽赃、陷害、收买等各种厚黑的手段，上演了一幕幕波诡云谲的争斗大戏，然而"人间正道是沧桑"，用权术和阴谋搭建起的"纸牌屋"注定是脆弱不堪且必败无疑的，这可能就是历史的铁律，都是机关算尽太聪明，反误了卿卿性命。马基雅弗利主义适于短线交易，却悖于长期博弈，能够帮助获一时之利，获一次之利，但不能获一世之利，短期来看是助人，长远来看是害人。

马基雅弗利主义的流行，对于个人和社会都不是好事。个人层面，一个人会成天琢磨着耍阴谋，搞欺诈，玩手腕，它会诱发个人的不良品质，使深隐于心底的阴私沉渣泛起，并将个人的成功寄于歪门邪道，而不是自我奋斗，徒然浪费人生的许多宝贵精力。社会层面，一群人整天忙于生诡计、斗心思、弄权术，会使本应单纯简单的人际交往复杂化麻烦化，会人为地制造许多隔膜、纠葛和误解，会极大地增加个人的防范成本和社会的交易成本。社会中的个体会备感生产不力、生活不适，而个体所在的社会则是凝聚乏力、一盘散沙。④

---

① Wakefield, R. L. , "Accounting and Machiavellianism", *Behavior Research in Accounting*, Vol. 120, 2008, pp. 115 – 129.

② Corzine, J. B. , Buntzman, C. F. , & Busch, E. T. , "Machiavellianism in U. S Bankers", *The Intertional Journal of Organizational Analysis*, Vol. 17, 1999, pp. 72 – 83.

③ Hunt, S. D. , & Chonko, L. B. , "Marketing and Machiavellianism", *Journal of Marketing*, Vol. 48, 1984, pp. 30 – 42.

④ 汤舒俊、郭永玉：《当前社会中的马基雅弗利主义现象》，《中国社会科学报》2011 年 1 月 25 日第 9 版。

三 马基雅弗利主义人格的 生理基础仍有待深掘

研究三采用 ERP 实验法来探讨马基雅弗利主义人格的生理基础,进一步溯源分析可推测高马基雅弗利主义者 ERP 结果中的 P150—300 成分和 LPC 成分的主要激活区分别位于海马旁回、丘脑附近和额中回,这是马基雅弗利主义人格的心理生理学取向的尝试。

众所周知,人格的形成与发展是有其生理基础的。人格的稳定性主要受制于其生理上的差异,而人的解剖结构和生理功能受遗传制约则较少能够发生变化。[①] 20 世纪 80 年代以来,认知神经科学逐渐兴起,通过脑电图(EEG)来对心理活动的脑机制进行直接研究,由于脑电图(EEG)不能对特定的事件进行分析,不同脑区和不同加工时段的脑活动很难进行精确的记录和分析。相关事件电位技术(ERP)是在此基础之上发展起来的脑电研究方法,相关事件电位技术(ERP)具有毫秒级的时间分辨率,能够对心理加工过程进行分段记录和分析,而且随着头皮记录电极设备(电极帽)的大力改进,相关事件电位技术(ERP)的空间分辨率也得到很大的提升,是当前人格心理学领域内研究人格脑机制的最好方法之一。[②]

研究三是通过操纵获利就必须付出代价的两难决策,来研究在这个两难任务过程中高马基雅弗利主义者脑内时程动态变化,实验中获得是实验室刺激所引起的状态焦虑,如同 Spielberger 所言,个体在焦虑特质上的差异,只有在它们与情境发生相互作用并产生焦虑状态时,才与生理心理的差异有关。[③] 在研究二的 ERP 研究中,高马基雅弗利主义者在自己获利、亲人利益受损的情境下(情境 1)决策反应时要显著地高于自己获利、外人利益受损的情境下(情境 2)决策反应时,这正是两难情境激

---

① 贺金波、郭永玉:《人格的生理基础研究综述》,《心理学探新》2005 年第 3 期。

② 贺金波、彭小虎、郭永玉:《人格的相关事件电位研究》,《南京师大学报》2006 年第 2 期。

③ Spielberger, C. D., "Anxiety as an Emotional State", In C. D. Spielberger (ed.), *Anxiety: Current Trends in Theory and Research*, Vol. 1, New York: Aacdedmic Press, 1972, pp. 23 – 49.

发高马基雅弗利主义者的状态焦虑。当然，个体处理问题能力所反映出的应对风格和个人信念的差异可能与心理生理活动的特定模式有关。[①] 但对于高马基雅弗利主义者的特质性焦虑，由于缺乏合适的研究范式，还有待进一步研究探讨。

四 只有制度之善才能引导人性之善

研究四发现人们的马基雅弗利主义行为既是特质性因素的反映，也有情境性因素作用，更是二者相互作用的结果。我们在这里重提制度，不仅仅因为它是一个重要的情境型变量，更因为制度对人性的双向引导作用，人性的堕落，很大一部分是由于现行制度的原因，而制度又可以在很大程度上弥补人性的不完美。

大学教授在学术圈内骗人又雇凶打人，大学生驾车在大街上撞倒人又杀死人，渔民在江中只捞死人不救活人，当这些震撼人心的消息袭来时，人们往往是非理性地谩骂、诅咒和谴责，纠结于当事人的身份、素质和行为本身，而对当事人行为背后的制度环境则缺少理性的探索，我们很少去反思制度，甚至谈论制度一度沦为禁忌。在上述事件背后，我们没有反思高校中现行学术评价和晋升制度的不合理，没有反思现行的道路交通事故赔偿制度的不完善，没有反思长江水上公共安全救护与补偿制度的缺失，我们在面对这些社会中的道德灾难性事件时，始终在良心、文化和人性的圈子里打转，每一次事件都是简单且重复地口诛笔伐、道德批评，但事件平息后没有也不可能找出一个妥善的解决方案，因此难保类似的事件不会再度发生。

毫无疑问，人性有其固有的弱点，即使人性的改善也是渐进的、长期的，历史上所谓斗私批修，希冀人们的思想觉悟极大提高，一蹴而就，只是一厢情愿而已。[②] 人性的不完美是既定事实，但是制度可以有所作为。自由主义经济学家哈耶克曾经说过，一种坏的制度会使好人做坏事，

---

① Barratt, E. S., "Impulsiveness and Anxiety: Information Processing and Electroencephalographotography", *Journal of Research in Personality*, Vol. 21, 1987, pp. 453 – 463.

② 梁小民:《制度比人性和政府更重要》,《政府法制》2003 年第 2 期。

而一种好的制度会使坏人也做好事,① 相同的环境和条件,仅仅改变做事的方式,产生的结果会很不一样,同样是引导人向善,彩票制度的效果远比募捐制度好,因为中奖满足了人的赌性,而不中奖又满足了人的善性。同样是避免恶,英国政府在向澳大利亚运送罪犯的过程中将给付制度从按上船人数付费改为按下船人数付费,就显著减少了运送犯人的途中死亡比率。管理学中经典的分粥故事,仅仅是规定分粥的人最后一个取粥,就显著地减少了分粥过程中的营私舞弊和推诿扯皮。在经济学家眼中,人是"经济人",趋利避害、利己是本性使然,人的利己无所谓好坏善恶之说,关键在于用什么制度去向什么方向引导。制度并不是要改变人利己的本性,而是要利用人这种无法改变的利己心去引导他做有利于社会的事。显然,这样的制度设计和安排对设计者的要求极高,其设计者不仅应是智者,还应是人性大师,制度的设计必须融合人类的聪明才智和人性的洞见理解,并经过实践检验,其发挥出来的刚性、公平、公开和效率才会真正地弥补人性的不完美。

中国向来是人情、关系重于制度、秩序,制度缺乏文化土壤,行为缺少人性基因。历史上曾多次留下惨痛的教训,邓小平同志在中共中央政治局扩大会议上做的《党和国家领导制度的改革》的讲话中曾指出:"我们过去发生的各种错误,固然与某些领导人的思想、作风有关,但是组织制度、工作制度方面的问题更重要。这些方面的制度好可以使坏人无法任意横行,制度不好可以使好人无法充分做好事,甚至会走向反面。即使像毛泽东同志这样伟大的人物,也受到一些不好的制度的严重影响,以至对党对国家对他个人都造成了很大的不幸。"② 邓小平的这一伟大论断,从更深的层面揭示了制度与人性的本质关系,制度一旦失去人性基础,这制度迟早要被废除或是修正;人性如果没有制度保证,人性善也不可能得以张扬与稳固。因为人性是制度存在合理性和必要性的说明,也是制度的功能与目标设计的基础。③ 我们要建立一个美好的社会,时代

① ［英］弗里德里希·奥古斯特·哈耶克:《自由宪章》,杨玉生等译,中国社会科学出版社1999年版,第210页。

② 《邓小平文选》第2卷,人民出版社1994年版,第333页。

③ 薛艳丽:《人性与制度》,《理论月刊》2004年第1期。

呼唤更多完善、更加完备、更加顺从人性的制度。但我们需要规则，能让人向善守法有效率的好规则。因为好规则，会让心存恶念的人变好，坏规则，却会让心存善念的人变坏。转型期的中国，最需要规则的建立，依法治国，用规则约束人、激励人，中国才会成为大国，才会长治久安。

五　厚德厚道是正道，一味厚黑添烦恼

研究五发现，马基雅弗利主义与道德是两种对立的价值行为规范，在两难情境下，马基雅弗利主义与道德会产生严重的冲突，这种冲突在高马基雅弗利主义者身上不仅有着行为学的证据，而且还有电生理指标的支持，这表明道德作为无形的网还是会在高马基雅弗利主义者心中荡起冲突的涟漪。

我们的道德文化与道德践行机制更是善善恶恶的渊薮。道德作为一个历史的范畴，它既指向我们今天大力提倡的以社会公德、职业道德、家庭美德为中心的公民道德建设，也包括传统文化中传承至今的仁义礼智信。从岳飞的传奇到董永的故事，从曾子诚实教子到周公教导成王守信，从孔子的克己复礼到关公的义薄云天，从包拯的训子石碑到秦桧祖臂反剪的跪像。忠、孝、诚、信、礼、义、廉、耻等中国古代道德规范依然薪火相传，生动地诠释着尽己报国的责任、生生不息的爱心、求真务实的品质、立身兴业的基点、人际文明的规范、人间正道的向导、清白正气的根基、人之为人的底线，延绵的道德文化还形成了严格的道德践行机制：从形而上的道德合法性的论证说明机制，到有教无类、立德树人的道德教育和考核机制，再到崇贤明、举孝廉的道德推举评价机制，道德践行机制的形成，大大促进了中国道德文化在古代社会的流传。移至今日，在一定程度上有利于人们对传统道德文化产生道德情感，有助于产生道德敬畏并内化为人们的道德意志，进而形成一种道德内化机制。① 我们今天讲弘扬道德，就是要承接中华传统美德，并赋予其新的时代内涵，一方面大力表彰社会中的大公无私、热情奉献、诚信尽责等先

---

① 陈力祥：《中国古代社会道德践行机制及其当代价值探析》，《道德与文明》2010 年第
1 期。

进事迹，大力宣传道德模范和时代先锋的嘉言懿行，提高整个社会的道德水准，另一方面还要揭露社会中损人利己、厚颜无耻、忘恩负义等丑陋行径，防止社会道德的重心下移，要让更多人在冰与火、美与丑的对比鉴赏中感受到心灵的震撼和道德的感召，让更多的人认识到我们需要的是厚德、厚道而不是厚黑，从而推动形成健康文明的社会风尚。

研究四发现制度是一个重要的情境型变量，当下要用制度来切实保障人们德福一致的信仰与追求，德福一致的信仰与追求会促使人们加强自身道德修养，努力与人为善，推动社会的美好与和谐。不公正的制度会导致德福背离，会产生英雄"流血又流泪""光荣一阵子，后悔一辈子"的悲剧事件，尤其是当下的社会更应建立起公平的制度安排和激励机制，使有德之人有福报，无德之人受恶报，真正使奖惩机制发挥其应有的惩恶扬善作用，只有这样，制度之善才能引导人性之善。好的制度使坏人也不敢轻易作奸犯科，众多的历史典故告诉我们，制度的完备可以减少人性的不完美发生，但即使是好的制度也并不能完全杜绝坏人作奸犯科，从来就有愿意铤而走险的坏人，更何况世界上不存在没有漏洞的制度。因此，虽然道德的约束力远远不如制度来得刚性，但是制度约束力所留下的空隙，必须要有道德约束力来填充。因此，片面强调制度或者片面强调道德都不可取，道德和制度都很重要。

六　充分挖掘抑制马基雅弗利主义的宗教民俗基因

研究六发现，因果报应观念和道德理想都是马基雅弗利主义的有效抗体，刺激启动实验表现因果报应材料和道德相关材料的启动，都能够显著地抑制个体的马基雅弗利主义行为倾向，这对于控制当下社会转型期马基雅弗利主义行为的蔓延具有很好的启发和借鉴意义。

历史是过去的现在，现在则是历史的延续。中国历史浓缩了几千年的辉煌与耻辱，而历史所沉淀下的中国文化也混杂了各种各样的精华与糟粕。诚如李泽厚先生说："人是文化的沉淀！"生于斯且长于斯的炎黄子孙，在庞杂的社会系统中逐渐地承袭民族文化的基因，成为血液中和心灵里都浸润着中国传统文化营养和成分的中国人。

　　厚黑学是传统文化的毒素，厚黑学的流行是功利社会思潮泛滥和传统专制积弊惯性的结果，[①] 要抑制厚黑学，需要及时清除人性阴暗卑劣的毒素，清除传统文化的病体，先进文化和优秀的传统文化大有可为。事实上，中国文化从不缺乏对恶的否定性的力量，中国自古就推崇高尚正义，贬抑奸诈邪恶，颂扬君子清流，批判小人恶棍，性恶论仅在先秦昙花一现，从来没有占据中国哲学的主流，从孟子学说到宋明理学，人性本善才是中国哲学的主流，恶从来没有上升为一个可以与善对抗的理论体系。邪不胜正、惩恶扬善才是中国文化的主旨与旋律，从种类到内容和形式都十分丰富，动用价值观、宗教民俗和道德教化等可能工具与手段，加大汲取挖掘和现代转化的力度是我们的当务之急。

　　我们的宗教文化遗产蕴含着诚心向善的朴素理念。在我国，影响最大的宗教一是土生土长的道教，还有外来并本土化的佛教，其教旨都是导人行善、止人作恶。道教的教义则是长生之本，唯善为基。道教认为要想长生成仙，不可或缺的就是道德上为善立功德，也是向善诚信，修忏悔法、发改过心、慈悲心，至心悔过，诚心向善。《太上妙始经》说："若能行善无恶，功德备足者，可得白日升天。"《太上感应篇》则说："夫欲求天仙者，当立一千三百善；欲求地仙者，当立三百善。"佛教最根本的纲领就"诸恶莫作，众善奉行，自净其意，是诸佛教"。它所提倡的是身、口、意不损一切众生，鼓励的就是一心向善，诚心礼佛。

　　我们的教育民俗也包含着行善向善、惩恶止恶的内容。历朝历代无不强调善恶正邪的标准与道德因果观念的教化，以其当作警醒民众、惕厉官吏、昭示君臣的有效方法而广为宣扬。幼儿童蒙时诵读的《三字经》就以"人之初，性本善"开始，《增广贤文》中大量讲述诸如"害人之心不可有，防人之心不可无"处世的技巧，《朱子家训》最后大篇幅讨论心命相辅，祸福转换。至于张居正为教育万历小皇帝而精心编纂的《帝鉴图说》更是煞费苦心，上部讲的是"其善为可法者"的《圣贤芳规》81 则，下部讲的就是"恶可为戒者"的《狂愚覆辙》36 则，善恶并陈，以史为鉴。不仅教科书、家训、族谱、县志包含大量涉及因果善恶报应的事例和语句，一些民风民俗也直接体现或隐藏着善恶因果报应，诸如

---

① 如如：《传统毒素与国人厚黑学》，《神州》2004 年第 11 期。

腊月二十三用糖祭灶神爷，情节离奇但爱憎分明的皮影戏，以武松杀西门庆为兄报仇为情节的血社火等。

七　对人性的不同认知是
人治与法治的分水岭

孟子的性善论成为儒家的立论基础和基本前提，就是因为性善论迎合了人们善听好话的弱点，能帮助人们文过饰非，推诿咎责。谎话动听，并且，谎话重复千遍就会成为真理，到后来，竟无人去怀疑性善论的荒谬，这一方面说明了儒家文化的非理性的一面，同时也反映出布道者们为不开罪人而不直谏恶行的不负责任与狡猾，以及故意扰乱人们思想的险恶用心。相对于性善论，西方的原罪意识是诚实的，它引导人们把完善人格作为信念，作为内驱力，去驱使人们自觉向善以赎原罪，所以，西方文化就较少虚狡。性善论是中国传统文化虚伪的原根源，大量的甚至可以说所有的不肖都由之而来。因为，由虚假命题推演出的文化内容，本身就是错误的、自相矛盾的，但又来自神圣不可质疑的所谓"圣贤"，为自圆其说，就不得不东拉西扯、指鹿为马、以假乱真、按需成理。这种风气的示范，便鼓励了是非观、价值观的随意，造成社会生活的共同价值标准混乱，所谓此亦一是非、彼亦一是非，可以根据需要任意解释，虚伪奸诈之风盛行，褒贬指向倒错，所谓话有百说，理有百断，诡辩技艺高超，好事坏事都可以找到理由和根据，从而胡作非为却能心安理得，堂而皇之。

性恶论指出了人性的弱点与缺陷，也正是因为人本性中固有的这些弱点与缺陷，从而导致了人类种种恶行的产生，因此正如伟大导师恩格斯所说，"当人们说人本性是善的这句话时，他们就说出了一种很伟大的思想；但是他们忘记了，当人们说人本性是恶的这句话时，是说出了一种更伟大得多的思想"①。性善与性恶不只是一个文人打口水仗的问题，而是直接攸关社会治理模式的根本理念。性善论是人治社会的指导思想，性恶论是法治社会的指导思想，因为发端于西方的现代法治是建立在对

①《马克思恩格斯选集》第 4 卷，人民出版社 2013 年版，第 233 页。

所有人的不信任上的，不相信君子协定，不相信人会慎独，而是相信人性恶，认为人心险恶，一旦权力到手，就难免用来作恶，因此就制定严格的法律和约束机制，使之即使用作恶的精神意向，也难以转换为作恶的具体行为，法治的实践是建立在性本恶的基础之上，反过来最大限度地限制了恶，而最大限度地保护和褒扬了善，中国现在更需要现代法治，所以厘清善恶是很有必要的。

八　研究不足与展望

如果将学术研究比喻为艺术创作的话，那么本书最适合的类比对象就是西方的素描画，粗线条地勾勒出重要的特征，而区别于西方的油画，重视细节且过渡紧密。本书通过描述—解释—预测—控制这一具有心理学使命色彩的研究主线将六个子研究串起来，粗线条地、概括性地将中国人的马基雅弗利主义人格呈现出来，但大而化之有余，而细致入微不足。这是研究的特点也是显著的缺点，因此本书下一步的努力方向就是在素描画的基础上创作油画，在研究的深度和精度上下功夫，应切合于某一个着力点，向前追溯其前因变量，向后探讨其可能的结果变量，更多地剖析其中的影响变量及其发生作用的动态机制。

另外，现有的研究始终关注的都是马基雅弗利主义带给国人的负面冲击和压力效应，其理论预设就是马基雅弗利主义是坏的，不好的，负面的。但国外有关马基雅弗利主义的研究发现在某些条件下其也有积极、正面的性质，尽管本书在综述中以正面的角度提及了厚黑学/马基雅弗利主义在兵家的应用与发挥，但从实证的角度、从当代中国人的立场还是一片空白，还有待实证研究的支持与发现。

马基雅弗利主义，或是厚黑学，都是人人心中有，个个嘴上无，上不得台面，人人都是敬而畏之、避而远之，但是现实却需要我们了解、理解、破解马基雅弗利主义/厚黑学，没有破解，了解和理解更像是虚伪的沟通，而有了了解与理解，破解才更有价值、更有可能和更加精确。对待马基雅弗利主义/厚黑学，如果我们始终以事不关己的旁观者身份漠视它的存在，那了解、理解、破解就遥遥无期了。转变一下态度，切换一种视角，我们需要以一种利益攸关者的身份走进它、研究它，就像我们在生活中，也常听到各种对诸如拉关系、走后门、找熟人等现象的抱怨和责骂，这些声音大多是情绪性的表达，击中要害的少。只有走进其中，才知"七寸"在哪儿，再想办法如何去慢慢改变。责骂，虽过瘾，却往往不能"治病"。本书显然是想开一剂温柔的药方，但这个药方也只是一个尝试、一个试验，权当抛砖引玉。

第 十 一 章

结　论

（1）厚黑学是中国人的马基雅弗利主义，越是在社会转型期，马基雅弗利主义这条黑色风景线反而越亮丽，明朝中后期的重臣张居正和清末民初的第一政治人物袁世凯都是社会转型期下中国人马基雅弗利主义人格的典型代表，张居正和袁世凯都堪称"东方马基雅弗利"，作为中国传统集权政治下的旧式权臣，其马基雅弗利主义人格都带有浓厚的厚黑色彩，同时也都打上了中国文化（比如儒、法、道）的深刻印记，其马基雅弗利主义人格都体现了专制体制和集权政治对人性的异化和扭曲，而两位主人翁张居正和袁世凯的马基雅弗利主义人格也都直接导致其身后的悲剧政治结局。

（2）中国人的马基雅弗利主义人格是一个四维结构，包括性恶推断、手段扭曲、感情冷漠、利益执着四个维度，其中性恶推断解释的比重最大。研究自编的中国人马基雅弗利主义人格问卷具有良好的信效度指标，符合心理测量学的技术要求，可以作为进一步研究的测量工具。对中国分华东、华南、华中、华北和西南五个大区进行采样施测，分别在10个省、区、市抽取2318名调查样本，采用自编的中国人马基雅弗利主义人格问卷进行施测，结果发现中国人的马基雅弗利主义人格水平中等偏上，中青年人的马基雅弗利主义人格得分比老年人显著高，受教育程度低的被试马基雅弗利主义得分显著高于受教育程度高的被试，职业禀赋优渥的职业从业人员马基雅弗利主义得分显著高于职业禀赋贫瘠的职业从业人员。

（3）马基雅弗利主义者在自己获利、亲人利益受损的情境下（情境1）决策反应时要显著地高于自己获利、外人利益受损的情境下（情境

2）决策反应时。在脑内进程的 150—300 ms 内，"自己受益，亲人受损"两难情境任务决策下（情境 1）比起"自己受益，外人受损"两难情境任务决策下（情境 2）诱发一个更正性的 ERP 成分（P150—300），在脑内进程的 300—780 ms 内，"自己受益，亲人受损"两难情境任务决策下（情境 1）比起"自己受益，外人受损"两难情境任务决策下（情境 2）诱发一个更正性的晚期正成分（LPC，P300—780），进一步溯源分析可推测高马基雅弗利主义者 ERP 结果中的 P150—300 成分和 LPC 成分的主要激活区分别位于海马旁回、丘脑附近和额中回。

（4）马基雅弗利主义行为会受到个体内在的马基雅弗利主义人格特质的影响，即高马基雅弗利主义人格特质的被试更倾向于实施马基雅弗利主义行为，而低马基雅弗利主义人格特质的被试更倾向于放弃马基雅弗利主义行为；马基雅弗利主义行为也会受到外在的制度环境、利益诱惑等环境变量的影响，即在制度失范、行为无序的情境下被试更倾向于实施马基雅弗利主义行为，而在制度规范、行为有序的情境下被试更倾向于放弃马基雅弗利主义行为；内部特质与外部环境会交互地影响个体外显的马基雅弗利主义行为表现，突出的特点是高马基雅弗利主义人格者在不同利益诱惑条件下表现出"潜伏效应"。

（5）马基雅弗利主义与道德是两种对立的价值行为规范，尤其在两难情境下，马基雅弗利主义与道德会产生严重的冲突，这种冲突不仅有着行为学指标的证据，而且还有电生理指标的支持。对于高道德认同的个体而言，随着马基雅弗利主义水平的升高，其感受的心理紧张或焦虑会显著增加，但对于低道德认同的个体，则没有这种内心冲突体验。

（6）我们要充分地挖掘和利用中国传统文化的思想宝库，因果报应观念和道德理想都是马基雅弗利主义的有效抗体，因果报应材料和道德相关材料的启动，都能够显著地抑制个体的马基雅弗利主义行为倾向。

附　　录

附录 1　开放式问卷调查

尊敬的各位领导：

您好！

非常感谢您抽出时间填写此份问卷，此问卷是为了探讨市场经济下领导特质的变迁与异化，请您仔细阅读问题并根据您的想法认真作答，您对问题的回应只用于整体分析，不做个案研究，同时我们会对结果保密，请您放心作答。

××大学××研究中心

1. 在社会转型、制度失范、心态失衡的社会大背景下，厚黑学在中国升温，当前官场也有一些厚黑官员和厚黑事件，您怎么评价其普遍性和破坏性？

2. 请根据您在工作中的经历见闻，描述一个官场厚黑学的个案。（如出现人物、地名一律用字母代替）

3. 您认为官场中的厚黑官员通常具有哪些外在的行为特征和内在的心理想法？（至少列举 5 项，越多越好）

4. 您身边有厚黑的同僚吗？您了解他吗？

您工作所在的地区是_____省（市、自治区）_____市（区）；

您的行政级别是：_____

A. 副科及以下　　　B. 正科　　　C. 副处　　　D. 正处

E. 副厅及以上

谢谢您的支持与配合，祝您身体健康、工作顺利！

附录 2　中国人马基雅弗利主义人格问卷

回答指导：对于下列陈述，请确定您在多大程度上同意或反对它们，并在相应的数字上打"√"。这些评价没有对错之分，仅仅代表了您的看法。各数字代表的意义如下：

1	2	3	4	5
完全不同意	部分不同意	无可置否	部分同意	完全同意

1. 人都是为自己的。……………………… 1……2……3……4……5

2. 世俗的丑陋早已驱逐了人本性中善良真诚的一面。………
………………………………………… 1……2……3……4……5

3. 只要有机会，人邪恶的一面就会暴露出来。………………
………………………………………… 1……2……3……4……5

4. 最安全的处世原则就是假定人性恶。… 1……2……3……4……5

5. 说是一套，做需要另一套。…………… 1……2……3……4……5

6. 歪门邪道能解决问题。………………… 1……2……3……4……5

7. 不走捷径就很难成功。………………… 1……2……3……4……5

8. 遇非常事，用非常法。………………… 1……2……3……4……5

9. 感情都是建立在名利基础之上的。…… 1……2……3……4……5

10. 讲感情最后都是要吃亏的。…………… 1……2……3……4……5

11. 人与人之间没有什么真正的感情。…… 1……2……3……4……5

12. 无情才能无敌。………………………… 1……2……3……4……5

13. 不达目的，不能罢休。………………… 1……2……3……4……5

14. 挫折只是告诉我需要换用另一种方法。………………
………………………………………… 1……2……3……4……5

15. 坚持才能成功。………………………… 1……2……3……4……5

附录3　值得信任量表

回答指导：对于下列陈述，请确定您在多大程度上同意或反对它们，并在相应的数字上打"√"。这些评价没有对错之分，仅仅代表了您的看法。各数字代表的意义如下：

1	2	3	4	5
完全不同意	部分不同意	无可置否	部分同意	完全同意

1. 如果能不花钱进入电影院而且肯定不会被发现，那么多数人都会那样做的。 …………………………………… 1……2……3……4……5

2. 多数人有认错的勇气。 …………………… 1……2……3……4……5

3. 一般人都是自以为了不起的。 ………… 1……2……3……4……5

4. 即使在如今这种复杂的社会里，多数人仍然遵循传统中的待人原则。 …………………………………… 1……2……3……4……5

5. 多数人会停下来帮助汽车出了毛病的人。 ………………………………
…………………………………………… 1……2……3……4……5

6. 普通的学生即使有一套道德标准，当其他人均在考试中作弊时，他也同样会作弊。 ……………………… 1……2……3……4……5

7. 多数人会毫不犹豫地特意去帮助遇到困难者。 …………………………
…………………………………………… 1……2……3……4……5

8. 如果撒谎能带来好处，多数人将撒谎。 …………………………………
…………………………………………… 1……2……3……4……5

9. 在当今社会里无私的人太可怜了，因为有那么多人算计他。 ……
…………………………………………… 1……2……3……4……5

10. "希望别人怎样对待自己，首先应那样对待别人"，这是多数人恪守的格言。 ……………………… 1……2……3……4……5

11. 人人都声称自己有一套关于道德的伦理标准，但一旦遇事时却很少有人遵循这些标准。 …………… 1……2……3……4……5

12. 多数人会表明自己的信仰。 …………… 1……2……3……4……5

13. 人们表面上互相关心，实际上却并非如此。 ………………………………
…………………………………………… 1……2……3……4……5

14. 即使知道撒谎有好处，人们也往往讲实话。 ……………………

  …………………………………………… 1……2……3……4……5

15. 多数人从心理上不愿意去帮助别人。 ……………………………

  …………………………………………… 1……2……3……4……5

16. 如果有机会，多数人会在所得税上作弊。 ……………………

  …………………………………………… 1……2……3……4……5

17. 只要认为自己正确，一般人都能不顾别人的反对而坚持自己的

观点。 …………………………………………… 1……2……3……4……5

18. 如果有机会，多数人会乐善好施。…… 1……2……3……4……5

19. 多数人所表现的诚实并非出于正当的理由，他们只不过怕被抓住

而已。 …………………………………………… 1……2……3……4……5

20. 普通人均会诚恳地关心别人的困难。 ……………………………

  …………………………………………… 1……2……3……4……5

附录 4 犬儒主义量表

回答指导：下面陈述的是一些观点，这些观点无对错之分，请您根据您的同意程度在相应的数字上打"√"。各数字代表的意义如下：

1	2	3	4	5
完全不同意	部分不同意	无可置否	部分同意	完全同意

1. 在社会中人们倾向于掩盖自己的过失。…………………………
   …………………………………… 1……2……3……4……5

2. 在利益的驱使之下，大部分人都会撒谎。…………………………
   …………………………………… 1……2……3……4……5

3. 权力地位会让人变得傲慢。 ……… 1……2……3……4……5

4. 一般来说，人们是被迫努力工作的。…… 1……2……3……4……5

5. 很多人把财产看得比父亲的生命更重要。…………………………
   …………………………………… 1……2……3……4……5

6. 竞争让人表现出人性丑恶的一面。 …… 1……2……3……4……5

7. 大多数人帮助别人都是为了得到回报。…………………………
   …………………………………… 1……2……3……4……5

8. 社会是为掌握资源的少数人服务的。 … 1……2……3……4……5

附录5　Marlowe-Crowne（简版）社会赞许性量表

下面是一些有关个人态度和特点的叙述。请阅读每个条目，确定其所述情况是否与您相符，并在相应的方格中打个"√"。

是　　否

□　　□　1. 我总是毫不犹豫地放下自己的事帮助有难处的人。

□　　□　2. 我从来没有特别讨厌谁。

□　　□　3. 如果得不到自己想要的东西，有时我感到愤愤不平。

□　　□　4. 有时我想违抗有权威的人，即使我知道他们是对的，也想这么做。

□　　□　5. 我记得有过为逃避某些事而"装病"的情况。

□　　□　6. 如果我不懂得什么事情，我会很痛快地承认。

□　　□　7. 即使对难以相处的人，我也总是彬彬有礼。

□　　□　8. 我从来没想到要别人替我受过。

□　　□　9. 我有些时候对别人的幸运相当嫉妒。

□　　□　10. 我有时因为别人要我帮忙而生气。

附录6　研究四中使用的情境实验材料及反应量表

尊敬的各位领导：

您好！

下面是一则机关单位中选拔领导干部的故事（设定了四个情境），请认真阅读如下故事，并努力想象您自己就是故事中的主人公"我"，在看完故事后按照内心的真实想法回答故事后所附带的问题。本问卷不记名，您对问题的回应也没有对错之分，我们对回收的问卷仅做整体分析，不做个案探讨，请放心做答！谢谢您的参与与合作！

情境1

我是一名市直行政某单位的普通科员。

最近，单位要推选一位同志到省委党校进修学习，单位的评选制度通常都是党政联席扩大会议议定，并在单位进行公示，总体有规可循，按章办事。我和本单位的一名同事张三都获提名，我对此很重视，因为即将到来的提拔干部，其中的一个必备条件就是省委党委学习经历，我有意在单位晋升，而张三并无此打算。

有人建议我私下宴请张三，给他些钱，让他放弃省委党校的学习机会，造成无人与我竞争的局面。

情境2

我是一名市直行政某单位的普通科员。

最近，单位要推选一位同志到省委党校进修学习，单位的评选制度通常都是党政联席扩大会议议定，并在单位进行公示，总体有规可循，按章办事。我和本单位的一名同事张三都获提名，我对此并不重视，因为省委党校进修只是一次学习经历，对晋级提拔并无直接影响。

有人建议我私下宴请张三，给他些钱，让他放弃省委党校的学习机会，造成无人与我竞争的局面。

情境3

我是一名市直行政某单位的普通科员。

最近，单位要推选一位同志到省委党校进修学习，单位的组织纪律涣散，人事安排随意，评选制度谈不上公开、公平和公正。我和本单位的一名同事张三都获提名，我对此很重视，因为即将到来的提拔干部，其中的一个必备条件就是省委党委学习经历，我有意在单位晋升，而张三并无此打算。

有人建议我私下宴请张三，给他些钱，让他放弃省委党校的学习机会，造成无人与我竞争的局面。

情境4

我是一名市直行政某单位的普通科员。

最近，单位要推选一位同志到省委党校进修学习，单位的组织纪律涣散，人事安排随意，评选制度谈不上公开、公平和公正。我和本单位的一名同事张三都获提名，我对此并不重视，因为省委党校进修只是一次学习经历，对晋级提拔并无直接影响。

有人建议我私下宴请张三，给他些钱，让他放弃省委党校的学习机会，造成无人与我竞争的局面。

一、读完上面的故事，假如您就是故事中的"我"，请根据您的真实感受，在下列各题后相应的数字上打"√"。

1. 关于单位的"党校进修指标"评选制度环境，我认为_____。

①好　　　　②不好　　　　③不确定

2. 在推选"党校进修学习"这个问题上，我认为_____。

①有利可图　　②无利可图　　　③不确定

二、假如您就是故事中的"我"，请根据您的真实感受，在下列各题后相应的数字上打"√"。其中，①—⑤表示同意程度由低到高，①表示"完全不同意"，⑤表示"完全同意"。

完　比

全　较　不　比　完

不　不　确　较　全

同　同　定　同　同

意　意　　意　意

　　3. 我会去收买张三　　　　　　　　　　　　① ② ③ ④ ⑤

　　4. "为达目的、不择手段"也是现实中必需的一　① ② ③ ④ ⑤
种态度

　　5. 我认为该故事的内容在机关事业单位中是真实　① ② ③ ④ ⑤
存在的

　　6. 我认为该故事在很多都多机关单位都会发生　　① ② ③ ④ ⑤

　　最后，请填写您的基本信息：

　　7. 性别：①男　　②女

　　8. 年龄：＿＿＿＿＿岁

　　9. 职级：①副科及以下　②正科　③副处　④正处及以上

谢谢您的参与！祝您工作如意，身体健康！

附录 7 研究五中价值观冲突情境的评定

请仔细阅读以下情境并按要求进行相应的评定：

情境 1：假定你是一个异地恋的主角，你与女友相恋多年，但因为工作调动困难，你和女友却一直分居两地工作，交通不便，感情交流不畅。你的同事给你介绍了一个同城的姑娘，家庭经济条件十分优越，你比较动心。但女友打算辞职到你所工作的城市，别觅职业，也与你共续恋情，你会利用这段萌发的新感情来逼女友分手吗？

请评定：

情境 1 在多大程度上涉及了厚黑学/马基雅弗利主义的问题（如为达目的不择手段，操纵他人谋取利益等）？请用 1—7 个等级进行评价，1 表示毫不涉及，7 表示完全涉及，依次递增，以此类推。请在你选择的数字上做上标记。下同。

毫不涉及　　　1　　2　　3　　4　　5　　6　　7　　完全涉及

情境 1 在多大程度上涉及了道德认同的问题（如强调道德、仁义、友爱之心，人与人之间的挚诚感情与和谐关系）？

毫不涉及　　　1　　2　　3　　4　　5　　6　　7　　完全涉及

情境 2：假定你是某局机关的主要领导，拟平级调往中心城区某区任区长，在离任审计时个别项目有一些经费管理得不规范，你负有管理失察的责任，但你官声很好，人气很高，为了不影响你的仕途，有人建议你请一位相好的王姓副局长帮你顶包担责，你同时承诺在市委组织部与你的离任谈话时，你向市委组织部推荐这位副局长任你空出的正职，你会采纳这个建议吗？

请评定：

情境 2 在多大程度上涉及了厚黑学/马基雅弗利主义的问题（如为达目的不择手段，操纵他人谋取利益等）？

毫不涉及　　　1　　2　　3　　4　　5　　6　　7　　完全涉及

情境 2 在多大程度上涉及了道德认同的问题（如强调道德、仁义、友爱之心，人与人之间的挚诚感情与和谐关系）？

毫不涉及　　　1　　2　　3　　4　　5　　6　　7　　完全涉及

情境3：假定你是某局机关一位副职局长的考察对象，市委组织部已经发出考察预告，考察组拟于近日到单位深入考察，征求意见，你深知单位人心复杂，人多嘴杂，有人建议你找关系专门去拜访专门分管此项工作的市委组织部林部长，私下向林部长提交一份你推荐的考察组走访名单，当然这份名单里的走访对象都是你事先沟通好的铁杆盟友或嫡系人员，你会拜访林部长吗？

请评定：

情境3在多大程度上涉及了厚黑学/马基雅弗利主义的问题（如为达目的不择手段，操纵他人谋取利益）？

毫不涉及　　1　2　3　4　5　6　7　　完全涉及

情境3在多大程度上涉及了道德认同的问题（如强调道德、仁义、友爱之心，人与人之间的挚诚感情与和谐关系）？

毫不涉及　　1　2　3　4　5　6　7　　完全涉及

情境4：假定你是某单位的一名科长，单位目前拟从内部提拔一位副县级干部，你和李某都是拟提拔的热门人选，互有优势，不相伯仲。你在单位一直与同事张某往来密切，属于"铁杆哥们"，而张某素来对李某不抱好感，在竞聘考核的关键时期你会鼓动张某向市委组织部匿名举报反映一些问题吗？

请评定：

情境4在多大程度上涉及了厚黑学/马基雅弗利主义的问题（如为达目的不择手段，操纵他人谋取利益等）？

毫不涉及　　1　2　3　4　5　6　7　　完全涉及

情境4在多大程度上涉及了道德认同的问题（如强调道德、仁义、友爱之心，人与人之间的挚诚感情与和谐关系）？

毫不涉及　　1　2　3　4　5　6　7　　完全涉及

情境5：假定你是市直某行政机关的一名普通科员。最近，机关要推选一位同志到省委党校进修学习，你和本单位的一名同事张三是此次进修学习的拟推荐人选，你对此很重视，因为即将到来的提拔干部，其中的一个必备条件就是省委党校学习经历，你有意在单位晋升，而张三因为年龄原因并无此打算。有人建议你私下宴请张三，给他些钱，让他放弃省委党校的学习机会，造成无人与你竞争的局面。请问你会与张三进行利益交换吗？

请评定：

情境5在多大程度上涉及了厚黑学/马基雅弗利主义的问题（如为达目的不择手段，操纵他人谋取利益等）？

毫不涉及　　1　　2　　3　　4　　5　　6　　7　　完全涉及

情境5在多大程度上涉及了道德认同的问题（如强调道德、仁义、友爱之心，人与人之间的挚诚感情与和谐关系）？

毫不涉及　　1　　2　　3　　4　　5　　6　　7　　完全涉及

附录 8　道德认同量表

尊敬的各位领导：

您好！

下面列出了一些词汇，它们也许描述了一个人的特征：守信的，诚实的，孝顺的，负责的，真诚的，礼貌的，善良的，忠诚的，正直的，助人的。

具有这些特征的人可能是您，也可能是其他人。现在，在您的头脑中想象一个人，他（她）拥有这些特征。想象这个人将如何思考、如何感觉和如何行动。当您拥有一个清楚的意象，这个人在您头脑中的形象栩栩如生的时候，请回答下面的问题。（请在后面的选项上画"√"选择）

1	2	3	4	5	6	7
完全不同意	大多不同意	有些不同意	说不清	有些同意	大多同意	完全同意

1. 成为一个拥有这些特征的人将会使我感觉良好。

　　　　　　　　　1……2……3……4……5……6……7

2. 成为一个拥有这些特征的人对我而言很重要。

　　　　　　　　　1……2……3……4……5……6……7

3. 我的着装打扮使我看上去是这样的人。

　　　　　　　　　1……2……3……4……5……6……7

4. 成为一个拥有这些特征的人我将感到羞愧。

　　　　　　　　　1……2……3……4……5……6……7

5. 我在空闲的时间（如：业余爱好）时所做的事情清楚表明我具有这些特征。

　　　　　　　　　1……2……3……4……5……6……7

6. 我所阅读的书籍和杂志类型清楚表明我具有这些特征。

　　　　　　　　　1……2……3……4……5……6……7

7. 拥有这些特征对我而言真的不重要。

　　　　　　　　　1……2……3……4……5……6……7

8. 在我所处的单位中，别人知道我拥有这些特征的事实。

　　　　　　　　　　　　　1………2………3………4………5………6………7

9. 我积极参与那些能表明我拥有这些特征的活动。

　　　　　　　　　　　　　1………2………3………4………5………6………7

10. 我非常渴望拥有这些特征。

　　　　　　　　　　　　　1………2………3………4………5………6………7

附录9 研究五中行为学研究所使用的实验材料

尊敬的各位领导：

请您仔细阅读下列职场中发生的故事，并想象您就身处在下列情境中，想象您就是如下情境中的人物主角，并按要求回答问题。

情境1：假定你是一个异地恋的主角，你与女友相恋多年，但因为工作调动困难，你和女友却一直分属两地工作，交通不便，感情交流不畅。你的同事给你介绍了一个同城的姑娘，家庭经济条件十分优越，你比较动心。但女友打算辞职到你所工作的城市，别觅职业，也与你共续恋情，你会利用这段萌发的新感情来逼女友分手吗？

请回答：

1. 面对此情境，你最终会做出怎样的决定？（请在后面的选项上画"√"选择）

A. 逼女友分手　　　B. 与女友共续恋情

2. 以下陈述是用来描述你在做出决定过程中的内心感受。请根据你自己的实际情况来确定你最恰当的感觉。请按照下面的1—4点的标度方式来对每个项目做出判断，并在相应数字上打"√"。

1——完全没有；2——有些；3——中等程度；4——非常明显。

在做出以上决定时，＿＿＿＿＿＿＿＿＿＿＿＿＿＿。

1. 我感到内心平静	1	2	3	4
2. 我感到紧张不安	1	2	3	4
3. 我感到烦乱	1	2	3	4
4. 我感到满意	1	2	3	4
5. 我优柔寡断	1	2	3	4
6. 我感到轻松	1	2	3	4
7. 我感到内心冲突	1	2	3	4

情境2：假定你是某局机关的主要领导，拟平级调往中心城区某区任区长，在离任审计时个别项目有一些经费管理得不规范，你负有管理失

察的责任，但你官声很好，人气很高，为了不影响你的仕途，有人建议你请相好的王姓副局长帮你顶包担责，你同时承诺在市委组织部与你的离任谈话时，你向市委组织部推荐这位副局长任你空出的正职，你会采纳这个建议吗？

请回答：

1. 面对此情境，你最终会做出怎样的决定？（请在后面的选项上画"√"选择）

　　A. 请副局长为自己顶包　　　　B. 按组织程序承担相应的责任

2. 以下陈述是用来描述你在做出决定过程中的内心感受。请根据你自己的实际情况来确定你最恰当的感觉。请按照下面的 1—4 点的标度方式来对每个项目做出判断，并在相应数字上打"√"。

　　1——完全没有；2——有些；3——中等程度；4——非常明显。

在做出以上决定时，_____。

1. 我感到内心平静	1	2	3	4
2. 我感到紧张不安	1	2	3	4
3. 我感到烦乱	1	2	3	4
4. 我感到满意	1	2	3	4
5. 我优柔寡断	1	2	3	4
6. 我感到轻松	1	2	3	4
7. 我感到内心冲突	1	2	3	4

情境 3：假定你是某局机关一位副职局长的考察对象，市委组织部已经发出考察预告，考察组拟于近日到单位深入考察，征求意见，你深知单位人心复杂，人多嘴杂，有人建议你找关系专门去拜访专门分管此项工作的市委组织部林部长，私下向林部长提交一份你推荐的考察组走访名单，当然这份名单里的走访对象都是你事先沟通好的铁杆盟友或嫡系人员，你会拜访林部长吗？

请回答：

1. 面对此情境，你最终会做出怎样的决定？（请在后面的选项上画"√"选择）

　　A. 找关系专门去拜访林部长　　　　B. 不去拜访林部长，顺其自然

2. 以下陈述是用来描述你在做出决定过程中的内心感受。请根据你自己的实际情况来确定你最恰当的感觉。请按照下面的 1—4 点的标度方式来对每个项目做出判断，并在相应数字上打"√"。

1——完全没有；2——有些；3——中等程度；4——非常明显。

在做出以上决定时，_____。

1. 我感到内心平静	1	2	3	4
2. 我感到紧张不安	1	2	3	4
3. 我感到烦乱	1	2	3	4
4. 我感到满意	1	2	3	4
5. 我优柔寡断	1	2	3	4
6. 我感到轻松	1	2	3	4
7. 我感到内心冲突	1	2	3	4

情境 4：假定你是某单位的一名科长，单位目前拟从内部提拔一位副县级干部，你和李某都是该拟提拔的热门人选，互有优势，不相伯仲。你在单位一直与同事张某往来密切，属于"铁杆哥们"，而张某素来对李某不抱好感，在竞聘考核的关键时期你会鼓动张某向市委组织部匿名举报反映一些问题吗？

请回答：

1. 面对此情境，你最终会做出怎样的决定？（请在后面的选项上画"√"选择）

A. 鼓动张某向组织部写匿名信　　B. 顺其自然

2. 以下陈述是用来描述你在做出决定过程中的内心感受。请根据你自己的实际情况来确定你最恰当的感觉。请按照下面的 1—4 点的标度方式来对每个项目做出判断，并在相应数字上打"√"。

1——完全没有；2——有些；3——中等程度；4——非常明显。

在做出以上决定时，_____。

1. 我感到内心平静	1	2	3	4
2. 我感到紧张不安	1	2	3	4
3. 我感到烦乱	1	2	3	4
4. 我感到满意	1	2	3	4

5. 我优柔寡断	1	2	3	4
6. 我感到轻松	1	2	3	4
7. 我感到内心冲突	1	2	3	4

情境 5：假定你是市直某行政机关的一名普通科员。最近，机关要推选一位同志到省委党校进修学习，你和本单位的一名同事张三是此次进修学习的拟推荐人选，你对此很重视，因为即将到来的提拔干部，其中的一个必备条件就是省委党校学习经历，你有意在单位晋升，而张三因为年龄原因并无此打算。有人建议你私下宴请张三，给他些钱，让他放弃省委党校的学习机会，造成无人与你竞争的局面。请问你会与张三进行利益交换吗？

请回答：

1. 面对此情境，你最终会做出怎样的决定？（请在后面的选项上画"√"选择）

A. 与张三进行利益交换　　B. 听从机关的组织安排

2. 以下陈述是用来描述你在做出决定过程中的内心感受。请根据你自己的实际情况来确定你最恰当的感觉。请按照下面的 1—4 点的标度方式来对每个项目做出判断，并在相应数字上打"√"。

1——完全没有；2——有些；3——中等程度；4——非常明显。

在做出以上决定时，_____。

1. 我感到内心平静	1	2	3	4
2. 我感到紧张不安	1	2	3	4
3. 我感到烦乱	1	2	3	4
4. 我感到满意	1	2	3	4
5. 我优柔寡断	1	2	3	4
6. 我感到轻松	1	2	3	4
7. 我感到内心冲突	1	2	3	4

谢谢您的参与！祝您顺心如意，身体健康！

附录10 研究五电生理研究所使用的实验材料

（一）情境 1 的测验项目与流程：

	编号	内　　容
情境（S1）	情境（S1）	情境 1：假定你是一个异地恋的主角，你与女友相恋多年，但因为工作调动困难，你和女友却一直分属两地工作，交通不便，感情交流不畅。你的同事给你介绍了一个同城的姑娘，家庭经济条件十分优越，你比较动心。但女友打算辞职到你所工作的城市，别觅职业，也与你共续恋情，你会利用这段萌发的新感情来逼女友分手吗？
情境（S2）	情境（S2）	情境 1：假定你是一个异地恋的主角，你与女友相恋多年，但因为工作调动困难，你和女友却一直分属两地工作，交通不便，感情交流不畅。你的同事给你介绍了一个同城的姑娘，家庭经济条件十分优越，你比较动心。但女友打算辞职到你所工作的城市，别觅职业，也与你共续恋情，你会利用这段萌发的新感情来逼女友分手吗？
第一遍	Q1	你会选择物质而放弃爱情吗？
	Q2	你会选择爱情而放弃物质吗？
	Q3	你会放弃爱情而选择物质吗？
	Q4	你会放弃物质而选择爱情吗？
第二遍	Q2	你会选择爱情而放弃物质吗？
	Q1	你会选择物质而放弃爱情吗？
	Q4	你会放弃物质而选择爱情吗？
	Q3	你会放弃爱情而选择物质吗？

（二）情境 2 的测验项目与流程：

	编号	内　　容
情境（S1）	情境（S1）	情境 2：假定你是某局机关的主要领导，拟平级调往中心城区某区任区长，在离任审计时个别项目有一些经费管理得不规范，你负有管理失察的责任，但你官声很好，人气很高，为了不影响你的仕途，有人建议你请相好的王姓副局长帮你顶包担责，你同时承诺在市委组织部与你的离任谈话时，你向市委组织部推荐这位副局长任你空出的正职，你会采纳这个建议吗？

续表

编号		内　容
情境 （S2）		情境2：假定你是某局机关的主要领导，拟平级调往中心城区某区任区长，在离任审计时个别项目有一些经费管理得不规范，你负有管理失察的责任，但你官声很好，人气很高，为了不影响你的仕途，有人建议你请相好的王姓副局长帮你顶包担责，你同时承诺在市委组织部与你的离任谈话时，你向市委组织部推荐这位副局长任你空出的正职，你会采纳这个建议吗？
第一遍	Q1	你会选择让王副局长帮你顶包吗？
	Q2	你会向市委组织部推荐王副局长吗？
	Q3	你会承担经费使用管理失察的责任吗？
	Q4	你会放弃让王副局长顶包吗？
第二遍	Q2	你会向市委组织部推荐王副局长吗？
	Q1	你会选择让王副局长帮你顶包吗？
	Q4	你会放弃让王副局长顶包吗？
	Q3	你会承担经费使用管理失察的责任吗？

（三）情境3的测验项目与流程：

编号		内　容
情境 （S1）		情境3：假定你是某局机关一位副职局长的考察对象，市委组织部已经发出考察预告，考察组拟于近日到单位深入考察，征求意见，你深知单位人心复杂，人多嘴杂，有人建议你找关系专门去拜访专门分管此项工作的市委组织部林部长，私下向林部长提交一份你推荐的考察组走访名单，当然这份名单里的走访对象都是你事先沟通好的铁杆盟友或嫡系人员，你会拜访林部长吗？
情境 （S2）		情境3：假定你是某局机关一位副职局长的考察对象，市委组织部已经发出考察预告，考察组拟于近日到单位深入考察，征求意见，你深知单位人心复杂，人多嘴杂，有人建议你找关系专门去拜访专门分管此项工作的市委组织部林部长，私下向林部长提交一份你推荐的考察组走访名单，当然这份名单里的走访对象都是你事先沟通好的铁杆盟友或嫡系人员，你会拜访林部长吗？

续表

	编号	内　容
第一遍	Q1	你会找关系拜访林部长吗？
	Q2	你会事先安排好考察组的走访对象吗？
	Q3	你会放弃拜访林部长吗？
	Q4	你会放弃考察组的走访对象安排吗？
第二遍	Q2	你会事先安排好考察组的走访对象吗？
	Q1	你会找关系拜访林部长吗？
	Q4	你会放弃考察组的走访对象安排吗？
	Q3	你会放弃拜访林部长吗？

（四）情境 4 的测验项目与流程：

	编号	内　容
	情境（S1）	情境4：假定你是某单位的一名科长，单位目前拟从内部提拔一位副县级干部，你和李某都是该拟提拔的热门人选，互有优势，不相伯仲。你在单位一直与同事张某往来密切，属于"铁杆哥们"，而张某素来对李某不抱好感，在竞聘考核的关键时期你会鼓动张某向市委组织部匿名举报反映一些问题吗？
	情境（S2）	情境4：假定你是某单位的一名科长，单位目前拟从内部提拔一位副县级干部，你和李某都是该拟提拔的热门人选，互有优势，不相伯仲。你在单位一直与同事张某往来密切，属于"铁杆哥们"，而张某素来对李某不抱好感，在竞聘考核的关键时期你会鼓动张某向市委组织部匿名举报反映一些问题吗？
第一遍	Q1	你会挑拨张某与竞争对手之间的关系吗？
	Q2	你会鼓动张某向市委组织部写匿名检举信吗？
	Q3	你会调解张某与竞争对手之间的关系吗？
	Q4	你会劝阻张某向市委组织部写匿名检举信吗？
第二遍	Q2	你会鼓动张某向市委组织部写匿名检举信吗？
	Q1	你会挑拨张某与竞争对手之间的关系吗？
	Q4	你会劝阻张某向市委组织部写匿名检举信吗？
	Q3	你会调解张某与竞争对手之间的关系吗？

（五）情境 5 的测验项目与流程：

	编号	内　　容
	情境（S1）	情境5：假定你是市直某行政机关的一名普通科员。最近，机关要推选一位同志到省委党校进修学习，你和本单位的一名同事张三是此次进修学习的拟推荐人选，你对此很重视，因为即将到来的提拔干部，其中的一个必备条件就是省委党校学习经历，你有意在单位晋升，而张三因为年龄原因并无此打算。有人建议你私下宴请张三，给他些钱，让他放弃省委党校的学习机会，造成无人与你竞争的局面。请问你会与张三进行利益交换吗？
	情境（S2）	情境5：假定你是市直某行政机关的一名普通科员。最近，机关要推选一位同志到省委党校进修学习，你和本单位的一名同事张三是此次进修学习的拟推荐人选，你对此很重视，因为即将到来的提拔干部，其中的一个必备条件就是省委党校学习经历，你有意在单位晋升，而张三因为年龄原因并无此打算。有人建议你私下宴请张三，给他些钱，让他放弃省委党校的学习机会，造成无人与你竞争的局面。请问你会与张三进行利益交换吗？
第一遍	Q1	你会与张三进行利益交换吗？
	Q2	你会宴请劝诱张三吗？
	Q3	你会放弃与张三的利益交换吗？
	Q4	你会放弃对张三的宴请劝诱吗？
第二遍	Q2	你会宴请劝诱张三吗？
	Q1	你会与张三进行利益交换吗？
	Q4	你会放弃对张三的宴请劝诱吗？
	Q3	你会放弃与张三的利益交换吗？

附录11　研究六中所使用的马基雅弗利主义行为意向测量材料

尊敬的各位领导：

感谢您参与刚才的计算机实验！接下来请仔细阅读下面一则发生在机关单位中的故事，并设身处地地想象您就身处其中的情境，读完后给出您的行为选择。

你是某单位的一名科长，单位目前拟从内部提拔一位副局级干部，近日，市委组织部正式将你和你的同事李某列为空缺岗位的考察对象，你和李某资历能力、工作业绩不相伯仲、各有优势，此次岗位晋升竞争激烈，你一直琢磨着怎么办……

请回答：

假如你就是故事中的主人公，在下列可能的行为选项中，做出你的选择（请在相应数字上打"√"）

（1）心态平和，顺其自然，不作为。

（2）一直在考虑要不要写举报信，怎么写，但最终放弃。

（3）唆使单位上与李某关系不太好的同事写信反映问题。

（4）自己向组织部匿名写举报信，信中如实地反映李某工作中的疏忽之处与欠缺不足。

（5）自己向组织部匿名写举报信，信中编造事实，诬陷李某的工作生活作风问题。

谢谢您的参与！祝您顺心如意，身体健康！

附录12 研究六中使用的阈上道德启动材料

说明：根据下面所给词汇，只使用其中的四个词汇组成一个语法和内容都十分通畅的句子，并将其写在下面提供的空白横线上。

例如： 今天 新鲜 空气 笔直的 十分 　　<u>今天空气十分新鲜</u>。

道德 偏僻 讲究 中国人 十分 　　_____

奉献 社会 和谐 需要 蓝色的 　　_____

她 无助 爱情 对待 忠贞地 　　_____

老爷子 和气 笔直的 一直 对人 　　_____

人们 节日 普遍 善良的 都是 　　_____

他们 沟通 坦诚地 进行了 太阳 　　_____

孝敬 父母 美德 是 观察 　　_____

给 我们 奏鸣 老人 让座 　　_____

同学 小朋友 春天 帮助 热心地 　　_____

我们 需要 社会 状态 公德 　　_____

助人 也使 自己 快乐 傲慢的 　　_____

大家的 社会 山路 需要 爱心 　　_____

诚信 做人的 礼物 是 准则 　　_____

距离 心灵的 缩短 真诚 打击 　　_____

人间 让 爱心 邮寄 更美好 　　_____

春天 遍布 山野 辛苦 花儿 　　_____

天空 充满着 美丽的 白云 飞翔 　　_____

飘扬 风中 茶叶 红旗 在 　　_____

是 长城 勤劳的 十分 雄伟的 　　_____

今天的 下雪 天气 晴朗 很 　　_____

草原 辽阔的 充满着 翠绿色 晴天 　　_____

水 十分 清澈 图片 小河的 　　_____

可以 清溪中 小鱼 大树 看见 　　_____

嬉戏 小鸭 在池塘 尽情地 松树 　　_____

气温 山顶上 很 飞机 低 　　_____

上升 精美的 四月里 明显 气温 　　_____

大风 扬起 灰尘 镶嵌 一阵阵 　　_____

遍地　北方的　煤灰　冬天　雪白　　　　　_____

脚印　大米　清晰的　雪地上　有串　　　_____

夏季　传统的　枇杷　在　成熟　　　　　　_____

附录 13 研究六中使用的阈上中性启动材料

说明：根据下面所给词汇，只使用其中的四个词汇组成一个语法和内容都十分通畅的句子，并将其写在下面提供的空白横线上。

例如： 今天　新鲜　空气　笔直的　十分　　　　　今天空气十分新鲜　。

春天　遍布　山野　辛苦　花儿　　　　　＿＿＿＿＿＿＿＿

白云　天空　充满着　飞翔　美丽的　　　＿＿＿＿＿＿＿＿

飘扬　风中　茶叶　红旗　在　　　　　　＿＿＿＿＿＿＿＿

是　长城　勤劳的　十分　雄伟的　　　　＿＿＿＿＿＿＿＿

今天的　下雪　天气　晴朗　很　　　　　＿＿＿＿＿＿＿＿

读书　辽阔的　来到了　草原　我们　　　＿＿＿＿＿＿＿＿

水　十分　清澈　图片　小河的　　　　　＿＿＿＿＿＿＿＿

草原　辽阔的　充满着　翠绿色　晴天　　＿＿＿＿＿＿＿＿

嬉戏　小鸭　在池塘　尽情地　松树　　　＿＿＿＿＿＿＿＿

气温　山顶上　很　飞机　低　　　　　　＿＿＿＿＿＿＿＿

贺礼　精美的　他　成绩　收到了　　　　＿＿＿＿＿＿＿＿

做游戏　愉快地　小朋友们　质量　在一起　＿＿＿＿＿＿＿＿

遍地　北方的　煤灰　冬天　雪白　　　　＿＿＿＿＿＿＿＿

脚印　大米　清晰的　雪地上　有串　　　＿＿＿＿＿＿＿＿

夏季　传统的　枇杷　在　成熟　　　　　＿＿＿＿＿＿＿＿

行人　繁华　众多　夜色　大街　　　　　＿＿＿＿＿＿＿＿

大街　忠诚的　很安静　深夜里　变得　　＿＿＿＿＿＿＿＿

远方　村里的　晴朗　山路　通向　　　　＿＿＿＿＿＿＿＿

清新　雨后的　空气　大风　很　　　　　＿＿＿＿＿＿＿＿

行人　小巷中　很少的　只有　繁华的　　＿＿＿＿＿＿＿＿

大雪　天空中　白云　下起了　鹅毛般的　＿＿＿＿＿＿＿＿

粮食　长出了　天气　黑土地上　丰硕的　＿＿＿＿＿＿＿＿

云霄　巍峨的　稻米　山峰　直入　　　　＿＿＿＿＿＿＿＿

天空　彩虹　出现了　雨后　森林　　　　＿＿＿＿＿＿＿＿

出口　挡住了　水平　前面的　大卡车　　＿＿＿＿＿＿＿＿

寂静　夜晚的　窗口　森林　更加　　　　＿＿＿＿＿＿＿＿

大风　扬起　灰尘　镶嵌　一阵阵　　　　＿＿＿＿＿＿＿＿

阳光　十分　弯曲的　刺眼　中午的　　　　———————————

冬天　第一次　很低　水位　长江　　　　　———————————

朦胧的　遐想　太阳的　夜色　使人　　　　———————————

参考文献

中共中央马克思恩格斯列宁斯大林著作编译局：《马克思恩格斯选集》第
　　4卷，人民出版社2013年版。

［意］马基雅弗利：《君主论》，王水译，上海三联书店2008年版。

马勇：《袁世凯帝制自为的心路历程》，《学术界》2004年第2期。

方立天：《中国佛教哲学要义》，中国人民大学出版社2002年版。

安晶卉、张建新：《人格心理学研究中新的探索——从模拟情境中寻找个
　　体行为无序背后的有序》，《心理科学进展》2004年第3期。

牛延锋：《佛教因果报应思想对构建和谐社会的积极意义》，《江淮论坛》
　　2007年第1期。

王羽帆：《社会转型：结构性特征及其在当代中国的表现》，《广东社会科
　　学》2014年第6期。

王玉德：《"三纲五常"可以推陈出新》，《探索与争鸣》1996年第6期。

王英杰：《社会转型中人际关系的变迁》，《求索》2005年第2期。

《毛泽东选集》第2版，人民出版社1991年版。

［英］弗里德里希·奥古斯特·哈耶克：《自由宪章》，杨玉生等译，中国
　　社会科学出版社1999年版。

韦庆远：《张居正和明代中后期政局》，广东高等教育出版社1999年版。

十年砍柴：《从张居正的悲剧看权力的腐蚀性》，《东方早报》2010年5
　　月14日第A23版。

《邓小平文选》第2卷，人民出版社1994年版。

邓万春：《目的与手段的合法性悖论——张居正改革的伦理视角探讨》，
　　《长江大学学报》（社会科学版）2005年第5期。

王锡彤：《抑斋自述》，河南大学出版社2001年版。

母书鹏：《民国初期袁世凯走向帝制之路的原因探析》，《兰台世界》2011年第 25 期。

庄贵军：《关系在中国文化的内涵：管理学者的视角》，《当代经济科学》2012 年第 1 期。

史青：《正式组织中"圈子"的属性及成因》，《天府新论》2010 年第 2 期。

朱东润：《张居正大传》，陕西师范大学出版社 2009 年版。

朱汇森：《中华民国史事纪要》，（台北）"国史馆" 1987 年版。

刘建华：《解放初期的社会转型及其现实启示》，《学术论坛》2013 年第 7 期。

刘祖云：《社会转型：一种特定的社会发展过程》，《华中师范大学学报》（哲学社会科学版）1997 年第 6 期。

刘祖云：《当前中国社会转型特征再探讨》，《武汉大学学报》（人文科学版）2002 年第 6 期。

刘志琴：《张居正的性格悲剧》，《天津师范大学学报》（社会科学版）2005 年第 5 期。

江光荣：《中小学班级环境：结构与测量》，《心理科学》2004 年第 4 期。

李彬：走出社会转型时期人际信任的困境，《齐鲁学刊》2006 年第 2 期。

李钢：《社会转型刍议》，《北京邮电大学学报》2001 年第 1 期。

李兴斌：《论〈孙子兵法〉对中国古代军事谋略学的构建》，《军事历史研究》1999 年第 4 期。

李培林：《另一只看不见的手——社会结构转型》，《中国社会科学》1992 年第 5 期。

李国文：《话说张居正》下，《同舟共进》2007 年第 5 期。

李贽：《焚书》，中华书局 1974 年版。

李宗一：《袁世凯传》，中华书局 1980 年版。

李宗吾：《厚黑学全集》，百花洲文艺出版社 2010 年版。

如如：《传统毒素与国人厚黑学》，《神州》2004 年第 11 期。

［英］伯特兰·罗素：《伦理学与政治学中的人类社会》，肖巍译，中国社会科学出版社 1992 年版。

陆学艺：《21 世纪中国的社会结构——关于中国的社会结构转型》，《社会学研究》1995 年第 2 期。

佐斌：《中国人的关系取向：概念及其测量》，《华中师范大学学报》（人文社会科学版）2001 年第 1 期。

汪向东、王希林、马弘：《心理卫生评定量表手册》，《中国心理卫生杂志》1999 年增刊。

许叶萍：《儒家观念与厚黑学对青少年教育与社会和谐影响的研究》，《中国青年研究》2006 年第 2 期。

汤舒俊、郭永玉：《西方厚黑学——基于马基雅弗利主义及其相关的心理学研究》，《南京师大学报》（社会科学版）2010 年第 4 期。

汤舒俊、郭永玉：《当前社会中的马基雅弗利主义现象》，《中国社会科学报》2011 年 1 月 25 日第 9 版。

汤舒俊、刘亚、郭永玉：《中国人马基雅弗利主义行为影响因素的实验研究》，《教育研究与实验》2014 年第 4 期。

汤舒俊、郭永玉：《中国人厚黑人格的结构及其问卷编制》，《心理学探新》2015 年第 1 期。

汤舒俊：《两难情境下的厚德与厚黑——大学生马基雅弗利主义与道德价值观的冲突研究》，《中国青年研究》2015 年第 9 期。

杜玉华：《社会转型的结构性特征及其在当代中国的表现》，《华东师范大学学报》（哲学社会科学版）2012 年第 5 期。

沙铁军：《袁世凯传》，湖北人民出版社 2010 年版。

邵龙宝：《中西人性观：历史的嬗变与比较》，《思想战线》2010 年第 5 期。

余沐：《正说清朝十二臣》，中华书局 2005 年版。

《严复诗文选》，人民文学出版社 1959 年版。

迟毓凯：《亲社会行为启动效应研究——慈善捐助的社会心理学探索》，广东人民出版社 2009 年版。

吴新文：《社会主义核心价值观》，重庆出版社 2009 年版。

吴玲英：《论弥尔顿"诱惑观"的悖论性》，《中南大学学报》（社会科学版）2012 年第 2 期。

陈力祥：《中国古代社会道德践行机制及其当代价值探析》，《道德与文明》2010 年第 1 期。

陈方华、柯文棋、顾卫国、常小海、章建程、赵敏：《皮电生物反馈训练对被试者生理及心理影响的研究》，《海军医学杂志》2005 年第 2 期。

陈国恩、杨永明：《挣扎在欲望与救赎之间——论西方人性观的演变》，《徐州师范大学学报》（哲学社会科学版）2008 年第 1 期。

陈筱芳：《佛教果报观与传统报应观的融合》，《云南社会科学》2004 年第 1 期。

张显清：《明代后期社会转型研究》，中国社会科学出版社 2008 年版。

张廷玉：《明史》，中华书局 1974 年版。

《张居正集》，湖北人民出版社 1994 年版。

张春兴：《现代心理学——现代人研究自身问题的科学》，上海人民出版社 1994 年版。

张兴贵、郑雪：《人格心理学研究的新进展与问题》，《心理科学》2002 年第 6 期。

杨国强：《义理与事功之间的徊徨——曾国藩、李鸿章及其时代》，生活·读书·新知三联书店 2008 年版。

杨玉茹：《辛亥革命先著记》，科学出版社 1957 年版。

杨宜音：《社会心理领域的价值观研究述要》，《中国社会科学》1998 年第 2 期。

杨用成、龚留柱：《论先秦兵家的性质及其产生》，《河南大学学报》（社会科学版）2005 年第 4 期。

杨秀珍：《社会转型期道德的滑坡思考及选择》，《北方论丛》1998 年第 1 期。

杨国枢：《中国人的心理与行为：本土化研究》，中国人民大学出版社 2004 年版。

沈德符：《万历野获编》，中华书局 1974 年版。

沈云龙：《民国经世文编》，上海经济文社 1914 年版。

明清档案馆：《义和团档案史料》上，中华书局 1959 年版。

寿志钢、苏晨汀、周晨：《商业圈子中的信任与机会主义行为》，《经济管理》2007 年第 11 期。

周建国：《拉关系：中国人人际关系建构的一种解释》，《社会科学研究》2014 年第 3 期。

罗家德:《关系与圈子——中国人工作场域中的圈子现象》,《管理学报》2012 年第 2 期。

罗家德、周超文、郑孟育:《组织中的圈子分析——组织关系内部结构比较研究》,《现代财经》2013 年第 10 期。

郑杭生、李强:《当代中国社会结构和社会关系研究》,首都师范大学出版社 1997 年版。

郑杭生、杨敏:《社会实践结构性巨变对理论创新的积极作用——一种社会学分析的新视角》,《中国人民大学学报》2006 年第 6 期。

郑杭生:《改革开放三十年——社会发展理论和社会转型理论》,《中国社会科学》2009 年第 2 期。

郭德宏:《中国现代社会转型研究评述》,《安徽史学》2003 年第 1 期。

郭征宇:《简论佛教的因果报应说》,《晋阳学刊》2005 年第 4 期。

郭永玉:《人格心理学——人性及其差异的研究》,中国社会科学出版社 2005 年版。

郭志刚:《社会统计分析方法——SPSS 软件运用》,中国人民大学出版社 1999 年版。

胡鄂公:《辛亥革命北方实录》,中华书局 1948 年版。

贺金波、郭永玉:《人格的生理基础研究综述》,《心理学探新》2005 年第 3 期。

贺金波、彭小虎、郭永玉:《人格的相关事件电位研究》,《南京师大学报》2006 年第 2 期。

高华:《近代中国社会转型的历史教训》,《战略与管理》1995 年第 4 期。

费孝通:《乡土中国 生育制度》,北京大学出版社 1998 年版。

费正清:《剑桥中华民国史》,中国社会科学出版社 1994 年版。

俞吾金:《关于人性问题的新探索——儒家人性理论与基督教人性理论的比较研究》,《复旦学报》(社会科学版)1999 年第 1 期。

赵倩:《兵家未入"三教九流"根源之探析》,《海南师范大学学报》(社会科学版)2009 年第 4 期。

郝永:《中国文化的基因——儒道佛家思想》,光明日报出版社 2009 年版。

贾成祥:《中国传统文化概论》,人民军医出版社 2005 年版。

谈迁：《国榷》，鼎文书局 1978 年版。

商传：《晚明社会转型的历史思考》，《光明日报》2015 年 11 月 12 日第 12 版。

黄希庭：《构建和谐社会 呼唤中国化人格与社会心理研究》，《心理科学进展》2005 年第 2 期。

常青、岩松、周梅：《皮电生物反馈训练前后被试皮电反应参数的变化》，《中国行为医学科学》1996 年第 2 期。

黄毅：《袁氏盗国记》下，文海出版社 1917 年版。

梁启超：《梁启超家书》，中国文联出版社 2000 年版。

梁小民：《制度比人性和政府更重要》，《政府法制》2003 年第 2 期。

梁慧娟：《袁世凯政治思想初探》，《河南理工大学学报》（社会科学版）2005 年第 2 期。

聂雪林：《组织背景下社会公理对员工行为的预测作用研究》，硕士学位论文，浙江大学，2006 年。

崔雪茹、黄汉杰：《社会转型期道德冷漠的原因及其制度规范》，《河北大学学报》（哲学社会科学版）2014 年第 4 期。

景海峰：《从"三纲五常"看儒家的宗教性》，《孔子研究》2007 年第 1 期。

葛晨虹：《道德是什么及其在社会功能中的功能体现》，《西北师大学报》（社会科学版）2004 年第 6 期。

霁虹：《兵家军事思想研究 20 年回顾》，《社会科学战线》2003 年第 1 期。

熊十力：《韩非子评论 与友人论张江陵》，上海书店出版社 2007 年版。

熊召政：《改革家张居正》，《长江大学学报》（社会科学版）2009 年第 6 期。

樊树志：《张居正与冯保——历史的另一面》，《复旦学报》（社会科学版）1999 年第 1 期。

樊树志：《张居正与万历皇帝》，中华书局 2008 年版。

樊树志、吴琼、今波：《铁血首辅·张居正》，上海文化出版社 2008 年版。

燕良轼、周路平、曾练平：《差序公正与差序关怀：论中国人道德取向中的集体偏见》,《心理科学》2013 年第 5 期。

薛艳丽:《人性与制度》,《理论月刊》2004 年第 1 期。

Abdul, A. , "Machiavellianism Scores and Self-rated Performance of Automobile Salesperson", *Psychological Reports*, Vol. 94, 2004.

Abdul, A. , "Relationship between Machiavellianism Scores and Performance of Real Estate Salesperson", *Psychological Reports*, Vol. 96, 2005.

Ahmed, S. M. S. , & Stewart, R. A. C. , "Factor Analysis of the Machiavellianism scale", *Social Behavior and Personality*, Vol. 9, 1981.

Al-Jafary, A. A. , Aziz, A. , & Hollingsworth, A. T. , "Leadership Styles, Machiavellianism, and Needs of Saudi Arabian Managers", *International Journal of Value-Based Management*, Vol. 2, 1989.

Ali, A. , & Al-Shakis, M. , "Managerial Values Systems for Working in Saudi Arabia: An Empirical Investigation", *Group and Organization Studies*, Vol. 10, 1985.

Aziz, A. , "Machiavellianism Scores and Self-rated Performance of Automobile Salespersons", *Psychological Reports*, Vol. 94, 2004.

Aziz, A. , "Relationship between Machiavellianism Scores and Performance of real Estate Salespersons", *Psychological Reports*, Vol. 95, 2005.

Aziz, A. , May, K. , & Crotts, J. C. , "Relations of Machiavellian Behaviors with Sales Performance of Stockbrokers", *Psychological Reports*, Vol. 90, 2002.

Aziz, A. , & Meeks, J. , A *New Scale for Measuring Machiavellianism*, Unpublished paper, School of Business and Economics, College of Charleston, Charleston, SC, 1990.

Bass, K. , Barnett, T. , & Brown, G. , "Individual Difference Variables, Ethical Judgments, and Ethical Behavioral Intentions", *Business Ethics Quarterly*, Vol. 9, 1999.

Bargh, J. A. , Chen, M. , & Burrows, L. , "The Automaticity of Social Behavior: Direct Effects of Trait Concept and Stereotype Activation on Action", *Journal of Personality and Social Psychology*, Vol. 49, 1996.

Bargh, J. A. , Gollwitzer, P. M. , Lee-Chai, A. , & Barndollar, K. , "The Automated Will: Nonconscious Activation and Pursuit of Behavioral Goal", *Journal of Personality and Social Psychology*, Vol. 81, 2001.

Barratt, E. S., "Impulsiveness and Anxiety: Information Processing and Electroencephalographotography", *Journal of Research in Personality*, Vol. 21, 1987.

Bechara, A., "Decision Making, Impulse Control and loss of Will Power to Resist drugs: A Neurocognitive Perspective", *Nat Neurosci*, Vol. 8, 2005.

Bedell, K., Hunter, S., Angie, A., & Vert, A., "A Historiometric Examination of Machiavellianism and a New Taxonomy of Leadership", *Journal of Leadership & Organizational Studies*, Vol. 12, 2006.

Beu, D. S., Buckley, M. R. & Harvey, M. G., "Ethical Decision Making: A Multidimension Construct", *Business Ethics*, Vol. 12, 2003.

Bloom, R. W., "Comment on Measuring Machiavellianism with Mach V: A Psychometric Investigation", *Journal of Personality Assessment*, Vol. 48, 1984.

Borman, W. C., & Motowidlo, S. J., "Task Performance and Contextual Performance: The Meaning for Personnel Selection Research", *Human Performance*, Vol. 10, 1997.

Burroughs, J. E., & Rindfleisch, A., "Materialism and Well-being: A Conflicting Values Perspective", *Journal of Consumer Research*, Vol. 29, 2002.

Christe, R., Geis, F. L., *Studies in Machiavellianism*, New York: Academic Press, 1970.

Corral, S., & Calvete, E., "Machiavellianism: Dimensionality of the Mach IV and Its Relation to Self-Monitoring in Spanish Sample", *The Spanish Journal of Psychology*, Vol. 3, 2000.

Corzine, J. B., Buntzman, C. F., & Busch, E. T., "Machiavellianism in US Bankers", *The Intertional Journal of Organizational Analysis*, Vol. 17, 1999.

Cremer, D. D., Knippenberg, B., & Knippenberg, D., "Rewarding Leadership and Fair Procedures as Determinants of Self-esteem", *Journal of Applied Psychology*, Vol. 90, 2005.

Dahling, J. J., Whitaker, B. G. & Levy, P. E., "The Development and Validation of A New Machiavellianism Scale", *Journal of Management*, Vol. 35, 1982.

Deluga, R. J. , "American Presidential Machiavellianism: Implications for Charismatic Leadership and Rated Performance", *Leadership Quarterly*, Vol. 12, 2001.

Drory, A. , & Glukinos, U. M. , "Machiavellianism and Leadership", *Journal of Applied Psychology*, Vol. 65, 1980.

Fehr, B. , Samson, D. , & Paulhus, D. L. , "The Construct of Machiavellianism: Twenty Years Later", In C. D. Spielberger & J. N. Butcher (eds.) *Advances in Personality Assessment*, Vol. 9, Hillsdale, NJ: Erlbaum.

Ferguson, M. J. , & Bargh, J. A. , "How Social Perception Can Automatically Influence Behavior", *Trends in Cognitive Science*, Vol. 9, 2004.

Gable, M. , & Dangelo, F. , "Job Involvement, Machiavellianism and Job Performance", *Journal of Business and Psychology*, Vol. 9, 1994.

Gable, M. , & Dangelo, F. , Locus of control, "Machiavellianism and Managerial Job Performance", *The Journal of Psychology*, Vol. 128, 1994.

Gable, M. , Hollon, C. , & Dangelo, F. , "Managerial Structuring of Work as a Moderator of the Machiavellianism and Job Performance Relationship", *The Journal of Psychology*, Vol. 126, 1992.

Gable, M. , & Topol, M. T. , "Machiavellianism and the Department Store Executive", *Journal of Retailing*, Vol. 64, 1988.

Gardner, W. L. , & Avolio, B. J. , "The Charismatic Relationship: A Dramaturgical Perspective", *Academy of Management Review*, Vol. 23, 1998.

Gemmill, G. R. , & Heissler, W. J. , "Machiavellianism as a Factor in Managerial Job Strain, Job Satisfaction and Upward Mobility", *Academy of Management of Journal*, Vol. 15, 1972.

George, J. M. , & Brief, A. P. , "Feeling Good-doing Good: A Conceptual Analysis of the Mood at Work Organizational Spontaneity Relationship", *Psychological Bulletin*, Vol. 112, 1992.

Granitz, N. A. , "Individual, Social and Organizational Sources of Sharing and Variation in the Ethical Reasoning of Managers", *Journal of Business Ethics*,

Vol. 42, 2003.

Greenberg, H. & David, M., "A New Approach to the Scientific Selection of Successful Salesmen", *The Journal of Psychology*, Vol. 57, 1964.

Gupta, M. D., "Effects of Age and Family Structure on Machiavellianism", *Indian Journal of Current Psychological Research*, Vol. 1, 1986.

Harrison, D., *The Sociology of Modernization and Developement*, New York: Academic Divison of Unwin Hyman Ltd, 1982.

Harmon, H. A., Webster, R. L., Brown, E. A., & Hammond K. L., "Machiavellianism: How do Today's Indonesian Students Compare with U. S. Students of Today and The 1960s?", In Siegal, L. V. (ed.), *Philosophy and Ethics: New Research*, Nova Science Publishers, 2006.

Hegarty, W. H., & Sims, H. P., "Some Determinants of Unethical Decision Behavior: An Experiment", *Journal of Applied Psychology*.

House, R. J., & Howell, J. M., "Personality and Charismatic Leadership", *The Leadership Quarterly*, Vol. 3, 1992.

Hunt, J. E., & Gerbing, D. W., "Machiavellian Belief and Personality: Construct Invalidity of the Machiavellianism Dimension", *Journal of Personality and Social Psychology*, Vol. 43, 1982.

Hunt, S. D., & Chonko, L. B., "Marketing and Machiavellianism", *Journal of Marketing*, Vol. 48, 1984.

Hwang, K. K., "Face and Favor: The Chinese Power Game", *American Journal of Sociology*, Vol. 92, 1987.

Jääskeläinen, I. P., Ahveninen, J., Bonmassar, G., Dale, A. M., Ilmoniemi, R. J., Levänen, S., Lin, H. H., May, P., Melcher, J., Stufflebeam, S., Tiitinen, H., Belliveau, J. W., "Human Posterior Auditory Cortexgates Novel Sounds to Consciousness", *Proceedings of the National Academy of Sciences of the United States of America*, Vol. 101, No. 17, 2004.

Jakobwitz, S., & Egan, V., "The Dark Triad and Normal Personality Traits", *Personality and Individual Difference*, Vol. 40, 2006.

Jones, G. E., & Kavanagh, M. J., "An Experimental Examination of The Effects of Individual and Situational Factors on Unethical Behavioral Intentions in the Workplace", *Journal of Business Ethics*, Vol. 15, 1996.

Joseph C., & Jason E., "Automatic Social Behavior asMotivated Preparation to Interact", *Journal of Personality and Social Psychology*, Vol. 90, 2006.

Kenemans, J., Baas, J., Mangun, G., Lijffijt, M., & Verbaten, M., "On the Processing of Spatial Frequencies as Revealed by Evoked-potential Source modeling", *Clinical Neurophysiology*, Vol. 111, 2000.

Kohlberg, L., "The Claim to Moral Adequacy of a Highest Stage of Moral Judgment", *Journal of Philosophy*, Vol. 70, 1973.

Krackhardt. D., "The Strength of Strong Ties: The Importance of Philos in Organization", In Nohria N. & Ecclern. R. G. Butcher (eds.) *Networks and Organization*, Harvard Business School Press, Boston, 1992.

King, W. C. Jr., & Miles, E. W., "A Quasi-experimental Assessment of the Effect of Computerizing Non-cognitive Paper and Pencil, Measurement: A Test of Measurement Equivalence", *Journal of Applied Psychology*, Vol. 80.

Kuo, H. K., & Marsella, A. J., "The Meaning and Measurement of Machiavellianism in Chinese and American College Students", *The Journal of Social Psychology*, Vol. 101, 1977.

Lamdan, S., & Lorr, M., "Untangling the Structure of Machiavellianism", *Journal of Clinical Psychology*, Vol. 31, 1975.

Leman, K., *The Birth Order Book*, New York: Dell Publishing Company, 1985.

Likierman, A., "Ethical Dilemmas for Accountants: A United Kingdom Perspective", *Journal of Business Ethics*, Vol. 8, 1989.

Liu, C. C., "The Relationship Between Machiavellianism and Knowledge-sharing Willingness", *Journal of Business Psychology*, Vol. 22, 2008.

Maria, S., Clive, R., & Yves, T., "Machiavellianism and Economic Opportunism", *The Journal of Applied Social Psychology*, Vol. 37, 2007.

Marks, E., & Lindsay, C. A., "Machiavellian Attitudes: Some Measurement and Behavioral Considerations", *Sociometry*, Vol. 29, 1966.

McHoskey, J. W., "Machiavellianism, Intrinsic Versus Extrinsic Goals, and Social Interest: A Self Determination Theory Analysis", *Motivation and E-*

motion, Vol. 23, 1999.

Merritt, S., "Marketing Ethics and Education: Some Empirical Findings", *Journal of Business Ethics*, Vol. 10, 1991.

Millord, J. T., & Perry, R. P., "Traits and Performance of Automobile Salesmen", *The Journal of Social Psychology*, Vol. 103, 1977.

Moll, J., Zahn, R., & Oliveira-Souza, R. et al., "Opinion: The Neural Basis of Human Moral Cognition", *Nat Rev Neurosci*, Vol. 6, 2005.

Moss, J., "Race Effects on the Employee Assessing Political Leadership: A Review of Christie and Geis' (1970) Mach IV Measure of Machiavellianism", *Journal of Leadership and Organization Studies*, Vol. 11, 2005.

Mudrack, P. E., "An Investigation into the Acceptability of Workplace Behaviors of a Dubious Ethical Nature", *Journal of Business Ethics*, Vol. 12, 1993.

Mudrack, P. E., & Mason, E. S., "More on the Acceptability of Workplace Behaviors of a Dubious Ethical Nature", *Psychological Reports*, Vol. 76, 1996.

Mudrach, P. E., Mason, E. S., & Stepanski, K. M., "Equity Sensitivity and Buisness Ethics", *Journal of Occupational and Organizational Psychology*, Vol. 72, 1999.

Nelson, G., & Gilbertson, D., "Machiavellianism Revisited", *Journal of Business Ethics*, Vol. 10, 1991.

Organ, D. W., *Organizational Citizenship Behavior*, Lexington, MA: Lexington Books, 1988.

Oksenberg, L., "Machiavellianism in Traditional and Western Chinese Students", In W. W. Lambert & R. Weisbrod (eds.), *Comparative Perspectives on Social Psychology*, Boston: Little, Brown, 1971.

Rotundo, M., & Sackett, P. R., "The Relative Importance of Task, Citizenship, and Counterproductive Performance to Global Ratings of Job Performance: A Policy-capturing Approach", *Journal of Applied Psychology*, Vol. 87, 2002.

Panitz, E., "Psychometric Investigation of the Mach IV Scale Measuring Machiavellianism", *Psychological Reports*, Vol. 64, 1989.

Pratt, M. , Golding, G. , & Hunter, W. , "Aging as Ripening: Character and Consistency of Moral Judgment in Young, Mature, and Older Adults", *Human Development*, Vol. 26, 1983.

Ray, J. J. , "Machiavellianism, Forced Choice Formats and The Validity of the F scale: A Rejoinder to Bloom", *Journal of Clinical Psychology*, Vol. 38, 1982.

Ray, J. J. , "Defective Validity of the Machiavellianism Scale", *The Journal of Social Psychology*, Vol. 119, 1983.

Rayburn, J. M. , Rayburn, L. G. , "Relationship between Machiavellianism and Type A Personality and Ethical-orientation", *Journal of Business Ethics*, Vol. 15, 1996.

Ricks, J. , Fraedrich, J. , "The Paradox of Machiavellianism: Machiavellisnism May make for Productive Sales but Poor Management Reviews", *Journal of Business Ethics*, Vol. 20, 1999.

Rawwas, M. Y. A. , "Consumer Ethics: An Empirical Investigation of the Ethical Beliefs of Austrian Consumers", *Journal of Business Ethics*, Vol. 15, No. 9, 1996.

Rawwas, M. Y. A. , Swaidan, Z. , & Oyman, M. , "Consumer Ethics: A Cross-cultural Study of the Ethical Beliefs of Turkish and American Consumers", *Journal of Business Ethics*, Vol. 57, No. 2, 2005.

Rokeach, M. A. , "A Theory of Organization and Change within Value-attitude Systems", *Journal of Social Issues*, Vol. 24, No. 1.

Rokeach, M. A. , *The Nature of Human Values*, New York: Free Press, 1973.

Rokeach, M. A. , & Ball-Rokeach, S. J. , "Stability and Change in American Value Priorities", *American Psychologist*, Vol. 44, 1989.

Robbins, R. W. , Hedin, H. M. , & Trzesniewski, K. , "Measuring Global Self-esteem: Construct Validation of a Single-item Measure and He Rosenberg Self-esteem Scale", *Personality and Social Psychology Bulletin*, Vol. 27, 2001.

Ross, W. T., & Robertson, D. C., "A Typology of Situational Factors: Impact on Salesperson Decision-Making about Ethical Issues", *Journal of Business Ethics*, Vol. 46, 2003.

Saver, J. L., & Damasio A. R., "Preserved Access and Processing of Social Knowledge in a Patient with Acquired Sociopathy Due to Ventromedial Frontalc Damage", *Neuropsychologia*, Vol. 9, No. 12, 1991.

Scephers, D. H., "Machiavellianism, Profit and the Dimension of Ethical Judgment: A Study of Impact", *Journal of Business Ethics*, Vol. 42, 2003.

Schwartz, S. H., "Universals in the Content and Structure of Values: Theoretical Advances and Empirical Tests in 20 Countries", In M. P. Zanna (ed.), *Advances in Experimental Social Psychology*, San Diego, CA, US: Academic Press, 1992.

Schwartz, S. H., "Are There Universal Aspects in the Structure and Content of Human Values?", *Journal of Social Issues*, Vol. 50, No. 4, 1994.

Shea, M. T., & Beatty, J. R., "Measuring Machiavellianism with Mach V: A Psychometric Investigation", *Journal of Personality Assessment*, Vol. 47, 1983.

Sheldon, K. M., & Kasser, T., "Coherence and Congruence: Two Aspects of Personality Integration", *Journal of Personality and Social Psychology*, Vol. 68, 1995.

Shultz, J. S., "Situational and Dispositional Predictions of Performance: A Test of the hypothesized Machiavellianism Structure Interaction among Sales Persons", *Journal of Applied Social Psychology*, Vol. 2, No. 3, 1993.

Singhapakdi, A., & Vitell, S. J., "Selected Factors Influencing Marketers' Deontological Norms", *Journal of the Academy of Marketing Science*, Vol. 19, 1991.

Siu, W. S., & Tam, K. C., "Machiavellianism and Chinese Bank Executives", *International Journal of Bank Marketing*, Vol. 13, No. 2, 1995.

Spielberger, C. D., "Anxiety as an Emotional State", In C. D. Spielberger (ed.), *Anxiety: Current Trends in Theory and Research*, Vol. 1, New York: Aacdedmic Press, 1972.

Starr, P. D. , "Machiavellianism Among Traditional and Westernized Arab Students" , *The Journal of Social Psychology* , Vol. 96 , 1975.

Tang, T. L. , & Chen, Y. , "Intelligence VS. Wisdom: The Love of Money, Machiavellianism, and Unethical Behavior Across College Major and Gender" , *Journal of Business Ethics* , Vol. 82 , 2008.

Topol, M. T. , Gable, M. , "Machiavellianism and the Discount Store Executive" , *Journal of Retailing* , Vol. 66 , 1990.

Touhey, J. C. , "Intelligence, Machiavellianism, and Social Mobility" , *British Journal of Social and Clinical Psychology* , Vol. 12 , 1973.

Tripathi, R. C. , & Sinha, Y. , "Social Influence and Development of Machiavellianism" , *Psychological Reports* , Vol. 26 , 1981.

Tu, S. , Li, H. , Jou, J. , et al. , "An Event Related Potential Study of Deception to Self Preferences" , *Brain Research* , Vol. 47 , No. 12 , 2009.

Vitell, S. J. , Lumpkin, J. R. , & Rawwas, M. Y. A. , "Consumer Ethics: An Investigation of the Ethical Beliefs of Elderly Consumers" , Vol. 11 , 1991.

Vleeming, R. G. , "Machiavellianism: A Preliminary Review" , *Psychological Reports* , Vol. 44 , 1979.

Vuust, P. , Brattico, E. , Glerean, E. , Seppänen, M. , Pakarinen, S. , Tervaniemi, M. , Näätänen, R. , "New Fast Mismatch Negativity Paradigm for Determining the Neural Prerequisites for Musical Ability" , *Cortex* , Vol. 47 , 2011.

Wakefield, R. L. , "Accounting and Machiavellianism" , *Behavior Research in Accounting* , Vol. 120 , 2008.

Williams, M. L. , Hazleton, V. & Renshaw, S. , *The Measurement of Machiavellianism: A Factor Analytic and Correlational Study of Mach IV and Mach V Paper Presented at the Annual Meeting of the Intertional Communication Association* , New Orleans, Louisiana, US, 1975.

Wilson, D. S. , Near, D. , & Miller, R. R. , "Individual Differences in Machiavellians as a Mix of Cooperative and Exploitative Strategies" , *Evolution and Human Behavior* , Vol. 19 , 1998.

Winter, S. J. , Stylionou, A. C. & Giacalone, R. A. , "Individual Difference in the Acceptability of Unethical Information Technology Practices: The Case of Machiavellianism and Ethical Ideology", *Journal of Business Ethics*, Vol. 54, 2004.

Wolfson, S. L., "Effects of Machiavellianism and Communication on Helping Behaviour During an Emergency", *British Journal of Social Psychology*, Vol. 4, 1981.

后　记

　　2017 年春天，我收到了期盼已久的国家社会科学基金"社会转型背景下中国人马基雅弗利主义人格的测量、影响及干预研究"（项目批准号 12CSH066）项目结项证书，这是我自己学术生涯中主持完成的第一个国家科学基金项目，2012 年是以博士学位论文为基础而成功申报的，因此，本书作为基金结项成果也是以我的博士学位论文《厚黑学研究》为基础拓展深化而成的。我一直固执地以为"后记"就是感谢清单加感想感言。的确，当我主持的国家社会科学基金"社会转型背景下中国人马基雅弗利主义人格的测量、影响及干预研究"研究工作行将终结的时候，的确也需要找一个适宜的空间感谢众位师友，因为主持完成一项国家社会科学基金荣誉虽然是属于我个人的，但功劳却是大家的。在此，我要向多年来一直在我的学术之路上默默关心、支持我的师长亲朋们倾诉我的感激与感谢！

　　感谢我的博士生导师郭永玉教授，郭老师治学严谨，造诣深厚。2008 年，承蒙先生不弃，收我为弟子，十分幸运地开启了我人格与社会心理学方向的博士学业，师从先生是我的缘分，能够得到先生的严格要求更是我的福分，无论是读博期间定期小组例会的科研汇报，还是毕业后与郭老师在相关学术会议的偶遇相逢，郭老师总是亲切地询问我学习的收获、项目的安排和工作的进展，总是高瞻远瞩地给我规划愿景方向、事无巨细地关切我的实施方案，满满的关切之情溢于言表，使得每一次见面都是一次专业知识的收获，使得每一次聊天都是一次师生情感的凝结，我正是在先生的这种关爱和提携之下成长的。毫不夸张地说，十年间，我的每一分收获都离不开先生的教诲，每一寸进步都凝聚着先生的扶持。先生对我知遇之恩、教化之德、关爱之情，将永远铭记、永远感激！

　　感谢我的博士后合作导师周利生教授，周老师低调谦逊、待人宽厚，想到当时初到南昌，政法学院分拆之时，正是周老师的热情相邀我才选择了来到马克思主义学院。到马克思主义学院后我正思忖着未来的发展之路时，也正是学院分家后周老师一次专门的致电提醒才让我意识到本院的博士后流动站也是一个很好的科学研究平台与个人成长机会，我这才认真地思考要不要进博士后流动站这个问题。进站之后，周老师常常细致地关切某某课题有没有申报、温馨地提示某某成果报奖应该积极参加，始终用包容的心态、信任的态度和欣赏的眼光来勉励我的学术研究与教学工作，尽可能地为我的博士后科研工作提供好的工作环境与便利条件，我唯有珍惜周老师的信任与关照，严格教学，认真科研，多出成果，出好成果，为马克思主义学院的发展贡献自己应尽的一份力。

　　感谢我的硕士研究生导师唐日新教授，唐老师思路开阔、聪明睿智，记得当年刚入学术之门，第一次撰写研究生课题申报材料不知如何入手，唐老师鼓励我要跳出校园而看到社会，教育我要从现实人们的真实需求与热切关注中来寻找要研究的问题，第一次撰写的粗陋文字在唐老师的斧正之下变得逻辑明晰、熠熠生辉。唐老师总是提醒我研究生阶段不仅是来读书的，要学会做研究，不光要继承知识，还要尝试着用科学的方法、技术和手段来创造知识，教诲我做学问也是做人，不光要想着自己，也要眼中有他人、心中有团队，让我懂得科学研究的基本方法与基本态度，帮我扣上了学术研究的第一颗纽扣，指导我迈开了学术生涯的第一步，在今后的学术研究生涯中我都会始终牢记唐老师的教导。

　　感谢所有教诲我的老师！尤其要感谢南京师范大学的杨鑫辉教授，感谢华中科技大学的龙立荣教授，感谢华中师范大学的刘华山教授、周宗奎教授、江光荣教授、佐斌教授、马红宇教授、洪建中教授、周治金教授和郑晓边教授，感谢江西师范大学的胡青教授、何齐宗教授、胡竹菁教授、戴海崎教授、刘建平教授、董圣鸿教授、罗照盛教授，感谢各位老师的传道授业解惑，感谢老师们在我求学路上的指导与帮助！

　　感谢所有帮助过我的同学和同门！从大学到硕士再到博士，感谢所有陪伴我成长的同学、师兄、师姐、师弟和师妹们，想起你们，就想到一张张热情和阳光的笑脸，你们有着智慧的点子，有着善良的心肠，有着做事的执着，更有着不俗的酒量。每有想法，总是大家集中讨论，每有困难，大家也都献计献策，感谢你们陪我在求学生涯中度过了人生中一段又一段快乐的时光，大家学术上的同宗同源，也决定了我们都是一生的朋友！

感谢我工作单位的领导和同事！我先后任教于长江大学教育学院和江西师范大学马克思主义学院，在两个任教学院，我都十分珍惜共事的缘分，我的尽责、努力也都得到领导和同事们的包容、接纳和支持，感谢领导们在后方的大力支持，感谢同事们对我课程与工作的帮助！

感谢我亲爱的妻子杨丽华博士！多年来我们相知相扶，共同分享着成长中的艰辛与愉悦。读博期间，她舍弃了生活的安逸勉励我们一起学习，在她本人承受巨大的博士学业与科研压力之时，还念念不忘关注我的学业、关心我的身体、关怀我的生活。工作期间，她主动承担了孩子的养育之责，让我有更多的时间、更大的空间、更多的自由来专注我的事业与专业发展，感谢命运之神将这样一位聪慧美丽、勤奋进取、有情有义的女子送到我的身边！

感谢我聪明可爱的儿子汤楚杨，他的机智睿敏、音容笑貌让人百看不厌，心生喜爱。他的到来给我们这个小家增添了巨大的乐趣，给了我工作极大的动力。与儿子朝夕相伴、陪他成长给了我生活中满满的幸福！

感谢我的父母！自出生以来，他们让我尽情地享用了这世间最温馨、最无私和最真挚的爱，衣食住用，呵护备至，他们总是竭尽所能为我的成长创造尽可能最好的条件！参加工作以后，父母却生怕给我添麻烦，唯恐给我加负担，事实上我为父母所做的极少，而父母为我所做的却极多。父母关心我的生活，记得还在家乡工作时，母亲隔三岔五来看望我们，都是不辞劳苦带着田园时蔬过来。现在每次来南昌也都是大包小包还要捎上百来个土鸡蛋，说我在这里买不到。最让我动容的是，母亲虽极不舍我们工作调离却要将她的养老钱给我购房安家。父母关心我的发展，我读硕考博，都离不开父母的支持，他们也像单位领导一样关注我业务能力是否胜任、人际相处是否和谐、发展途径是否顺畅。最让我抱愧的是，父亲在生重病且病情仍未完全稳定时就果断地支持我工作的调动。如此生活的点滴，都是厚重的爱，都是浓浓的亲情！

感谢我的兄弟徐波对我一直以来的鼓励和支持！手足之情，终身不变！

　　感谢中国社会科学出版社的王琪老师，她的细致和严谨让拙著增光添彩不少，她的提醒和督促让出版进程也加速不少。

　　人生的行程还在继续，未来日子里，我只有更好地学习和工作，用更好的成绩来回报所有关心和支持我的人！

汤舒俊

2017 年 10 月